LA RELIGIEUSE

DE TOULOUSE

IMPRIMERIE D'E. DUVERGER,
RUE DE VERNEUIL, N° 6.

LA RELIGIEUSE
DE TOULOUSE

PAR

M. JULES JANIN

<small>Res antiquæ laudis et artis
Ingredior, sanctos ausus recludere fontes.
VIRGILE.</small>

TOME II

PARIS
MICHEL LÉVY FRÈRES, LIBRAIRES-ÉDITEURS
RUE VIVIENNE, 2 BIS
—
M DCCC L

LA RELIGIEUSE

DE TOULOUSE

XII

Cependant l'autorité royale, qui ne s'es[t] pas endormie un seul instant dans ce lon[g] règne, avait déjà compris les difficulté[s] dans lesquelles venait d'entrer la turbu[-]lente province du Languedoc. Louis XI[V] veillait! Dans ce front, couronné de toute[s] les gloires de la guerre et de la jeunesse, d[e] l'amour et de la vengeance, fermentaien[t] des ambitions immenses, et, la plus dange[-] reuse de toutes, une ambition à la Richelieu, une idée longtemps rêvée : ramener le royaume du roi très chrétien à l'unité de croyance. On a dit que Richelieu avait pris La Rochelle, dix ans à l'avance, dans sa pensée ; à plus juste titre peut-on dire que Louis XIV avait décidé, dix ans à l'avance, au fond de sa conscience royale plus encore que de sa conscience chrétienne, qu'il révoquerait l'édit de Nantes. Cette révocation fut arrêtée à dater du jour où le jeune roi put contempler, dans l'histoire même de son aïeul Henri IV, le huguenot, par quelle suite infinie de résistances, de guerres civiles, de carnages, de renversements incroyables s'était avancée, en France, cette révolution armée de l'Évangile et du glaive, qui nous était venue du fond de l'Allemagne avec son cortége obligé de supplices, de révoltes, de meurtres, d'incendies et de représailles. Si les crimes de la Saint-Barthélemy pesaient d'une façon épouvantable sur l'honneur du trône de France, il fallait certainement, pour un roi absolu, faire entrer en ligne de compte le cri de *république*, prononcé tout haut par les huguenots armés; le poignard de Jacques Clément et le poignard de Ravaillac. Contemplez aussi les malheurs de cette nation, occupée pendant un demi-siècle à s'égorger de ses propres mains, pour des questions religieuses; pendant que l'esprit français, impatient d'arriver enfin à l'éloquence, à la poésie, aux chefs-d'œuvre, l'ordinaire consécration des grands siècles, s'arrête soudain, dans son premier essor, pour prendre une part sans gloire dans ces haines, dans ces violences, dans ces ténèbres. Songez aussi à cet accident si nouveau dans le royaume, un peuple catholique qui se trouve envahi par des doctrines venues, avec les nuages, de l'autre côté du Rhin, ou tombées, comme l'avalanche, du haut des montagnes de l'Helvétie : toutes les âmes troublées de ces nouveautés qui touchent au Ténare; tous les hommes de la chrétienté arrachés violemment à la tradition sacrée qui reliait depuis quinze cents années l'Église romaine à la doctrine des apôtres; la rupture universelle des liens, des devoirs, des croyances; à chaque instant et à toutes les extrémités de la France, des assemblées étranges et sans nom jusqu'à ce jour : synodes, consistoires, prêches; luthériens, calvinistes, disciples de Zwingle, enfants de Mélanchton! Même quand les armes sont au repos, c'est un bruit à ne pas s'entendre; même quand les torches s'éteignent, c'est un incendie à tout brûler. Dans ces luttes de la parole écrite et de la parole déclamée, c'est à qui ira le plus loin dans la récrimination et dans la violence; d'Aubigné et le président de Thou, Érasme et Théodore de Bèze, Jean de la Place aussi bien qu'Arnaud de Montbrun; les professeurs de Genève et les ministres de France,

Mélanchton et Guillaume du Bellay, le sieur de la Noue et Daniel Chamier; les synodes de Gap, de Castres, de Saint-Maixent, et les maîtres du colloque de Poissy; Charenton et l'Université; les princes chrétiens et les landgraves, la conférence de Fontainebleau et la diète de Worms; l'entreprise d'Amboise, le massacre de Vassy et les luttes théologiques en Provence, à Lyon, en Dauphiné, partout; ajoutez les petits états provinciaux et les états généraux d'Orléans, la république hollandaise et le royaume d'Angleterre, les puritains et la guerre sacramentaire, l'électeur de Saxe et l'empereur; et, de toutes parts, désordres, confusions, courroux et parricides, passions et vaines gloires. Les rois, porteurs de sceptres, prennent la plume pour répondre à des maîtres d'école; les familles sont divisées comme les royaumes; la Gaule et l'Italie se voient envahies par des catéchismes venus des Pays-Bas ou de Strasbourg;

bientôt les femmes, les princesses, les reines, et à leur tour les étudiants, race féconde en révoltes, mêlant aux théologies sérieuses les contes profanes, les comédies galantes, les anagrammes et les chansons, jettent au milieu de ces disputes, les femmes, leurs intrigues d'amour et leur éventail; les étudiants, leurs syllogismes et leurs bâtons. Hors des villes soulevées, les hommes des campagnes se révoltent contre leurs seigneurs; la chaumière incendie le château; le temple renverse l'église, l'église renverse le temple à son tour. Entendez-vous ces cent mille voix qui s'élèvent impétueuses, violentes et sans frein, proclamant la messe une comédie, le purgatoire un trafic, l'hostie un morceau de pain, l'adoration une idolâtrie, le pape un antéchrist, les théologiens des sophistes, les cardinaux et les évêques autant de prêtres de Baal, les religieux autant de sauterelles sorties du puits de l'abîme? Or toutes ces choses se disaient au peuple, épouvanté d'abord, charmé bientôt, non plus dans la langue savante et universelle des esprits éclairés, mais en langue vulgaire et courante, dans l'argot qui se parle aux villes populeuses, dans le patois rustique; ou bien si quelque favori de la muse se montrait, dans ces époques malheureuses, Clément Marot, par exemple, son premier soin était d'écrire des chants de triomphe et de révolte adoptés bientôt par les églises nouvelles, oubliant que son père Jean Marot a écrit le *Chœur royal de la Conception de Notre-Dame*[1]; à peine furent écrits ces psaumes en vers français, des musiciens allemands, Bodenchatz, Martin Zeuner, Melchior Franck, Conrad Mathei, animés par le chant choral de Luther, firent la musique de ces psaumes en contrepoint, en quatre parties, ce qui fit soudain de ces cantiques autant de piliers de la reli-

(1) Le recueil de Jean Marot de Caen, 1532.

gion protestante. Certes nous n'écrivons pas ici l'histoire du protestantisme français, nous indiquons seulement les désordres introduits à la suite de ces nouveautés qui ont troublé et bouleversé le monde, jusqu'au jour où le monde devait tomber dans le dernier excès, et le plus triste de tous, l'indifférence pour tant de croyances diverses qui ont coûté tant de sang. Alors, en effet, l'Église catholique n'eut plus à dévorer ces herbes amères; mais aussi plus d'*Alleluia* à chanter. Ces cœurs, devenus incombustibles, ne ressentirent plus ni joies ni tristesses; il n'y eut plus de huguenots d'état... et plus de catholiques de religion! En revanche, comme la vie de l'homme en société n'est, en fin de compte, qu'une suite de passions à satisfaire et de problèmes à résoudre, nous avons des socialistes d'état et des partageux de religion. Que voulez-vous? le progrès!

Il n'est pas inutile de rappeler à nos lecteurs que les provinces du Midi s'agitèrent, et des premières, au sujet de la religion. La première assemblée régulière des protestants avait eu lieu sur les bords de la Durance, où les soixante églises de Provence s'étaient fait représenter par leurs députés les plus violents et les plus habiles. Le Dauphiné avait suivi cet exemple de rébellion, et Valence, à son tour, était devenue plus tard une espèce de capitale, dans laquelle les huguenots s'étaient retranchés. Une fois leurs maîtres, ils avaient marché de réformes en réformes, effaçant coup sur coup le *Magnificat*, le *Te Deum*, le *Gloria Patri*, les symboles de Nicée, la litanie à Dieu seul : *Libera nos, Domine*. L'instant d'après, on rayait du calendrier la fête de Notre-Seigneur, celle de la Vierge, des apôtres, de tous les saints ayant jeûnes et vigiles ; bientôt les épîtres, les évangiles, les préfaces pour les fêtes et les dimanches ; toute la messe enfin y passa ; en même temps toute la police ecclésiastique et toute l'antiquité religieuse : images, autels, cierges, orgues, bonnets et mitres, encensoirs et processions. Ces Érostrates envahirent le haut et le bas Languedoc et sa double noblesse; le feu envahit aux quatre coins le temple du Seigneur, les uns mettant la plume au vent, les autres l'épée, et les uns et les autres niant les miracles, proclamant le libre arbitre bien au-dessus du Saint-Esprit, mettent au néant les plus célèbres controverses des docteurs orthodoxes dans les trois parties du monde chrétien : saint Irénée, saint Athanase, saint Grégoire de Nazianze, saint Basile, saint Chrysostôme, saint Ambroise, saint Augustin, saint Jérôme, tous les pères, tous les conciles, toutes les promesses que Dieu a faites à son Église ; tout est brisé, malgré l'évidence, la certitude, la succession perpétuelle, le consentement universel, venus sans interruption du siècle d'or des apôtres. Plus tard enfin, quand la réforme, après avoir été une révolte, devint un parti, ces mêmes huguenots du Midi ne furent pas les derniers à ajouter leurs menaces aux menaces des églises, à les écrire en lettres de fer dans leurs cahiers; à réclamer des places de sûreté, des juges et des gouverneurs de leur religion; à remplir de leurs cris les assemblées politiques qui pesaient sur les cercles, et à dominer par les cercles les assemblées générales. Procédure sans fin contre la majesté royale non moins que contre le royaume spirituel; chrétienté terrienne, charnelle, pleine de passions et de contradictions; autel contre autel, et celui-là, roi ou pontife, qui pourra réunir sous un même chef et dans le giron de la même Église toutes ces volontés éparses et incertaines, aura accompli une œuvre de haute importance et vraiment démontré qu'il est véritablement un envoyé de Dieu.

C'était là, à vrai dire, l'œuvre de

Louis XIV et son œuvre de prédilection. Comme il en a supporté toute la responsabilité et toutes les disgrâces, au moins faut-il lui laisser le courage de l'entreprise. Héritier direct de ces longues disputes qui avaient été la désolation de la France, il avait compris que la majesté des couronnes n'avait rien à gagner dans ces luttes sans cesse renouvelées, et il voulait y mettre un terme. Il y pensait la nuit et souvent il y rêvait le jour. Plus il se sentait grand et tout puissant, et moins il entrevoyait l'obstacle; il savait, mieux que personne dans son conseil, les lois, les édits, les arrêts, les traités, les pacifications, les tolérances qui avaient précédé et qui avaient suivi l'édit de Nantes; à quel point cet édit avait déplu et déplaisait à la France catholique; à quel point il était un sujet d'agitations, de controverses et d'espérances dans la nation protestante. Il savait aussi les répugnances des parlements, les tristesses des évêques, les regrets même de Henri IV, qui avait jugé que sa propre majesté était amoindrie et diminuée de moitié par les exigences de son ancien parti; enfin, il avait été élevé et confirmé dans l'idée que c'était là une religion mauvaise, injuste, violente, peu encline à l'obéissance, pleine de périls de tout genre et disposée à abuser des édits d'honnête liberté qu'elle avait arrachés à la nécessité des circonstances; en même temps il comptait le nombre des églises qu'il fallait abattre, cinq cents églises, et les quinze provinces qu'il fallait dompter, combien de seigneurs, de pasteurs, de peuple, de chefs militaires, réunis par l'acte d'union; il se disait qu'une fois l'entreprise commencée, il faudrait aller jusqu'au bout, et voilà pourquoi il hésitait, pourquoi il était plongé en ces grands troubles, pourquoi, même aux pieds de ses maîtresses et au milieu de ses victoires, il se prenait à soupirer en songeant qu'il n'était pas le maître unique de ce beau royaume fait à son image, et que, parmi tant de sujets soumis à son sceptre, il s'en rencontrait encore un si grand nombre qui ne s'inquiétaient guère d'être admis pour l'éternité dans le même ciel que le roi de France, sujets hardis qui croyaient à un paradis où le roi ne devait pas entrer!

Ce fut au milieu de l'hésitation et des doutes de la royauté que se rencontra l'homme le plus capable de servir à l'accomplissement de ces vastes et cruels projets. Nous voulons parler de ce tyran du Midi, M. Lamoignon de Basville, que le roi venait de nommer, avec toutes les précautions imaginables de secret et de confiance, intendant de police, justice et finances de sa province du Languedoc.

Vous savez quel était cet homme et si jamais instrument plus habile et plus impitoyable se rencontra sous la main d'un prince absolu. Pendant trente-deux longues années d'une tyrannie intelligente et sans limite, M. de Basville a été le geôlier et le bourreau de la misérable province confiée à ses soins. Représentant d'une force venue de Dieu, tout lui appartenait plus qu'au roi lui-même : les âmes, les corps, les fortunes, les consciences; il tenait le clergé par l'archevêque, les lieutenants généraux et l'armée par son beau-frère, le marquis de Broglie; les esprits timides par la terreur; les esprits fermes par les supplices; homme indigne, à force de violences, de sortir de cette source abondante et pure des Lamoignon, espèce de royauté à part, même dans la magistrature française, dont le nom seul représente tant de genres de travaux et d'honneur; et cependant, homme digne d'appartenir à la plus ferme race des magistrats français par les ressources fécondes d'un génie impétueux et prudent tout ensemble, qui faisait servir à l'exercice de l'autorité la plus active même la violence, même la colère! Juste souvent, mais tout porté à franchir au besoin les limites de la justice. « Toujours prêt et jamais pressé, » telle était sa devise; car il savait que la patience est une des grandes qualités du gouvernement. — De longue main il s'était habitué « à faire la chasse à ces misérables « qui sortent de leurs trous et qui dispa- « raissent comme des esprits dès qu'on veut « les exterminer, » disait cette bonne madame de Sévigné à son bon cousin le comte de Bussy. Mieux que personne et même dans l'âge où la pitié pénètre plus facilement dans le cœur des hommes, M. de Basville savait comment s'y prendre « pour « arriver à ces sortes d'ennemis volants et « irrésistibles; » tantôt il arrivait, par mille bonds impétueux, comme le grand Condé dans l'oraison funèbre de Bossuet; tantôt il se plaisait à saper, petit à petit, à ses heures, *les religions qui déplaisaient au roi*[1].

(1) Lettre de M. de Louvois, octobre 1685.

Il savait tout ce qu'il voulait savoir; des plaines brûlantes du Languedoc, dans le calme Vivarais, du Vivarais dans le district des hautes et basses Cévennes, il voyait tout ce qu'il voulait voir; son regard, perçant et froid comme la lame d'une épée, surveillait les écoles, les églises, les chaumières, les châteaux, les rencontres, les hasards, les conciliabules dans les carrières de Mus, dans les ruines de Nîmes, dans les bois d'Usez, dans les vallons du Vigan. Travailleur infatigable, il ne connaît ni le repos ni le sommeil quand il faut retrouver la voie perdue à travers cette longue suite d'ordonnances et de préventions, dans lesquelles la liberté de conscience allait tomber comme le renard dans un piége. Eh! le moyen de suivre jusqu'au bout le labeur de cet homme; — ces espionnages, ces découvertes, ces tentatives, ces essais de tout genre, cruels avant-coureurs des dernières cruautés; — toutes les lois ordinaires cruellement et fatalement suspendues; le commerce troublé, les âmes éperdues; — les nouveaux convertis, gens d'ordinaire sans honneur, délivrés de leurs dettes, libérés de l'impôt et légataires universels de leurs familles non converties, pendant que le protestant, resté fidèle à sa foi, se voit accablé d'outrages et chargé de misères? Les malheureux! pour hôtes, des dragons avides; pour collecteurs, des huissiers insatiables; pour juges, leurs anciens coreligionnaires. Leurs femmes légitimes, ô malheur! abaissées à l'état de concubines, et ces mariages clandestins ne produisant que des bâtards. En même temps le terrible gouverneur avait imaginé que l'enfant huguenot était déjà assez sage pour se faire catholique à sept ans; en revanche, le catholique n'était pas encore assez mûr, eût-il deux fois l'âge de raison, pour discuter les motifs de sa croyance; bien plus, il était envoyé aux galères perpétuelles, s'il osait préférer un seul instant Luther à saint Paul ! Lois terribles sorties du cerveau de cet homme et appuyées sur les plus cruels supplices : la prison à perpétuité, pour vous apprendre à ne pas croire à l'éternité de l'enfer; que disons-nous? la fusillade et la corde souvent, et parfois la roue et la claie, la confiscation toujours. — Tous les livres proscrits, et proscrits en si grand nombre, que le parlement renonça à en dresser le catalogue. Le *Nouveau Testament* et les *Psaumes* en langue vulgaire attachés au pilori, avant d'être précipités dans les flammes. En un mot, le comité Basville pesait de tout son poids sur la province humiliée[1], et si quelqu'un de ces intrépides et inflexibles huguenots, doublement rebelle à la grâce divine et à la volonté de M. l'intendant, venait à suivre

---

(1) Il était composé ainsi : le marquis de la Trousse, le comte de Villars, le maréchal de Montrevel, le conseiller Raymond, M. de Cavoyrac et son frère l'abbé de Cavoyrac, et, plus tard, le père Ferrier.

l'exemple des victimes de Néron ou de Tibère, s'arrachant par la mort au supplice inévitable, eh bien! on faisait le procès au cadavre; on traînait l'homme mort aux pieds des juges qui lui refusaient la sépulture : « déclare leur mémoire illicite, sup-« primée et condamnée à perpétuité... » Le reste appartenait au préposé aux spoliations... le titre est digne de l'emploi !

En vain le roi et ses ministres, et Bossuet lui-même, veulent s'opposer à ce zèle fanatique; en vain des ordres arrivent de Versailles, et des prières de l'archevêché, ordonnant à M. de Basville et le suppliant de retenir la flamme et le fer... Une fois lancé, il allait toujours, semblable à un chien dévorant; il imposait silence à Bossuet; il faisait peur aux ministres; il fermait la bouche au roi lui-même, poursuivant sans fin et sans cesse son œuvre de dévastation, de meurtre et de ravage contre les infortunés qui osaient résister à ses missionnaires à cheval. Tel était l'énergumène qui allait remplacer M. d'Aguesseau, M. d'Aguesseau, la parfaite intégrité, l'aimable vertu, la bienveillance en personne. Incroyable et cruel génie, ce M. de Basville; il a employé fatalement, et dans une si longue autorité, cet art farouche et savant qu'il savait recouvrir, au besoin, des grâces les plus charmantes; ce tact exquis, dissimulé sous les apparences les plus brutales; cette terreur dont son nom était rempli, sans rien ôter à la grâce de son sourire; ces crimes et ces monstruosités des plus cruels tyrans, unies à des bontés même paternelles; cette bonhomie apparente; cette habileté de serpent à se replier et à cacher son venin; cette complète absence, et d'autres fois cet immense déploiement d'orgueil, de colère, de vanité, de passion, d'ambition, de volonté; passant violemment de l'excès à l'autre excès, ou bien s'arrêtant tout net dans le vrai milieu, et alors il semblait s'y complaire avec amour. O le monstre!.... ô l'habile génie que vous avez produit, pour la damnation de beaucoup et pour l'admiration de quelques-uns, vous, son père, Chrétien-François de Lamoignon, chef auguste de cette illustre famille « où la vertu se « communiquait avec le sang ; où l'on ve- « nait au monde pour la force et pour la « justice[1]! » une famille qui commence par un grand homme, qui finit par un martyr[2]. Et quelle était donc cette autorité royale qui forçait ainsi, par le seul enthousiasme pour sa cause, ce fils, ce petit-fils, cet arrière-petit-fils, frère, père, grand-père de tant de magistrats excellents, d'accepter et de remplir ainsi, jusqu'à la fin d'une vie entourée à ce point d'exécration, de terreur et

---

(1) Fléchier, oraison funèbre de M. de Lamoignon.
(2) M. Lamoignon de Malesherbes, le défenseur du roi martyr, le parent et le protecteur de M. de Chateaubriand.

de respect, cet emploi quadruple de juge, d'espion, de geôlier et de bourreau?

Mais ce royaume de France, avec tout son esprit de bienveillance, d'ironie et de bonne grâce, ne comprenait pas encore ce grand mot et ce grand principe : liberté de conscience ! La religion, en dépit de tant de grands hommes qui ont été l'honneur du sacerdoce européen, avait conservé toutes les formes et tous les aspects de la guerre ; une dispute de théologiens ou une bataille à coups de fusil, c'était, ou peu s'en faut, la même bataille ; c'était, des deux parts, la même ardeur belliqueuse, la même cruauté dans l'attaque, la même férocité dans la défense, le même orgueil dans la victoire, la même rage des vaincus. L'arme courtoise était une de ces armes que l'on conserve dans les cabinets des curieux, mais que l'on cache précieusement les jours d'émeute, pour éviter les voleurs. Oui, ces violences de la force, oui, ces excès du pouvoir, ces supplices, ces exils qui nous apparaissent comme autant de crimes irréparables, et dont le souvenir nous remue au fond de l'âme, à peine si la partie catholique de la nation française, au dix-septième siècle, s'en est inquiétée un instant. La révocation de l'édit, si horriblement fertile en pillages, en injustices, en meurtres de tout genre, semblait, à la grande majorité de cette nation, une victoire, une représaille et l'action la plus juste de l'univers. Ces violences se racontaient complaisamment d'un bout à l'autre de la France, et tout comme on eût parlé de quelque peuple conquis. En vain, du fond de la Hollande protestante, le ministre Saurin invoque, pour la vengeance à venir, les gémissements des captifs, les sanglots des enfants, les vierges dolentes, les chemins de Sion couverts de deuil, les apôtres au supplice, les martyrs aux gémonies; on ne parle dans tout le royaume de France que de fêtes et de plaisirs, de dîners et de comédies, de mariages et de présentations à la cour, du grand lever et du petit coucher. Les gémissements et les larmes des Églises anéanties n'arrivaient pas, juste ciel! jusqu'à Versailles! Le roi, qui savait tout et qui voulait tout savoir, ne les a sues qu'une seule fois, et dans une circonstance que nous dirons à notre dernier chapitre, ces misères d'un peuple désobéissant; bien plus, M. le régent lui-même, ce grand esprit, ce bel esprit, le second père, avec Bayle, du scepticisme français, durant son règne plein de tolérances, n'a été cruel que pour les protestants de France; même sous le roi Louis XV, ou, pour mieux dire, sous le roi Voltaire, à l'heure où toutes les libertés étaient proclamées, quand donc fut-il question de venir en aide à la nation persécutée? Il fallut attendre le roi Louis XVI, la victime innocente de toutes ces violences qu'il allait réparer, quand il fut traîné par les plus vils, les plus lâches et les plus affreux de tous les hommes, sur cet échafaud qui fut changé en autel.

Donc, puisque les philosophes eux-mêmes ont été à ce point insensibles à des misères qui frappaient leurs regards, ne nous étonnons pas que Louis XIV les ait ignorées, tant il était malheureusement protégé et défendu contre ces surprises et ces haines par la grandeur même de son être; tant il était entouré d'esprits convaincus de la justice de son action, tant à cette cour de Versailles le courtisan, le galant homme, l'homme d'État et le chrétien ne vous représentent, le plus souvent, qu'un seul et même personnage, prosterné devant le trône de ce sultan d'Asie, au milieu des vapeurs enivrantes de cet encens perpétuel qui s'exhale incessamment des pages de l'histoire, des chants du poëme, de la louange des capitaines, du sourire des duchesses. « Toutes les syllabes de la langue
« nous sont précieuses, s'écrie l'abbé Col-

« bert, parlant à l'Académie française, parce
« que nous les regardons comme autant
« d'instruments qui doivent servir à la
« gloire de notre auguste protecteur. » Vous
l'entendez : toutes les syllabes de la langue!
Et comment Racine a-t-il appelé le roi
après la révocation de l'édit ? il l'a appelé :
« Le prince le plus sage des princes et le
« plus parfait de tous les hommes ! » Et les
marbres jusqu'aux enfers, et les bronzes
jusqu'au ciel, avec ces inscriptions qui
touchent au trône même du roi des rois :
« A Louis le grand ! — A sa victoire perpé-
« tuelle ! — Au défenseur divin des droits de
« l'Église et des rois ! »

Cette étrange et incroyable confusion des
devoirs du monarque envahissant les droits
des peuples, sans un remords, sans un regret, sans une voix qui réclame; ce calus
d'adoration perpétuelle qui avait envahi les
âmes les mieux nées et les mieux douées
de sincérité et de courage, s'il nous fallait

des exemples, certes les exemples nous viendraient en foule. Citons seulement, dans l'affaire de la régale (patience, voici que nous y revenons!), un malheureux prêtre de Toulouse, l'abbé Maupas : il avait été jeté dans une prison où il était resté cinq ans entouré de scorpions; puis, rendu à la liberté, le malheureux s'était traîné jusqu'à l'abbaye de la Trappe, où M. de Rancé, M. de Rancé lui-même, n'osa pas recevoir cet infortuné, tant était grande, même dans ces tombeaux, la frayeur de déplaire au roi ! O M. de Rancé ! tant de force et de cruauté chrétiennes contre vous-même, si peu de courage... (un gentilhomme!) lorsqu'il s'agit de tendre la main à un frère malheureux!

A l'heure où se passe notre drame, la révocation de l'édit de Nantes était arrêtée dans le conseil de conscience et même dans le conseil d'État; toutes choses se préparaient pour l'accomplissement de cette terrible entreprise, et le roi, après avoir bien cherché autour de lui, n'avait pas trouvé de plus habile exécuteur de ses volontés que M. Lamoignon de Basville. Le château de Basville n'est pas loin de Paris; il appartenait à M. le premier président François-Chrétien de Lamoignon, qui en avait fait une retraite austère et charmante tout ensemble, un Louvre champêtre où il venait se reposer des fatigues de cette magistrature suprême qui faisait du premier président de Paris un des personnages les plus considérables du royaume. Dans cette maison, entourée de mystère, de silence et de respect, se réunissaient, au milieu d'une foule empressée jusqu'à l'adoration, des hommes choisis dans la société la plus exquise, et le grand magistrat, redevenu tout simplement un homme du meilleur monde, s'abandonnait volontiers à la gaieté des honnêtes consciences, à la bonne humeur des paisibles esprits, à la verve abon-

dante d'un homme heureux qui n'a plus d'ambition à satisfaire ici-bas et qui se voit arrivé au terme de toutes les grandeurs qu'il pouvait se proposer. Dans ce salon, qui eût pu facilement devenir une cour, se réunissaient Despréaux, l'auteur des *Satires*; Jean Racine, ce noble enfant de Port-Royal, où il voulut être enterré, ce qu'il n'eût pas osé faire de son vivant; le père Bourdaloue, *qui frappait comme un sourd*, et plusieurs dames de la société de monseigneur le premier président : « Les trois Muses en étaient[1],
« madame de Chalucet, nièce de madame de
« Basville; madame Hélyot, espèce de bour-
« geoise renforcée, qui a acquis une assez
« grande familiarité avec M. le premier
« président, dont elle est la voisine à Paris,
« et qui possède une terre assez proche de
« Basville; la troisième est une madame de
« Laville, femme d'un fameux traitant, pour

---

(1) Lettre de Boileau à Brossette, tome IV, p. 440, éditio de M. de Saint-Surin.

« laquelle M. de Lamoignon, aujourd'hui
« président à mortier, ne manque pas d'une
« certaine inclination. Celle-ci ayant chanté
« à table une chanson à boire, dont l'air est
« fort joli, mais les paroles très méchantes,
« tous les conviés, et le père Bourdaloue
« lui-même aussi bien que le père Rapin,
« m'exhortèrent à en faire d'autres, et j'é-
« crivis, en effet, ces quatre couplets :

« Que Basville me semble aimable
« Quand des magistrats le plus grand
« Permet que Bacchus, à sa table,
« Soit notre premier président.

« Trois Muses, en habit de ville,
« Y président à ses côtés,
« Et ses arrêts, par Arbouville,
« Sont, à plein verre, exécutés.

« Si Bourdaloue, un peu sévère,
« Nous dit : « Craignez la volupté !
« —Escobar, lui dit-on, mon père,
« Nous la permet pour la santé. »

« Contre ce docteur authentique
« Si du jeûne il prend l'intérêt,
« Bacchus le déclare hérétique
« Et janséniste, qui pis est. »

« Mes deux derniers couplets, ajoute
« Despréaux, firent un peu refrogner le
« père Bourdaloue. (Il dit ceci, en effet : « Si
« M. Despréaux me chante, je le prêche-
« rai !) Pour le père Rapin, il entendit
« raillerie et obligea même le père Bour-
« daloue à l'entendre aussi. »

Cependant soyez ferme et constant jusqu'à la mort dans vos plus intimes croyances ; soyez la mère Angélique Arnauld et succombez sous la persécution ; soyez Pascal et écrivez *les Provinciales*, afin qu'un jour un des plus grands esprits de votre siècle fasse de vos doctrines les plus austères le refrain d'une chanson à boire, pour divertir le cousin Arbouville et la voisine Hélyot !

A cette fête assistait, assis au bas bout

de la table, occupé à tout entendre, à tout regarder, le terrible autant que révérend père Ferrier, le *committimus,* ou, si vous aimez mieux, le *custodi-nos* des jésuites de Toulouse, car chaque corporation se servait, en ce temps-là, d'une langue à part, qui mériterait d'être étudiée tout autant, pour le moins, que l'argot des prisons et des bagnes. Il eût été difficile de rencontrer dans toute la société de Jésus un homme mieux disposé que le père Ferrier à accomplir une mission plus délicate. Il avait l'enthousiasme de son ordre; il en savait à fond les craintes et les espérances. Dans son fanatisme pour l'armée dont il était un des chefs les plus dangereux, il eût donné sa vie, et avec joie, pour ne plus laisser sur les ruines de tous les dogmes et de toutes les écoles qui se partageaient la France que le dogme et les écoles des jésuites. Esprit dur et entêté, d'une application infatigable, il n'avait pas d'autre passion que le triomphe des siens, pas d'autre ambition et pas d'autre joie ; c'était son œuvre, c'était son rêve ; il ne voyait rien ni en deçà ni au delà ; il eût bravé les portes mêmes de l'enfer, pour aller jusqu'au bout dans la voie qu'il s'était tracée ; à plus forte raison il affrontait le mépris des hommes qui ne comprennent pas qu'une seule tête puisse, en effet, contenir et enfermer tant de piéges, pour la seule gloire de tenir, incognito, au gouvernement ou à l'empire. Voilà donc pourquoi il vivait seul, dans son cabinet, sans connaître ni parent, ni ami, ni famille, ni protégé, ni protecteurs, ne vivant du corps et de l'âme que pour arriver, d'un pas aussi farouche que son visage, à je ne sais quel but lointain de tyrannie et de domination.

A peine instituée, l'Enfance avait inquiété les jésuites. — Toucher à l'éducation des enfants du peuple était un crime, à leurs yeux, aussi grand que de toucher au confessionnal des rois, et comme, après les premières déférences, madame de Mondonville avait tourné à la plus complète indépendance, ils s'étaient dit : Voilà une ennemie et voilà une citadelle élevée contre nous ! Premières rumeurs, premières menaces qui peu à peu avaient grandi et s'étaient répandues çà et là, à Bordeaux, à Clermont, à Lyon, à Marseille, dans l'ancien royaume de Navarre, dans le parloir de M. de Louvois, dans le cabinet de M. le procureur général. Il fut parlé de madame la supérieure perpétuelle au fond des monastères les plus séparés du monde et dans les solitudes les plus discrètes. De leur côté, et à mesure que les sourdes menées faisaient leur chemin, les jansénistes, voyant l'Enfance en péril, la défendaient, comme elle était attaquée, en silence, entre deux sapes, chaque parti n'oubliant rien pour s'écraser mutuellement, mais ménageant encore le bruit public ; car ce n'est pas une des moindres curiosités de cette grande époque de la trouver si violente dans le fond, si calme à la surface; tant de coups furieux et pas une plainte qui s'exhale de cette ardente mêlée; tant de feu et si peu de fumée, tant de blessures cruelles des deux parts et si peu de gémissements !

L'aventure de mademoiselle de Prohenque n'avait pas produit tout l'effet et tout l'étonnement que l'on pourrait croire, à en juger par les habitudes modernes. Le cloître était plein de ces histoires de filles découragées et fugitives qui, par la force de la loi religieuse et de la loi civile, reviennent bientôt, après une tentative désespérée, à l'obéissance et à la résignation. Toutefois le terrible Ferrier, avec son bon sens pratique et son habitude du soupçon, en était arrivé à ce commencement de preuve intime qui n'est pas encore l'accusation formelle, mais qui la précède de bien peu. C'était un homme qui, par habitude et par état, y voyait clair; à peine arrivait-il à la lumière, il la plaçait, d'une main ferme, sur le chandelier; il n'hésitait pas, il n'avait pas le temps d'hésiter. Évidemment la province du Languedoc était troublée; elle était pleine de résistances cachées, inondée de pamphlets. Que ces séditions imprimées vinssent de la Hollande ou de l'Angleterre, leur patrie naturelle, la chose était probable; mais ces placards incendiaires en faveur de la régale, affichés, tout humides, aux murailles épouvantées, cette émeute sortie de quelque imprimerie souterraine, cette défense des hommes persécutés, cette accusation contre les persécuteurs, cette louange hardie du janséniste abbé de Ciron, d'où venaient ces incendies, sinon des cendres à peine éteintes de Port-Royal? Quant à sonder la profondeur du châtiment, le père Ferrier lui-même, à l'idée seule de ces vengeances implacables, sentait son propre cœur se serrer sous les angoisses. Pensez-y donc! en ce temps-là, une attaque au roi, imprimée et distribuée en terre française, c'était vraiment un de ces crimes qui venaient à peine à l'imagination des insensés. Posséder chez soi, dans l'ombre de sa maison, une presse clandestine, et faire marcher, de nuit, cette machine d'État, déjà si terrible au grand jour, quand elle reste sous la surveillance des parlements et de l'Église, à peine si la loi du royaume avait osé prévoir un pareil forfait. Le moindre soupçon de ce crime de lèse-majesté divine et humaine au premier chef suffisait pour mettre sur pied tous les archers, tous les estafiers, tous les espions, tous les soldats, tous les magistrats du royaume de France. Toute maison était fouillée; vous étiez pris, vous étiez pendu; « on en pendit un malheureux « petit libraire, *pauperculus librarius*, » comme disait M. de Thou [1], sans autre réflexion de sympathie ou de pitié.

(1) Telle était la terreur inspirée par M. de Basville, qu'un jour M. le comte de Guiche racontait au roi comment il

Après le dîner, à l'instant où la foule remplissait les salons du premier président, pendant que Despréaux recevait les compliments de ces dames et répondait aux objections du grand Bourdaloüe, le père Ferrier, prenant à part M. de Basville, lui expliqua en peu de mots pourquoi il était venu en si grande hâte de Toulouse à Paris. « Monseigneur, lui dit-il en le regardant face à face, je suis auprès de vous l'ambassadeur de toute la partie saine et catholique du Languedoc. Nous avons appris, des premiers, que le roi vous donnait à gouverner cette partie turbulente de son royaume, et nous avons été les premiers à nous en réjouir, tant nous comptons sur votre bien-

---

était tombé dans la Garonne : « Je me noyais pour tout de bon, sire, et les paysans me regardaient noyer, bouche béante, sans oser me venir en aide, tant le danger était pressant et le courant rapide ; lorsque soudain je me mis à crier : A moi, manants! sauvez le gouverneur! Aussitôt ils se jettent dans le fleuve, et ce fut à qui me sauverait, au péril même de ses jours. »

veillance et sur votre appui. » Il dit cela d'une voix ferme et presque impérieuse. En même temps il fit entrevoir au nouveau gouverneur la nécessité de signaler, par un exemple sévère, son entrée au pouvoir. Il expliqua ses inquiétudes en peu de mots, à propos de l'institution de madame de Mondonville, et il s'expliqua avec l'énergie de la haine et la concision du bon sens, deux forces terribles quand elles sont réunies. Heureusement que M. de Basville avait bien d'autres soucis au fond de l'âme. Commencer sa terrible mission en s'attaquant à une femme si protégée, si défendue ; briser, renverser, anéantir, au débotté, une institution de filles, sur un soupçon en l'air ; mécontenter, du premier coup, tant de seigneurs, de magistrats, un prince du sang et le parlement même de Toulouse ; bien plus, déplaire à madame de Montespan, qui jurait ses grands dieux que les filles de l'Enfance savaient par cœur le

Catéchisme de la Grâce! Résister à l'archevêque, à M. l'évêque de Tulle (Mascaron) lui-même, à M. le chancelier en personne, les protecteurs de cette maison aimée du peuple, c'étaient bien des entreprises à la fois. « Nous attendrons, mon père, disait M. de Basville; rien ne presse.

« — Rien ne presse, monseigneur! Mais songez donc que l'Enfance, à elle seule, occupe plus de place dans l'attention du monde que deux ou trois monastères des plus importants de l'Église. Mais songez que cette femme est aussi violente dans l'exécution qu'elle est habile dans l'entreprise; qu'elle est entourée d'une faveur inouïe et d'un respect qui tient du prodige! Songez que personne n'a encore pénétré dans cette maison, ou plutôt dans ce mystère, et que les choses de l'Église ne se font pas en disant : Attendons!

« — Eh! monsieur, répliqua M. de Basville, puisque vous tenez tant à savoir les mystères de l'Enfance, qui vous empêche de savoir ce qui s'y passe, par vous-même ou par les vôtres? Il me semble que vous êtes devenus bien timides et bien timorés, mes pères; certes, vous n'avez pas toujours demandé la permission d'apprendre ce que vous vouliez savoir!

« — C'est justement cette permission que je vous demande, monsieur, au nom de mes maîtres, et, s'il le faut, au nom de vos maîtres, et, s'il le faut, au nom même du confesseur du roi. Quoi qu'on en dise, nous avons notre équité et notre justice, et nous ne voulons condamner personne sans l'avoir entendu; mais nous voulons aussi que personne dans l'Église n'échappe à notre juste contrôle. C'est pourquoi, sans inquiéter Sa Majesté, qui a déjà bien assez d'affaires avec la cour de Rome, et sans peser sur notre saint-père le pape, qui n'est que trop occupé de ses droits de régale, nous vous prions qu'il vous plaise consentir à ce qu'une enquête soit faite sans bruit, dans la maison de l'Enfance ! Déjà même nous avons jeté les yeux sur un homme qui ne demande qu'à nous servir, le marquis de Saint-Gilles, monseigneur.

« — Ai-je bien entendu ? Il s'agit de ce M. de Saint-Gilles qui a pris la fuite devant la peste, en présence de la ville entière, et lorsqu'elle avait les yeux sur lui? Certes voilà un instrument bien trouvé, mais quelque peu déshonoré, ce me semble. Agissez cependant, puisque tel est votre bon plaisir ; et pourvu que vous me répondiez que nul scandale ne sortira de votre enquête et que vos recherches seront conduites avec la prudence que vous portez en toutes choses, je vous servirai de mon mieux.

« — Voilà pour le moment tout ce que nous attendions de vos déférences, monseigneur, » répondit le père Ferrier à voix basse; car il avait vu M. le président qui venait à la recherche de son fils.

Restés seuls : « — Le croiriez-vous, monsieur, dit M. de Basville à son père, ces démêlés de la régale ont pris là-bas une importance très grande, et je ne serais pas étonné si la terrible nouvelle que je vais leur porter les trouvait moins attentifs et moins sérieux que nous ne le supposons.

« — Monsieur ! reprit M. de Lamoignon, rappelez-vous ce que je vous dis là ; je ne sais pas ce que réserve l'avenir à la révocation de l'édit, mais, dans le temps présent, l'affaire de la régale me paraît une chose bien plus sérieuse et compliquée. L'édit révoqué ne retombe que sur les protestants, le reste de la France applaudira ; la régale, au contraire, est l'affaire de l'Église, ou plutôt de la chrétienté tout entière, et bien des consciences en demeureront troublées et éperdues. Pour ma part, moi, qui vous parle, je signerais de mon sang la révocation de l'édit de Nantes, et je suis en doute si le roi lui-même a raison contre le pape dans l'affaire de la régale ! J'ai consulté les esprits les plus éclairés et les plus divers : le cardinal de Bérulle à l'Oratoire, Vincent de Paul à Saint-Lazare, M. de Rancé dans ses solitudes ; — les uns et les autres, ils ont glorifié la résistance de messieurs d'Alet et de Pamiers : « Gloire à vous, disaient-ils, qui n'avez pris votre inspiration que de Dieu seul, qui n'avez obéi qu'à sa parole ! » Faites donc en sorte, croyez-moi, d'apaiser l'émeute de la régale avant de proclamer et d'entreprendre la révocation de l'édit ! Le danger est là, et n'est que là ! »

Ainsi parlait M. le premier président Chrétien de Lamoignon, de cette voix magistrale qui portait tout ensemble le commandement et le conseil. « Je n'entends bien que les affaires que rapporte M. de Lamoignon ! » disait souvent Louis XIV. — « Mon père a raison, se disait M. de Basville ;

cette question de la régale veut être vidée
avant toute autre... et j'ai bien fait de ne
pas décourager le père Ferrier ! »

Il se promena longtemps dans l'allée
d'ormes séculaires qui l'enveloppaient de
leur ombre sérieuse, considérant en lui-
même les difficultés, les haines et les périls
de l'entreprise qu'il avait acceptée; moins
heureux, certes, et moins tranquille qu'au
temps où il n'était que l'avocat du sculpteur
Girard Van Opstal, ou l'administrateur de
la ville de Pézenas.

XIII

M. de Saint-Gilles ne s'était pas consolé de sa honte à la face même de sa ville natale. Chassé de Toulouse par sa propre couardise, il avait fait retomber sur madame de Mondonville tout le poids de cette disgrâce publique et de ce déshonneur sans rémission. Il avait en lui-même un de ces caractères fermes et constants dans le mal, perfides et libertins, qui réunissent volontiers la débauche à la vengeance; il était depuis longtemps passé maître dans cette trahison noire de toutes les calomnies, patiente et violente tout ensemble; il était habile à apprendre, à prévoir, à deviner, à nuire, à profiter de l'absence, du bruit, de la réalité, des apparences, de tout ce qui peut servir à la ruine d'un ennemi. Depuis sa dernière rencontre avec cette femme écrasante, il avait repris haleine; avant que d'éclater contre elle, il voulait choisir son temps et son heure, et maintenant qu'il s'était mis sérieusement à l'œuvre, rien de si étrange et de si monstrueux, pas de machines qu'il ne fût disposé à entreprendre, pas de vils emplois qu'il n'acceptât volontiers, pourvu qu'il arrivât à sa vengeance. Aussi le père Ferrier le connaissait bien quand il le choisit comme l'instrument de ses espionnages et de ses enquêtes! Il le savait faux, mais habile en toutes choses; faux sur le courage, avec la renommée d'un tireur d'épée; faux sur l'honneur, avec les apparences du gentilhomme; faux enfin sur la dévotion, en homme qui sait que la dévotion est le grand chemin et le plus sûr pour aller à la fortune. Et comme il fut facile à ces deux hommes de s'entendre à demi-mot ! Le marquis, avide et glorieux, le jésuite, désintéressé et prudent ; celui-ci, un des beaux de la cour, celui-là, un pédant dur et ferré qui va traiter ce marquis en écolier obéissant ; le marquis, impétueux et tout à feu quand il faut un incendie ; le jésuite, qui se complaît surtout à attiser le feu allumé par un complice ; le premier, méchant par la vanité même des âmes méchantes ; le second, se condamnant à des violences dont personne ne lui sait gré et dont il est seul à savoir la profondeur ! — Donc ils s'entendirent bien vite, et entre ces deux créatures réunies par un mépris réciproque il fut arrêté : 1º que la maison de l'Enfance était un temple d'Égypte ; au dehors l'or et le marbre, des chats et des crocodiles au dedans ; 2º que la supérieure de l'Enfance méritait de mourir dans une bastille. « Mais comment s'y prendre, disait le père Ferrier, pour s'introduire dans cette maison si bien gardée? Par quels moyens pénétrer dans cet incorruptible château fort? Cette femme se défendra ; elle est très protégée et très entourée; dans la ville même, les uns la regardent comme une sainte; les autres la respectent comme une reine. Les pauvres l'appellent leur mère! Les malades lui disent : Ma sœur! Elle tient sous sa loi absolue les filles des meilleures familles du Languedoc et des provinces voisines ; elle-même, elle a déjà, et plus d'une fois, pressenti les embûches les plus habiles, deviné les piéges les mieux tendus. Mademoiselle de Prohenque nous la devait livrer pieds et poings liés ; nous la tenions enfin ; c'est elle, au contraire, qui a ramené mademoiselle de Prohenque! Eh! mon Dieu! le père Lachaise lui-même nous abandonne quand il s'agit de cette Circé ; car voici ce qui se passe à Versailles, même chez le confesseur. Il avait vu à Lyon deux petits tableaux d'un peintre de Bologne, nommé Antonio Varo; sur cette toile des fruits, sur l'autre toile des fleurs; et plus d'une fois il avait parlé de ces peintures qu'il nous avait été impossible de retrouver. Or, jugez de notre désappointement et de sa joie, quand, ce matin, à son réveil, il a vu ces deux toiles d'Antonio Varo, placées au plus beau jour de son cabinet, avec ces mots sur le cadre d'or : « La supérieure perpétuelle de l'Enfance présente ses humbles respects au révérend père Lachaise, confesseur du Roi ! » — « Nous tentons, vous et moi, une chose bien difficile, » ajoutait le terrible Ferrier.

A quoi M. de Saint-Gilles répondit qu'il saurait bien trouver un moyen de venir à bout de cette supérieure perpétuelle; il demandait seulement qu'on lui donnât carte blanche, et il se chargeait de mener la chose à bonne fin.

Il était l'ami et le galant, on disait même quelque chose de mieux, d'une grande coquette du Marais, extrêmement jolie et bien faite, avec beaucoup d'esprit, et dans l'esprit beaucoup de grâce, qui s'appelait, en son nom de demoiselle du beau monde, mademoiselle de Verduron. Elle avait bien... oui, elle avait vingt-cinq ans, mais sa figure gardait encore la teinte fraîche des premières fleurs de la plus tendre jeunesse. Sans appartenir tout à fait à la Place-Royale, elle était assez proche du centre jaseur de la belle galanterie pour que la dame pût dire hardiment : « Place-Royale ! » quand son carrosse la ramenait de l'église ou de la comédie. Son salon tenait le milieu entre l'hôtel de Rambouillet et la maison du poëte Scarron, entre le bel esprit et la poésie burlesque, et elle y recevait, en hommes, la meilleure société de la ville et de la cour; physionomie haute, audacieuse, résolue ; parlant français, disputant volontiers ; avec des câlineries, de la flatterie, de l'intrigue au dernier point; son goût était exquis et faisait loi en habits, en religion, en meubles, en musique, en beau langage et en toutes sortes de belles élégances; c'était, comme on disait, un ambigu de prude et de coquette, raffinant sur le luxe et la dépense, réunissant les opinions d'Épicure à la morale relâchée, la comédie à l'oraison; aimant Dieu et surtout son prochain plus que ne le permet Saint-Paul; lisant tout ensemble le catéchisme des petits maîtres et le bréviaire des courtisans; — une femme bel esprit et décente avec art, qui se souvenait de ces paroles de Saint-Évremont à mademoiselle de Lenclos : « Là, voyons, « pourquoi renoncer au ciel? Vous vivez « dans un pays où l'on a de merveilleux « avantages pour se sauver; le vice n'y est « guère moins opposé à la mode et aux belles « manières qu'à la vertu et au savoir-vivre! « Être damnée, fi! vous dis-je, c'est cho-

« quer la bienséance autant que la religion !
« Autrefois il ne fallait être que méchant
« pour aller en enfer, aujourd'hui il faut
« encore être malhonnête homme ! Il est
« peut-être permis de n'avoir pas de consi-
« dération pour l'autre vie, mais il y faut
« penser nécessairement, par égard pour ce
« monde-ci. »

Pourtant, faite comme elle était pour remplir le monde de foudres et d'éclairs, et parée de ces beaux yeux qui n'étaient ni tristes ni sévères, elle commençait à se plaindre de l'aveuglement de la fortune qui la laissait monter en graine et ramer contre le fil de l'eau. Les diseurs de phébus, complices de son miroir, lui avaient tant dit et répété que l'amour et la beauté ouvrent toutes les portes de la fortune, qu'elle commençait à se demander si elle avait bien fait d'être insensible et galante, et s'il n'eût pas mieux valu compter un peu plus sur la passion et sur la constance, un peu moins sur la vanité et le plaisir. Quel malheur, en effet! Elle avait si bien placé ses pièces et ses batteries... pour faire tout au plus quelques légères blessures aux passants! Elle était si alerte à découvrir son soulier noir et à montrer ses belles dents blanches; mais pourquoi? et pour qui? Elle prêtait si volontiers aux plus grands seigneurs de la cour une oreille mignonne et attentive, et pas un n'avait prononcé, même tout bas, ce mot qui les vaut tous : «Mariage! mariage!» Elle s'était endormie ou, pour mieux dire, elle avait fait semblant de dormir, hélas! sans que personne la réveillât, sur les oreillers où s'endorment les belles pécheresses ambitieuses; elle passait sa vie dans tous les endroits à la mode, sur les remparts, au cours, aux Tuileries, dans les fêtes, dans les spectacles, aux symphonies; et de tant de soins, de peines et d'élégances en dentelles, en riches étoffes, en beau linge, en grande toilette du matin, du midi et du soir, qu'avait-elle recueilli, je vous prie ? Rien que des bluets dans les blés et des alouettes dans les sillons. La belle avance d'avoir assisté à tous les offices, vêpres et saluts de la cathédrale, à tous les grands sermons, à la belle messe aux Feuillants ou aux Minimes, pour n'être encore qu'une vaine échelle en dehors du sanctuaire ! La belle avance de n'avoir employé ses cinq sens de nature à aucun usage précisément malhonnête, si déjà la fortune ne veut plus de vous et se joue ailleurs ? Autant valait se perdre gaiement par les plaisirs sans excuse ! Eh ! Dieu ! voyez donc que de temps perdu à faire la sage et la prudente au beau milieu des cercles galants, des conversations enjouées, dans les lettres familières et autres prises de bec et de corps où tout s'effleure, où rien n'arrive à la conclusion, comédies sans dénoûment, qui ne valent pas les amours glorieusement et royalement illégitimes, les libres allures des badines et des folâtres dupées par les marquis, dupant les financiers, la main dans les mains de l'amant aimé et le nez dans le sein de l'opulence! D'ailleurs, à se tant fatiguer, à courir après la considération des honnêtes femmes, qui donc est sûre d'avoir le prix de la course? Parlez-nous, pour faire son chemin, de l'oisiveté du corps, de la paresse de l'esprit, de la haine des choses fatigantes. On n'est pas admise aux assemblées de charité, mais on préside les longs repas où le luxe est uni à la gourmandise: fleurs, cristaux, orfévrerie d'or et d'argent; on est à côté de la vertu et de la réforme, mais on a le droit de montrer ses bras et sa gorge, comme les hommes montrent leurs colliers d'ordre, leurs cordons et leur pourpre; les casuistes vous dénigrent, mais vous êtes la bienvenue dans la *Journée amoureuse* et dans les *Annales galantes;* les duchesses prononcent votre nom en s'abritant sous l'éventail... les poëtes vous dédient leurs madrigaux, sous les noms transparents d'Elmire, de Philis, de Phryné ou de Laïs; les vieilles filles désappointées, qui tiennent école de pruderie, distillent à votre intention leur fiel et leur venin saturé d'ambre et de musc... On s'en venge, on fait reluire à leurs yeux éblouis ses bagues, ses colliers, ses émeraudes, son rubis balais, ses éventails dorés, ses poinçons de diamants; certes, à ce compte, on n'est plus ni Ruth, ni Judith, ni Suzanne, on est bel et bien l'épouse du cantique, et l'on s'enivre tant qu'on veut, à cette coupe des enchantements, à laquelle c'est à peine si l'on a touché du bout des lèvres, tant que l'on conservait au fond de l'âme de plus hautes et de plus sérieuses prétentions!

Tels étaient les éclairs, mêlés de gaieté et d'amertume, qui passaient de temps à autre dans cette tête bouclée; la dame faisait de son mieux pour se défendre contre la tristesse, et d'un geste dédaigneux elle repoussait le temps avec l'épaule, une épaule éblouissante de tout l'éclat du mois de mai! Vains efforts! Déjà l'avenir se montrait sombre et menaçant! Ce bel âge, cette figure, ce grand air, l'agrément de l'ensemble, le jeu ardent de cette double prunelle, rien n'y faisait, et pour peu que cette belle Verduron fût abandonnée à elle-même, voici qu'elle lamentait sa jeunesse mal employée, et tant de sacrifices inutiles, à la bonne opinion de quelques gens qui lui savaient si peu de gré de sa retenue; bref, elle en était venue à se demander, tout de bon, si elle mourrait sibylle, et si, ne pouvant pas tâter d'un mari, il ne lui faudrait pas tâter du voile. Alors elle entrait dans toutes ses rages, et elle s'en voulait à elle-même de n'avoir pas été tout de suite, et tête levée, une Marion Delorme, une Ninon de Lenclos. « Oh! disait-elle, l'habile personne et le bon père! » L'excellent père, en effet, ce raffiné joueur de luth qui, de si bonne heure et si mélodieusement, avait éveillé les cordes favorites de sa fille bien-aimée : l'oisiveté, la fantaisie, l'inconstance, le doute, la volupté, autant de cordes d'or ajoutées à ce luth d'ivoire qui rendait, et au delà, tous les tons heureux que le bonhomme s'en était promis !

Quand M. de Saint-Gilles se présenta chez mademoiselle de Verduron, il la trouva en déshabillé, mais sous les armes, comme une fille qui a appris de bonne heure qu'il faut ceindre ses reins et tenir sa lampe allumée. Sa maison était un vrai réduit, très honorablement disposé pour la causerie, pour le mystère, pour les hasards, les présents et les dangers de la fortune. Là régnaient, maîtres souverains, échappés aux tours et aux détours de la carte de *Tendre*, toutes les imaginations du Parnasse des ruelles, le *Beau-Procédé*, la *Belle-Galanterie*, la *Belle-Manière*, et ces jolies inventions se montraient arrangées dans un ordre tout nouveau. La dame du logis savait son monde et son beau monde ; même sous l'artifice qui l'entourait, on sentait la gentillesse ; son luxe était un luxe poli et curieux : l'or aux lambris, les peintures au plafond et à l'alcôve ; les tentures aux murailles, la soie aux fauteuils, où s'étaient assis le chevalier de Rohan, le comte de Saint-Agnant, le vicomte de Turenne, le prince de Marcillac, c'est-à-dire le plus élégant des La Rochefoucauld et le plus poli des courtisans. Il venait aussi, dans cette seconde chambre dorée digne d'Artémise, des écrivains, des beaux esprits, des poëtes ; car, en ce moment, l'homme de lettres devient, sans y songer, l'égal, l'ami et souvent le rival heureux de l'homme de cour, et dans le *Verger de la poésie,* où fleurissait l'*Amaranthe* de M. de Gombaut, plus d'une fleur était éclose pour servir de bouquet aux *Divertissements* de Colletet, aux poésies du sieur de Saint-Amant, aux plaisantes *rencontres* de ce bouffon en belle humeur, le sieur de Neuf-Germain. Plus d'une fois, quand elle présidait ce *Cercle des femmes savantes*, où elle était à peu près la seule femme qui fût admise, la belle Verduron avait été comparée à la Sirène de messire Honoré d'Urfé, gentilhomme de la chambre du roi, comte de Châteauneuf et baron de Château-Morand. Le bel esprit et la galanterie avaient chassé les sérieuses pensées de ces lieux, si remplis de l'air des belles choses ; la dame de céans les gardait pour elle seule, pleurant tout bas la nécessité où elle se trouvait de faire du mariage sa première aventure, elle qui se sentait la férocité des beautés les plus fatales au repos des humains. Elle avait beau rêver sans fin et sans cesse aux moyens d'employer sa beauté d'une façon plus digne d'elle que d'en faire un piége à prendre des maris, elle ne trouvait pas d'autre issue à ses projets ; n'est pas qui veut la belle Hélène ou la reine Cléopâtre; il ne suffit pas de s'abandonner au bruit, à l'opinion, à la vanité, au commandement absolu; il ne suffit pas d'être l'arbitre, la causerie, la fête de chaque soir, le madrigal de chaque matin, l'heure arrive, et n'arrive que trop vite, où l'on s'aperçoit que l'on ne vit pas de billets doux, de confidences, de déclarations; du dépit de l'un, de la colère de celui-ci, de l'espérance d'un troisième; non! et plus on attend, et plus le passage devient difficile entre l'utile et l'agréable, entre le dérèglement et la contrainte, entre l'orgueil et la complaisance! — Elle savait toutes ces choses, l'expérience les lui avait enseignées, et voilà comme elle était parvenue à conduire sa barque, sans toucher le rocher de Charybde non plus que l'écueil de Scylla; voilà aussi pourquoi elle avait le rire plein d'agrément et le parler de bienséance; le regard sérieux et le sourire provoquant; comment elle était sobre et délicate, parleuse et discrète ; elle se méfiait à la fois de l'étude et du hasard, afin de rester toujours dans l'à-propos ; elle était habile à relever la moindre parole, à badiner autour de la plus légère question, en un mot à représenter, par tous les moyens défendus et même permis, par les agréments, les trahisons, les caprices, la délicatesse, la parure, par le sérieux et la gaieté, la belle et frivole et passagère déesse de la jeunesse. — Telle était l'œuvre à accomplir, la tâche acceptée, tel etait le problème qu'il s'agissait de démontrer.

M. de Saint-Gilles se présentait chez ce miracle des belles, justement à l'heure privilégiée, à l'heure où les Arianes et les Angéliques de la rue des Tournelles se faisaient présenter les Roquelaures et les Bassompierres. La dame, dans son cabinet, était à demi couchée sur un petit lit de jour ; en robe ouverte, ornée de rosettes à la galantise, son écharpe à ses pieds, ses gants et ses coiffes sur sa toilette; elle avait trouvé naturellement une attitude choisie, où il y avait bien des endroits à cacher et des grâces à faire valoir; un corps agile même au repos; des pieds frétillants, croisés l'un sur l'autre; des yeux voilés semblables à un cache-feu plein d'étincelles qui tout à coup s'envolent du brasier caché sous la cendre. Cette belle personne, ainsi plongée dans la mollesse opulente de la vie oisive, pétillait de goût, d'esprit et d'inquiétude; l'ombre même et le clair-obscur ajoutaient leurs caprices à cette attitude capricieuse; plusieurs billets et sonnets, tout ouverts, jonchaient le tapis, et entre autres *la belle Matineuse* de Malleville[1] :

> Ma Philis, se levant avecque le soleil,
> Dépouilla l'Orient de tout son appareil,
> Et de clair qu'il était le fit devenir sombre !

---

(1) Poésies du sieur de Malleville, 1659.

Elle-même, Philis de Verduron, piquée du démon poétique, et scandant à voix basse, sur ses jolis doigts, des paroles sonores, semblait sourire à son génie invisible, qui apportait à sa tête calmée les vents parfumés pour avoir traversé le *Parnasse des Muses,* les bosquets d'Uranie et les jardins de Céphise! Elle aimait cette musique de la langue parlée, cette recherche de la langue écrite, ce tour et ce détour chers à Balzac, à Voiture, et que nous copions de notre mieux, dans ces pages écrites, ou peu s'en faut, en style précieux. Oh! je vous prie, mon précieux chapitre, portez mes meilleurs compliments à mademoiselle Cathos et à son aimable cousine, mademoiselle Madelon.

« Vous venez à propos, marquis, fit-elle à M. de Saint-Gilles; je suis en train de poésie et vous m'aiderez, s'il vous plaît. Figurez-vous que je compose, pour le mariage de madame de Fiesque, une pièce de musique intitulée *les Noces d'Isabelle,* un opéra de paravent, et j'ai grand'peine à le mettre sur ses pieds. » Et, moitié déclamation et moitié chant, elle chantait :

> On vous trouve belle,
> Chacun vous le dit ;
> Mais être cruelle,
> C'est... dame Isabelle... dame Isabelle !...

Et, comme elle hésitait, M. de Saint-Gilles acheva la chanson :

> C'est, dame Isabelle,
> Chose assez nouvelle,
> Qui sur notre esprit
> A peu de crédit.

« — Très bien ! très bien ! s'écria mademoiselle de Verduron battant des mains ; il y aura ici une reprise de violons, et, plus bas, les flûtes ; mais il faudrait quatre vers pour les flûtes...

« — Mettez donc, ma chère, ce petit distique pour commencer :

Le temps est à l'amour
Ce que la flûte est au tambour.

Ceci veut dire, mademoiselle, que vous soufflez dans des flûtes dangereuses, et qu'il vous arrivera, si vous n'y prenez garde, ce qui est arrivé à Robin, qui s'est souvenu de ses flûtes. Comment donc une fille de votre esprit, et dans cette position douteuse, peut-elle perdre son temps en de pareilles bagatelles? Il s'agit bien ici du mariage de madame de Fiesque; songez au vôtre, que vous n'avez pas vu venir encore, qui arrive peut-être au grand galop, comme fait l'occasion, et qui vous échappera si vous n'y prenez garde! Quel triste métier vous faites là! vous raccommodez chaque matin les mailles de votre filet, qui se sont rompues à ne rien prendre; vous admirez complaisamment vos belles grâces traîtresses, qui ne trahissent que vous seule. Quand vous devriez conduire vos passions comme un ambitieux du premier ordre conduit sa fortune, vous leur mettez la bride sur le cou, ou plutôt vous les réfrénez au rebours de l'habileté la plus vulgaire; au lieu de vous protéger et de vous défendre vous-même par le sang-froid et par la prévoyance, vous vous abandonnez au tempérament et à l'habitude; vous prenez de votre état ce qu'il a de pire, et quand vous devriez être au premier rang de votre église galante, vous vous contentez du petit collet et de la simple tonsure! Vraiment, vous tenez donc ces niaiseries plus chères que votre vie? Vous pensez donc vieillir tout à fait dans le déguisement et la mascarade, jusqu'à ce que vous alliez mourir décrépite au fond de votre province, sous un vieux toit et dans un lit d'emprunt? Pendant que vous jouez ce mauvais jeu d'habileté et de caprice, madame, les plus grandes ambitions s'accomplissent autour de vous par des femmes mouchetées qui en étaient réduites, pour la plupart, à se baigner à l'eau de fèves et au vinaigre distillé, à se couvrir de céruse, de rouge et de fiente de bœuf. Songez donc que la Du Mesnil, qui vous a élevée et qui pourrait être votre mère, vient d'épouser le maréchal de Grancey; elle est duchesse et elle cingle à pleines voiles vers les honneurs de la cour. Regardez autour de vous les fortunes élevées jusqu'aux nues par les grandes tendresses, et rougissez, ma chère, de n'être encore que mademoiselle de Verduron tout court, et tout au plus. Voyez, Marie Mignot va devenir la femme d'un roi, et l'on dira : Votre Majesté ! à cette blanchisseuse ! Voyez, la Beauvais, vieille et laide, et borgnesse, a trouvé le moyen d'avoir le vrai pas sur madame de Montespan, sur mademoiselle de La Vallière, sur la reine elle-même ! De toutes parts, à Paris, à Versailles, dans les provinces, à Londres, à Rome même, se rencontrent ces fortunes incroyables. Un cadet de Gascogne épouse en ce moment la cousine germaine de Louis le Grand, avec sept cent mille livres de rentes; M. de Louvois, qu'a-t-il fait de la Du Frénoy, la femme de son commis? Il l'a faite dame du lit de la reine, une charge créée tout exprès par cette infante! Saint-Ruth, un page de la maréchale de la Meilleraie, est devenu son mari de conscience, comme elle appelle cela; Vardes lui-même s'est emparé de la comtesse de Soissons et des vingt-huit millions que le Mazarin a laissés à cette Olympe, qui a pensé être reine de France. En est-ce assez? Vous citerai-je votre ami, votre meilleur ami, le chevalier de Lorraine, le maître de Monsieur, se laissant conduire en laisse par mademoiselle de Fiennes, le chevalier de Lorraine, ceci soit dit à votre honte, le confident dont vous êtes la confidente, ô Verduron! — Eh quoi! vous n'avez pas été piquée d'honneur en voyant le prince Charles déposer ses espérances impériales aux pieds de mademoiselle de Saint-Remy? Que dites-vous aussi de Chabot, qui reçoit dans ses bras dédaigneux mademoiselle de Rohan? Une Rohan, juste ciel! la propre fille du prince de Montbazon, qui épouse un pareil croquant avec aussi peu de sans-gêne que le duc d'York mademoiselle d'Elbeuf! Hier encore, le duc de Lorraine a fait une princesse de madame de Sainte-Croix, votre camarade! Vous avez vu, plus d'une fois, dans la grande allée des Tuileries, se promener mademoiselle de Kéroual... elle est aujourd'hui duchesse de Portsmouth! Vous avez rencontré bien souvent, au balcon de la comédie, au serment des lignes suisses, à la Saint-Hubert de Chantilly, se vautrant de la plaine au cours, dans un char doré, Nina Barcarola, la courtisane? Sur ma parole! la Barcarola est comtesse romaine, et nièce d'un cardinal qui est en train de devenir pape, sous le nom de Nina XXXVI. Voilà des exemples! en voilà de l'émulation! Voilà, j'espère, des badines et des lascives qui ont fait de leur coiffe à la fanfaronne une couronne héraldique, qui ont changé leurs dormeuses de jour festonnées et leurs manchettes à deux rangs contre un manteau de cour, leur lit de repos contre un tabouret à Versailles! Donc je vous salue et vous honore, muguets et muguettes, garçons frais et fleuris, ambitions au teint vermeil, sublimes menteurs et éloquentes pécheresses en ruban de couleur, dont le nom seul doit être un remords pour la belle dame que voici et pour sa lâche tiédeur! »

Ainsi parlait M. de Saint-Gilles, plus éloquent et plus convaincu mille fois que s'il eût été le gouverneur du Languedoc, avec seize cent mille personnes à convertir en vingt-quatre heures. Mademoiselle de Verduron l'écoutait avec grande attention, mais sans rien témoigner dans ses yeux, dans ses gestes, sur son visage. Quand il eut tout dit, elle répliqua à son tour, d'une voix lente et sûre; ainsi se parlent deux êtres du même acabit, qui se connaissent à fond, qui voudraient bien se tromper l'un l'autre, mais sans espoir de réussir.

«Marquis, dit-elle, vous parlez comme le père Bridaine. Je lisais, l'autre jour, dans la vie de saint Antoine, écrite par saint Jérôme, que saint Antoine, allant trouver saint Paul, premier ermite, rencontra un faune en son chemin; le faune de saint Antoine, c'était le diable; le faune de la Verduron, c'est M. de Saint-Gilles. Mais pourquoi diable prendre ce long chemin et ce détour, à travers les broussailles du bel esprit, pour arriver à l'ermitage de la rue des Tournelles? Vous voulez quelque chose de moi, et vous voulez beaucoup, marquis! j'en suis sûre, si j'en juge par l'intérêt que vous me portez en ce moment. Parlez donc simplement, si c'est possible; j'ai vu quelques orages dans ma vie, et je leur ai tenu tête, Dieu merci!

«—En effet, mon bel ermite, j'ai une importante proposition à vous faire, et elle vaut la peine qu'on l'écoute : voilà pourquoi je me suis donné la peine d'être plus éloquent que d'habitude. Heureusement vous êtes une de ces personnes qui entendez à demi mot; donc, écoutez-moi, et soyez tout oreille; encore une fois, il ne s'agit pas ici de comédie et de chansons, non plus que d'aller à *l'Orangerie,* chez Gautier, choisir des robes ou des bijoux, d'ajouter un chant aux *Astrées,* de protéger des romances et des livres d'amourettes, de prendre parti pour *Lucas trop discret* contre *Athis trop heureux,* de savoir si la *Pomone* ou l'*Issy* du sieur Combert doivent passer avant son *Alceste* ou son *Cadmus;* non, certes, il y va du plus grand intérêt de votre vie; et pardonnez-moi si j'insiste, illustre autel où brûlent tant d'encens, vous n'ignorez pas que le meilleur encens finit par se moisir; capricieuse, dont les caprices sont des lois, j'arrive à vous tout exprès pour contrarier vos plus innocentes fantaisies. Regardez-moi, je suis le galant fossoyeur qui vient pour vous aider à enfermer, jusqu'au jour de la résurrection qui est prochaine, dans le tombeau de Climène, les peines et les plaisirs de l'amour. Mais, avant tout, répondez ! Etes-vous digne d'entendre un bon avis et de le suivre ? Savez-vous, par hasard, un autre jeu que la bassette ? Savez-vous distinguer le fonds de terre, entendez-vous, le fonds de terre, d'une bagatelle de parure, et cela vous plaît-il mieux de payer la taille, comme le dernier paysan de votre pays natal, que d'être dame et maîtresse de votre paroisse et de placer votre écusson ingénieux sur le pilier de votre haute justice, où vous aurez le droit de faire pendre qui vous déplaît ? Vous convient-il, enfin, mais là, sérieusement, de tourner une vie de peu d'éclat en une existence heureuse et honorée, ou bien n'êtes-vous, en fin de compte, qu'une petite fille bonne à peupler l'Amérique, quand une fois vous aurez la peau moins blanche et les cheveux moins noirs[1]? »

M. de Saint-Gilles, on le sait déjà, était de ces hommes qui ont au suprême degré le don de déplaire et de se faire obéir. Même dans ses meilleurs moments, ce monsieur-là ne plaisantait guère, et mademoiselle de Verduron, dans le sérieux de ce second exorde, devina une occasion, l'occasion, cette porte qu'elle cherchait! En ce moment toute son âme passa dans son regard; jamais femme de cette liberté et de cette humeur ne fut maintenue à ce point, non pas même si quelque beau des petits appartements eût été à ses pieds, l'aigrette au chapeau, le chapeau retroussé par une boucle de diamants, la veste d'or et la fraise en point de Venise, le tout rehaussé de jeunesse, de no-

---

(1) Elles s'en vont peupler l'Amérique d'amours.
LA FONTAINE.

blesse, de bonne mine! De quoi eût parlé ce héros de l'OEil-de-Bœuf à cette personne lasse d'être admirée?... Il eût parlé d'amour; M. de Saint-Gilles parlait d'ambition et de fortune! Alors, quand il la vit bien montée à l'entendre, M. de Saint-Gilles, sans cacher son manége et sans le montrer, demanda à cette créature, occupée à attendre, chaque printemps, le retour des hirondelles, s'il lui conviendrait, conscience à part et probité à part, pour un certain temps, assez long ou assez court, d'abandonner sa vie de fêtes et de plaisirs : bals, ballets, promenades, collations, mascarades, assemblées, cadeaux, violons, ambigus, *media noche,* bijoux et pierreries, tableaux et statues, tous les larcins que peut faire, en se jouant, une princesse de la mode? Dame, la mission est difficile! Il faudra renoncer à la belle existence des voluptueuses de profession; il s'agit de relever, comme un autre Esdras, le temple et le peuple de Dieu! Si vous acceptez, la belle dame, plus de commerce galant et les cinq propositions pour toute perspective; nous allons renvoyer, dos à dos, les intrigues commencées, afin de démontrer tout à notre aise que le concile est au-dessus du pape. Allons! courage! brisons d'une main ferme la tyrannie heureuse des passions et devenons tout au plus une simple petite coquette de janséniste qui retient sa langue, qui voile ses regards, qui met une sourdine à ses imaginations les plus heureuses! Renonçons, en faveur des grandes intrigues, à la liberté de tout entendre et de tout dire; employons notre tact et notre pénétration à découvrir des mystères de controverses, plutôt dignes d'occuper un théologal de province qu'une Célimène de Paris; appelons à notre aide les honnêtes et limpides apparences qui charment les cœurs sans les inquiéter; c'est si bon et si charmant, et ce sera si nouveau pour vous, la belle fille, le chaste abandon aux pensées sérieuses et retirées!

Et comme vous serez suivie encore, quand on vous verra portant votre croix sur les épaules et votre *Journée du Chrétien* sous le bras! Tels sont, ou peu s'en faut, les sacrifices que je demande à votre amitié, ma chère Verduron, et que je vous conseille, en ami, dans l'intérêt de votre fortune, qui n'est rien aujourd'hui, qui sera au-dessous de rien après-demain. »

Et comme elle semblait ne rien comprendre encore à tant de paroles qui sortaient confusément de la bouche du marquis, ainsi que les gens sortent du sermon, — le Saint-Gilles, qui avait le temps, et qui savait que la ligne courbe est le plus court chemin pour arriver au cœur des femmes, reprenait, après une pause inquiétante, le fil de son discours:

« On l'a dit bien souvent, ma chère, l'enfer d'une belle, c'est la vieillesse, la vieillesse compliquée d'abandon et de pauvreté. Une fille est bien avancée, par Dieu! quand elle a fait de sa jeunesse la matière d'un joli conte, ou le sujet d'une comédie des Montdoris, des Champmêlés, des Floridors! Quelle plus grande difformité, un artiste de votre mérite, précipitant, par une timidité déplacée, le déclin de ses triomphes, et sifflée à la fin de sa carrière? Quoi! vous n'avez qu'à ouvrir la main pour la poser sur les biens solides, sur les grands biens, qui vous permettent de dire à tout venant : « Je suis riche ; me voilà au large! » Et vous hésiteriez, par un vain scrupule de conscience! Vous diriez de la fortune ce que disait l'abbé Ménage de madame de Sévigné : « Dieu a fait ma Philis trop belle! » C'est impossible! — Mais dites-vous : Ma fierté! — Ah! votre fierté, ma chère, que deviendra-t-elle, le jour où il faudra vous avouer à vous-même le dégoût des passions envolées, la nécessité de passer dévote, le couvent comme dernier abri, et l'obligation de pleurer visiblement vos meilleurs péchés si vous voulez vous faire un sort? Prendre le roman par la queue, c'est un grand crime, demandez à mademoiselle de Scudéry; mais prendre le voile au rebours, se cloîtrer pour tout de bon, dire adieu au monde qui vous quitte, accueillir chrétiennement la pauvreté et ses hontes, parce qu'on n'a pas eu le cœur de violenter la fortune et ses gloires, voilà ce que j'appelle une faute! A moins que cela ne vous plaise davantage, mourir à petit feu entre son chat, son confesseur et sa guenon, en compagnie de ses oiseaux et de sa servante! Alors, s'il en était ainsi, à quoi bon l'esprit, le bon sens, l'ambition, le vice, la fine fleur de beauté et de jeunesse? Voyez la grande peine! Parce que le repos de madame sera troublé un instant, madame achètera ce repos d'une heure au prix de la flagellation, du jeûne, des pointes de fer et du cilice! madame aura renoncé, un mois ou deux, aux brinborions, aux franfreluches, aux riches ameublements, aux migraines et aux vapeurs, aux rêveries et aux pistoles d'or, aux poudres qui couvrent les cheveux et aux cordes qui les frisent, aux mouchoirs de point coupé et aux corbeilles de rubans de la princesse de Clèves; et pour si peu d'absence, madame se croirait à jamais perdue, oubliée, dépassée, dédaignée! Non! non! ce serait vraiment faire trop bon marché de ces beaux yeux brillants comme deux escarboucles, qui commencent à me comprendre. Supposez donc, tout bonnement, que vous faites un voyage, loin de Paris, uniquement pour vous faire regretter; mieux encore, vous allez à Spa, dans ces bois, dans ces vallons, au bord de ces eaux salutaires où vous appellent vos insomnies : est-ce donc qu'à votre retour, revenant plus fraîche, plus reposée et plus nouvelle, vous ne retrouverez pas vos alcovistes ordinaires : marquis, poètes, comédiens, chanteuses et chanteurs, et tous ces beaux courtisans qui donnent à votre salon la vraie odeur de la cour? Soyez en repos, belle Artémise, chacun sera à son poste pour vous recevoir; vous retrouverez sur leurs planches Montfleury et sa fille, la Desoillets et Floridor; les faiseurs de *Te Deum* et de *Gloria,* la Barre et Boisset, composeront de nouveaux motets à votre louange et à la louange de tous les saints; mademoiselle Hilaire et la vaillante Saint-Christophe, et la belle Cercamanam, et la très passée signora Bergerotta vous appelleront de leurs belles voix chez l'ermite du Mont-Valérien. De bonne foi, est-ce que le monde va finir pour une absence de quelques semaines? Est-ce que, à votre retour, la *Clélie* n'aura pas une suite? Est-ce que la Rochois ne sera plus enrhumée? Est-ce que le duc de Saulx aura quitté madame de Cœuvres? Est-ce que le petit La Garde n'aura pas gardé précieusement la vieille marquise d'Uxelles? Allez, allez, le temps n'est pas si changeant qu'on veut bien le faire! Partez six mois et revenez, à peine si le marquis de la Luzerne aura épousé mademoiselle Picard; à peine si Philippe-Auguste Le Hardi de la Trousse se sera décidé à hasarder une timide déclaration à la facile madame La Motte d'Argencourt! Tout au plus si les beaux cheveux blonds de madame de la Beaume auront eu le temps de repousser. Heureux duc de Candale! Quel sacrifice, cette blonde chevelure sur votre tombeau! Encore une fois, Verduron de mon cœur, vous pouvez aller et venir, rien ne sera changé à votre retour. Sur votre toilette vous retrouverez Descartes, Gassendi et l'abbé d'Aubignac, en compagnie du *Courrier burlesque*, du *Mercure galant*, de la *Gazette de Hollande*, des *Historiettes* de Barbin, de la *Muse historique* de Loret. Madame de Lafayette fera toujours de petits romans; M. de Segrais de longues idylles; le père de La Rue, des vers latins pour célébrer, à haute et intelligible voix, les conquêtes du roi. Même vous promets du Racine et du Boileau, en veux-tu? en voilà! Sans compter la fin du *Menteur,* et le commencement de *Joconde,* si madame de Bouillon nous veut rendre Jean de La Fontaine; et plus que jamais, sur vos belles joues, les roses et les lis d'Amynthe, et les deux plus jolis pieds qui aient jamais appartenu aux deux plus jolies jambes, avec lesquelles vous aurez l'honneur d'être plus que jamais Verduron la divine; et des danses à en mourir de joie et de fatigue : tantôt les belles danses des grands appartements, la pavanne, le menuet, la pastorale d'*Amaryllis,* ou le ballet de *Pélée et Thétis;* tantôt les gavottes et les bourrées et les mascarades. On vous verra, ma Philis, masquée en paysanne, le corset lacé de perles et le bavolet couvert de diamants avec des pendants d'oreilles! Et si vous n'êtes pas content de cet humble rôle, on vous fera représenter l'*Amalazonthe* de Quinault! Oui, et je veux moi-même vous faire danser dans un ballet du roi, sous les arbres du royal Fontainebleau, aux sons enchanteurs de la bande des vingt-quatre violons, en compagnie de mesdemoiselles de Pons, de Villeroy, de Montbazon, de Châtillon, de Noailles, de Brancas, de Guiche, de Nevers, d'Arpajon. Et maintenant que j'ai assez tourné autour des questions, que vous êtes tout à fait sérieuse et que vous oubliez votre madrigal commencé, écoutez-moi :

« J'ai une haine à accomplir et mon ambition à satisfaire; il faut que je me venge et que j'arrive à une charge importante; c'est pourquoi j'ai besoin de vous, de votre concours, de votre esprit, de votre habileté, de votre bon sens même; car vous en avez fort, toutes les fois qu'il ne s'agit pas de votre personne ! A ces causes, je vous envoie, aujourd'hui plutôt que demain, dans une maison du Languedoc, pour que vous nous disiez précisément, à moi et à des gens qui sont derrière moi, tenant en leurs mains puissantes les clefs de toutes les faveurs, ce qui se passe dans ces ténèbres que personne n'a encore pénétrées. Il faut que nous sachions par vous, heure par heure, et, s'il se peut, mot pour mot, ce qui se dit, ce qui se fait et même ce que l'on pense entre ces murailles où le roi seul peut vous introduire. Je veux, vous aidant, livrer au roi une ennemie, et me livrer à moi-même, afin de la traîner, fût-ce par les cheveux, à travers la honte qu'elle a jetée sur moi et dans ces mêmes rues où j'ai été déshonoré par elle, une femme qui a plus de génie que tu n'as d'esprit, ô ma chère Verduron! qui est plus courageuse que tu n'es perfide, et dont la volonté, si elle les devine, écrasera tous tes vices. Et si tu savais qu'elle est belle et grande! à quelle hauteur est situé cet orgueil! Tu le vois, je ne plaisante plus et je te dis tout.

« Sois avertie, en effet, et la bien avertie,

qu'il y a danger pour ta beauté à se comparer à cette beauté! danger pour ta vie à affronter les colères et les vengeances de cette seconde Christine, dans son palais d'emprunt! Sois assurée enfin que si tu la trouves en crime, en faute, en révolte, ou tout simplement en soupçon de révolte, si tu es assez heureuse pour te faire adopter d'elle, — elle est habile et elle y voit clair! — et si, adoptée et protégée par son entière confiance, tu en profites pour la trahir profondément, jusque dans le cœur, jusque dans les moelles, de façon qu'elle crie et se lamente en mille sanglots, sous ta main de fer gantée de soie; si elle se débat sous ta délation; si elle demande grâce et merci et miséricorde, en criant : « Pitié! pitié! » Non, non! point de miséricorde! point de pitié! point de relâche! et surtout pas de remords! Crache, si tu l'oses, sur ce beau visage! Donne les plus violents démentis à cette parole éloquente! Foule à tes pieds cette créature insolente, et fais en sorte que tes souliers portent mon nom écrit, au talon, en lettres sanglantes de perles et d'émeraudes, afin que mon nom reste imprimé, en guise de fleurs de lis, sur l'épaule de cette misérable! C'est cela! pille et tue! mens et calomnie! fais comme si tu étais une enthousiaste de religion, une fanatique, une Saint-Barthélemi en bloc! Et si tu fais cela, ma furie, et si je suis content de tes tortures, mon bourreau, et si je trouve en toi seule les vengeances que je me promets et que j'espère... je suis déjà riche, sans compter l'avenir... je suis gentilhomme, connu du roi, bien venu à la cour; eh bien! j'envoie un cierge de deux livres à l'autel des Quinze-Vingts, et, les yeux fermés, je t'épouse! Oui, ma complice, vous serez ma dame, et le nom de Verduron passera droit aux couronnes, à la couronne des marquises, avec tes armes, une rose; pour supports, deux pivoines; un éventail pour cimier; une devise : *Ma beauté !* et même un cri de guerre *Nos vengeances !* Réunis, toi et moi, par un bon contrat à la mode de Normandie, comme deux Normands qui se méfient l'un de l'autre et qui s'épousent, ton audace mariée à mon astuce, tes vanités à mon amour-propre, ta religion à mon libertinage, tes nippes brodées, tes falbalas et tes rubans couleur de feu, aux roubles, aux piastres, aux ducats, aux florins, aux guinées, aux louis d'or de mon oncle le corsaire (à corsaire, corsaire et demi !), alors vous verrez, ma princesse, les charges, les dignités, les bénéfices, les pensions, les honneurs les plus enviés, les postes les plus difficiles, nous venir trouver en foule dans notre palais d'Amalthée, sous nos alcôves à balustre, dans nos jardins mêlés d'eau plate et d'eaux jaillissantes qui vont se perdre, sous des peupliers et des saules, dans un canal revêtu de marbre et de verdure ! Que de longues récompenses pour une si petite trahison ! Jusqu'à la fin de tes jours, tu rends hommage à toutes tes fantaisies ! Désormais tu jases tout le jour; tu files, toute la nuit, des valets de pique, des dames de trèfle, des rois de cœur ou de carreau, et si tu perds, c'est que tu voudras perdre ; et, ainsi heureux l'un par l'autre, et sans enfants, nous vieillirons dans les joies et les triomphes de ce bas-monde, entre l'envie et le respect unanimes, nous racontant, pour nous faire rire, ce merveilleux sacrilége que nous allons commettre à nous deux ! »

Ici, nous l'avouons, le marquis de Saint-Gilles tomba, sans le vouloir, dans le dernier emportement. Après avoir tant tourné, si habilement et si longtemps, avec des précautions infinies, autour de l'obstacle, sa roue heurta l'obstacle, et s'y brisa du choc. Et voilà comme souvent les plus éprouvés scélérats, faute d'un peu de sang-froid, finissent par se trouver la tête dans un sac.

La Verduron, de son côté, n'était pas

pour rien la femme la plus industrieuse des grands faubourgs à mettre de son côté le bon droit, le profit et le bon goût. Elle avait été plus d'une heure à comprendre le but de ce railleur; mais quand elle le vit tourner soudain à la rage, elle se dit à elle-même qu'à la fin elle tenait son homme, et elle vit le Pérou ouvert! La main que cet homme lui proposait était, pour une femme de cet état, une fortune inespérée. Plus l'insinuation avait été longue, malhonnête, emportée, et plus la Verduron devait croire, en effet, à sa propre importance, et qu'elle était indispensable aux projets du marquis. Elle, alors, avec un accent très net, mêlé pourtant de docilité et de déférence, entreprit de répondre à cette prosopopée *ab irato* d'une façon juste, polie et dévouée; du reste, bon mot à part, la Verduron n'était pas de ces femmes que l'on prend sans vert; aux plus beaux dons pour la satire, elle unissait les ressources les plus ingénieuses de l'hypocrisie; avec un esprit vif et juste, un langage libre et prudent, en un mot c'était une femme digne de l'ambition qui la poussait. M. de Grammont la comparait un jour aux armes d'Angleterre : « Des roses en peinture, des lions en action. »

« Monsieur, dit-elle à M. de Saint-Gilles, qui déjà se repentait de ses violences, vous avez été, ce me semble, long, diffus, railleur et bel esprit tout à votre aise; si je n'ai pas trop perdu le fil de ce beau discours, vous m'avez fait l'honneur de venir chez moi, armé jusqu'aux dents, tout exprès pour me proposer, au péril de ma vie peut-être, au risque de ma gloire à coup sûr, une suite, calculée à l'avance, des plus infâmes lâchetés et des trahisons les plus funestes, sauf, plus tard, et quand il n'y aura plus de danger pour vous, à me faire une certaine part dans les petits profits de vos vengeances. Écoutez-moi donc à votre tour, et voyez si je vous ai bien compris.

« Il faut prendre tout à fait, et tout de suite, l'habit, l'attitude, le visage d'une chrétienne en habits blancs et toute semblable à ce tableau de mai que les peintres présentent, tous les printemps, à la chapelle de Notre-Dame. J'irai, je frapperai, on m'ouvrira; je me trouverai sous le toit d'une personne belle, éloquente, terrible, dont tout le crime est sans doute d'avoir offensé M. le marquis; et, prosternée aux pieds de cette femme, je lui demanderai sa protection, son amitié, sa bénédiction peut-être... Oui! je mangerai son pain, je boirai son vin, elle prendra soin de moi, comme une mère de sa fille... Est-ce bien cela?... Oui! et peu à peu, à force de soumission, de respect, de tendresse, de ferveur, cette femme, me trouvant un visage candide et toutes les chastes apparences de la probité, finira, peu à peu, par m'accorder sa confiance, un peu aujourd'hui, un peu demain; et moi, je serai attentive, je retiendrai mon souffle ; l'oreille que voici vous sera vendue, la voix aussi, et la main. Je parlerai, j'écrirai, j'écouterai, je demanderai, j'espionnerai; au besoin, je me cacherai derrière le confessionnal pour entendre et pour tout redire ! Si je puis, la nuit, écouter les rêves et les paroles sans suite, filles incohérentes du sommeil, eh bien ! ce sera autant de gagné! J'aurai les yeux baissés pour cacher mes trahisons, et je marcherai dans les ombres, les pieds nus ! Oh ! je ferai là un beau métier ! Pour mériter la main de M. le marquis et sa couronne, j'écrirai mon espionnage, note par note, comme Lambert ou Molière le musicien notent leurs chansons, et j'irai chanter ma chanson délatrice sous les fenêtres du gouverneur ! Pardieu ! c'est clair, et vous n'avez pas besoin de tous ces discours ; vous voulez que je soumette à vos vengeances la docilité de mon esprit, l'obéissance de mon âme, la délicatesse de ma conscience et celle de mon corps! Il faut que j'adopte et que je couve vos monstruosités les plus étranges, et ces obéissances, ces mensonges, ces haines et ces périls, uniquement parce que je suis une fille habile, que ma viduité me pèse et que je suis effrayée des difficultés d'en sortir? Est-ce bien cela, monsieur? Ai-je bien compris? M'avez-vous fait toucher au doigt et à l'œil le crime que vous me présentez?»

Elle disait ces choses à voix basse, d'une voix lente et froide, non pas avec l'accent d'une prude farouche, mais avec l'indignation d'une femme perdue, qui n'a pas encore bu toute honte, d'une âme gênée à l'idée d'un crime tout nouveau pour elle. En ce moment périlleux, elle avait le courage, elle avait la vanité, et pour ainsi dire l'innocence héroïque d'une fille ignorante de certaines feintes criminelles, et sans expérience dans l'hypocrisie des espions. On eût dit, à la voir, que cette Aspasie était au désespoir d'avoir inspiré assez de mépris pour qu'une pareille proposition lui fût adressée. Il y avait dans son indignation plus que de la prud'homie, il y avait... j'ai presque dit un brin de vertu, comme si elle eût voulu se faire pardonner les folies de sa tête, par cette protestation subite de son esprit et de son cœur.

« Certes, reprit-elle après une pause, et en ce moment elle manqua de prudence à son tour, je ne ferai jamais, que je sache, une grande religieuse, mais enfin, en m'appliquant, je tirerai parti du voile, comme je tire parti des diamants et des perles. Au moins, une fois en religion, aurai-je la joie et la consolation de me pleurer moi-même et de raconter à mon directeur mes anciens péchés sans trop en rougir. Humbles péchés féminins, vieillis en même temps que nous, on les regrette même sous le *Confiteor;* on cherche quelques reflets de la flamme dans la cendre tiède encore, et si nous pleurons, nous autres Madeleines, du moins un peu de tendresse se mêle à nos larmes. Bon ! vous voulez me faire peur avec vos cilices et vos ceintures, comme si une galante, à l'étage où je suis, n'était pas déjà à demi-dévote ! Elle se donne à Dieu, comme elle se donnait à Satan, moins jeune et moins belle, il est vrai, mais à travers les mêmes tempêtes, les mêmes craintes, les mêmes troubles du cœur, et pour le moins autant de transports, de désirs, d'espérances, de tristesses, de langueurs. Galante, on sacrifiait ses amants ; dévote, on s'immole soi-même ; on brisait le cœur de ses victimes, on brise avec rage son propre cœur ; on se prend soi-même par ses beaux cheveux (ce qui est moins cruel que de les couper), et l'on se traîne à l'autel, si bien que l'on est tout ensemble l'Agamemnon implacable et l'Iphigénie immolée. Et pour quoi donc comptez-vous cette nouvelle infidélité, faite en bloc, à tant d'amoureux qui s'écrient :

« O ma princesse ! O ma charmante ! » On les plante là pour ce nouvel époux, le bon Dieu, dont on est la fiancée, et l'on se raye du monde, et l'on se moque du monde et de ses marquis. Allez ! allez ! il y a encore de l'amour, même chez mes voisines les dames hospitalières de la Place-Royale, et même repentante et repentie, pour tout de bon, avec vos cilices, vos haires et vos pointes de fer, je serai moins à plaindre qu'à jouer, pour si peu, ce vil métier de votre délatrice et de votre espion. »

Tout ceci était assez bien raisonné ; cependant la dame manqua son effet, faute d'un cri, d'un geste, d'une larme, d'un regard. « Oh ! oh ! s'écria M. de Saint-Gilles, voilà certes une déclamation heureuse, une comédie bien jouée, et peu s'en est fallu que je n'y fusse pris moi-même. Mais quelle mouche vous pique, madame ? Et ne dirait-on pas que la statue de Pierre est venue pour vous précipiter dans le trou du théâtre? Vous n'avez donc pas lu les *Changements de la Bergère Iris?* C'était tout ce que je voulais de toi, ô bergère! Comment! ô Madeleine de Saint-Sorlin! en sommes-nous à ce point, vous et moi, que nous ayons besoin de tant de détours? Je vous demande tout uniment : « Voulez-vous faire, de compte à demi, une infamie? » Vous répondez : « Tope là! » Très bien! Vous dites : « Non! » C'est encore mieux, et bonsoir. Vous ne voulez pas de l'appui et protection des honnêtes gens ; vous vous en tenez à l'assistance de Dieu : que Dieu vous bénisse ! O l'habile et sainte femme, en effet, qui veut ôter au vice ce que le vice a de trop grossier, à la vertu ce qu'elle a de trop austère, et se réduire innocemment à ce qui l'accommode le mieux ! Recevez, je vous prie, mes meilleurs compliments ; je vais chercher ailleurs ma femme et ma vengeance, et... je vous baise les mains! »

Ici mademoiselle de Verduron avec un

sourire : « Chevalier, dit-elle, où donc trouverez-vous une confidente plus digne de vous, et mieux faite pour vous servir? »

« — J'ai changé d'idée, reprit M. de Saint-Gilles. Vous êtes, en effet, une personne trop timorée et trop intelligente pour moi. Parlons franchement et jouons cartes sur table : je n'ai pas besoin d'un complice, mais d'une dupe; mon affaire en ira mieux et plus sûrement, et à moins de frais. — Ainsi, que votre honnête conscience se rassure; j'aurai bien vite rencontré, dans quelque famille plébéienne, une humble fille d'une pureté entière et parfaite, d'une humilité tendre et timide, cachant à sa main gauche ce que fait sa main droite, se tenant sur ses gardes et ne dormant que d'un œil, si elle dort; transparente et ignorante vertu, dans laquelle je pourrai voir toutes choses comme dans un miroir. Voilà, ou je me trompe fort, un espionnage innocent, dont j'aurai tous les bénéfices, dont personne n'aura les remords, un bouquet de mirrhe, *fasciculus mirrhæ*, comme disait le père Bourdaloue l'autre jour.

« — Vous croyez ? reprit la Verduron qui se sentit devinée, un bouquet de mirrhe ! Eh ! mon Dieu ! je le souhaite ; mais moi, que vous dédaignez, j'aurais été dans ce couvent, que vous voulez avoir par surprise, la vraie épouse du *Cantique des cantiques* : elle veut dormir, elle ne trouve pas son bien-aimé, elle court, elle se lève, elle se fatigue ; elle va et vient, de tous côtés, troublée, inquiète, malheureuse, agitée ; voilà comme on aime les gens et comme on les sert. A quoi bon votre bouquet de mirrhe, quand le cèdre est à vous ? Dites plutôt comme Pharaon : « Je suis un Dieu, puisque j'ai le cœur d'un Dieu ! » Chevalier, je serai ton cœur : tu veux une grande tromperie, je serai ta trompeuse ; une machination pleine d'artifice, me voici ! Je vois ton regard qui me dit : « Lève-toi, en toute hâte, mon épouse, ma colombe, et va où je t'envoie! » Eh bien, j'y vais, marquis; et sois tranquille, j'aurai cette bonne finesse que tu me recommandes. Pour te plaire, la clôture me sera aimable; le voile me paraîtra une parure ; je dirai que le carême est un carnaval, et si je me plains, une fois dans la place assiégée, je me plaindrai comme la captive Calixton :

> Un chacun des archers, sitôt qu'il la regarde,
> En devient le captif au lieu d'en être en garde.

« Comptez donc, mon cher maître et seigneur, sur le zèle de votre servante, sur ses austérités, sur son ardeur à faire des neuvaines et à réciter la prose : *Veni sancte ;* à chacune de mes prières j'ajouterai (pensant à vous) : Que sa volonté soit faite ! Puis une fois arrivée à la *collecte*, c'est un soin que je vous laisse, si tant est que vous m'ayez trouvée assez étroitement unie à vos troubles, à votre agonie, à votre tristesse profonde. « Je serai aux portes pour veiller à ce qui se passera ! » dit le prophète. Il dit aussi : « Méfiez-vous du violon, et jouez de la harpe ; car autant le violon a fait de démoniaques, autant la harpe a guéri de possédés ! » Voyez ! je bouche mes oreilles à la sarabande, quand même il s'agirait des violons du roi ! »

C'est ainsi que cette dangereuse fille savait prendre tous les tons de l'Église, parole et musique, comme elle en trouvait, au besoin, tous les textes. Elle avait reçu une éducation chrétienne, et par plaisir même, autant que par habitude et par savoir-vivre, elle n'avait jamais manqué aux lectures, aux cérémonies, aux apparences, aux étiquettes de la dévotion. Quand elle eut ainsi raillé, elle reprit d'un ton plus naturel :

« Vous dites, marquis, que vous m'envoyez à Toulouse ?

« — Ai-je dit Toulouse? s'écria M. de Saint-Gilles.

« — Vous avez dit : Languedoc! Or, vous êtes de Toulouse; il s'agit de m'ouvrir les portes d'une maison religieuse, mal notée à la cour : voilà tout votre secret, ou peu s'en faut. Croyez-moi, dites-moi le reste, car si je veux le savoir tout au long, je le saurai ce soir par M. de Verneuil ou par M. de Besons, qui arrivent du Midi. Vous êtes donc entre mes mains; je vous tiens : il faut que je perde cette femme ou que je l'avertisse de vos bonnes intentions, et comme dit le saint livre : « Qui n'est pas pour moi est contre moi ! »

« — Mais cette grande colère de tout à l'heure ?

« — Je voulais marchander avec vous; c'est un essai qui ne m'a pas réussi !

« — Et vous êtes décidée....

« — A tout, pour devenir la marquise

de Saint-Gilles et autres lieux, si tant est que vous ayez parlé sérieusement.

« — Lycurgue a mieux aimé renoncer à la couronne que de répudier ses amours, ma chère Verduron.

« — Autre exemple, mon cher marquis ; dans l'Écriture sainte, un prophète épouse une courtisane par ordre de Dieu !

« — Et l'on ne voit pas que ce ménage ait plus mal tourné que tant d'autres.

« — Troc pour troc ; mais si la récompense vous plaît, je vous répète que l'œuvre est difficile à tenter.

« — Encore quarante jours, et Ninive sera détruite !

« — Oui, mais pour renverser Ninive, il faut changer en jeûne la superfluité de ces banquets, en humilité son orgueil, en sanglots ces profanes chansons et le hennissement des cœurs lascifs. C'est toi qu'il faut invoquer, sainte chasteté, fleur de la vertu, ornement immortel des corps mortels. Il faut briser cette coupe d'onix, remplie du vin des passions et des criminelles délices; oublions, il en est temps, les rondeaux de Bensérade et de tout autre phénix de la poésie chantante, pour chanter le tire-lire de la pieuse alouette et des rossignols spirituels; cessons de nous aimer en personne, et parlant à notre personne, et tâchons d'être dégoûtés de nous-mêmes, comme si nous n'étions plus qu'un cadavre ambulant.

« — Vous savez, marquis, ce que disait le maréchal d'Uxelles lorsque le roi lui envoya l'ordre du Saint-Esprit? « Je le veux bien, disait-il; mais si l'ordre m'empêche d'aller au cabaret et chez les... dames : remportez-le! » Ainsi moi!

« — Mais croyez-vous donc entrer dans ma citadelle comme le roi au parlement, éperonné, botté et le fouet à la main? Entrez-y avec toutes les apparences favorables, et si vous en sortez saine et sauve, sur ma parole, vous aurez traversé un grand danger.

« — Peuh ! fit-elle, on est belle et l'on s'estime un peu ; parce qu'on a de beaux ajustements, que l'on a vécu dans l'abondance, que l'on se connaît en bonne chère, que l'on sait distinguer le vin de rivière du vin de montagne, et que l'on s'est fait une pauvreté à la Sénèque, on saura tirer bon parti du pain bis et de l'eau claire ; la robe de saint Bernard peut avoir bonne grâce sur cette taille longue, ronde, aisée, menue ; ce corps mortel, même privé de l'ornement de tant de métiers qui travaillent à l'embellir, saura bien se suffire à lui-même ; je veux bien, s'il le faut, traiter comme un excrément superflu de la nature cette chevelure de Bérénice :

> Et maltraiter ces beaux cheveux
> Dignes objets de tant de vœux...

les connaisseurs retrouveront toujours

je l'espère, même sous les haillons de la pénitence, la jeune femme habituée à porter les poudres, les essences, les parures, les habits et même les nudités que lui donnait le péché.

« — Au fait, reprit M. de Saint-Gilles, vous et moi nous exagérons un peu les choses ; je ne vous envoie pas, tant s'en faut, chez les carmélites, dans les flots, dans les abîmes, dans les écueils, dans les chemises de bure et les draps de toile écrue ; à Dieu ne plaise, en effet, que je porte le couteau dans vos jupes brodées, et que je déchire votre beau linge blanc passé aux mille fleurs ; tout au plus s'il vous faudra renoncer aux brimborions de votre beauté. Il suffira que vous pleuriez un instant la mort d'Adonis, comme dit le prophète : *Plangentes Adonidem;* tout le reste sera sauvé, ou peu s'en faut. A peine si cette peau fraîche et ferme sera effleurée d'une toile grossière ; à peine si les roses cueillies en passant auront le temps de sécher dans vos belles mains élégantes. O mondaine! ô douillette! vous conserverez les ornements indispensables; nous avons dans nos saintes demeures l'eau d'Ange et l'eau de Cordoue. L'oranger fleurit à Toulouse, l'œillet s'épanouit à Montpellier. La Provence est une gueuse fière et parfumée; faites comme elle, et vous aurez sur elle cet avantage que, grâce à ces beaux yeux pour tout voir, à ces oreilles faites pour tout entendre, à cet esprit habile à saisir l'occasion et à s'y imprégner comme l'huile de l'olivier sur un habit de laine, eh bien! vous serez riche et vous n'en serez que plus fière. Alors, et pour une privation de quelques jours, considérez quelle affluence de biens, quels succès, quelle fortune! Pour un instant d'ascétisme, quel plus heureux ménage que le nôtre, et mieux assorti, ma chère marquise? Une fois libre, tu pourras t'abandonner à tes onze passions, aux vapeurs de ton cerveau, aux battements de ton cœur; tu te jetteras, les yeux fermés et la tête la première, dans ces abîmes charmants que l'on cherche, parce qu'on est sûre d'y tomber; tu n'écouteras plus désormais que tes larmes, tes joies, tes spasmes, tes frissons; tu obéiras incessamment aux sciences de ton esprit, à la mollesse de ton corps, aux mille petits vices qui réveillent et entretiennent les grandes joies : le goût, le toucher, le son, la vapeur enivrante qui s'exhale de toutes les passions faciles. O heureuse! qui mettras à profit, dans une seule minute, le présent, le passé, l'avenir, mêlant le bruit au silence, le sommeil au délire, le jeu chatoyant de la lumière oisive à l'éclat primitif de l'or et du soleil, pendant que les esprits, vifs et rapides comme la pensée, se glissent à travers tes sens doucement excités, semblables à une légion de démons roses, qui se prêtent la main l'un à l'autre dans une ronde amoureuse. C'est alors, par Dieu! que ta volonté souveraine frappera d'une main sûre ces veines, ces tendons et ces fibres, qui frémissent à travers le tissu de ta peau rajeunie par le bain matinal. Tu vois, ô Verduron verdurette, que je te fais ton paradis comme tu l'entends.

« — Il se fait tard, voici bien longtemps que nous causons, résumons-nous, marquis. Cette femme est terrible, dites-vous?

« — Figurez-vous Sémiramis en personne. Si elle vous surprend en flagrant délit de trahison ou de mensonge, elle peut vous faire mourir sous le fouet; elle peut vous précipiter au fin fond d'un *vade in pace*, pis que cela, elle peut vous forcer à l'adorer à genoux.

« — Et son âge?

« — Trente ans!

« — J'en ai vingt-cinq; nous sommes l'une et l'autre à deux de jeu!

« — Oui, mais elle a la beauté et l'orgueil

d'une Romaine, le courage d'un soldat, l'esprit de Voiture, l'éloquence de l'évêque de Meaux ; elle y voit loin, et ce qu'elle ne voit pas, elle le devine. Vierge folle, il faut agir comme une vierge sage, ou tout est perdu ! »

Les discours de M. de Saint-Gilles sonnaient, comme autant d'accords parfaits, aux oreilles de la belle Verduron ; la voilà donc qui foulait aux pieds l'orgueil de ce marquis ! — Mais plus il jouait cartes sur table avec elle, et plus elle tenait à l'entortiller dans les mille chaînes qui devaient le traîner à l'autel.

« Ça, monseigneur, j'ai tout vu et tout pesé ; je suis vôtre, à mes risques et périls ; écoutez cependant mes conditions.

« — J'écoute.

« — Vous aurez un ordre de la cour.

« — Je l'aurai.

« — Vous écrirez tout de suite, sur cette table, avec la plume que voici, une promesse de mariage, en mon nom et au vôtre, non pas avec dédit et stipulation d'argent, mais avec une explication nette et précise, comment vous épousez la belle dame ici présente, en légitime mariage et en légitime récompense d'une infamie commise à votre service. Je m'explique; il faut qu'au besoin et si vous devenez volage, cette promesse de mariage nous déshonore l'un et l'autre et vous perde en me perdant.

« — La voici! Êtes-vous contente? « Je promets... » Lisez !

« — C'est cela !... Quand nous marions-nous ?

« — Quand ma vengeance sera accomplie et quand mon oncle sera mort.

« — J'entends; l'oncle rêve pour son neveu une belle alliance, et il ne serait guère jaloux d'avoir pour sa nièce mademoiselle de Verduron. Mais, à propos de nièce, il me semble que vous en avez une, marquis?

« — Oui; une enfant assez pauvre, dont notre oncle sait à peine le nom. Et justement, dans la maison où je vous envoie, on élève cette petite fille par charité.

« — Vous me donnerez en douaire la fortune de cet oncle.

« — Une grande partie du moins, et, entre autres, le droit de nommer un prêtre à votre choix à un petit prieuré de cinq cents livres, qui est à ma nomination. »

M. de Saint-Gilles avait écrit sa promesse de mariage; il la signa séance tenante : « *Compactum est!* » dit-il.

Elle lut, mot à mot, ce terrible papier; elle le plia en quatre, et, le glissant entre sa gorgerette et sa gorge, elle dit, les lèvres serrées : « *Compactum est!* »

« C'est comme si le pape Simplice y avait passé! » reprit le marquis.

« — J'aime autant le pape Formose, répondit-elle, et surtout le pape Libère; à pédant, pédant et demi.

« — Adieu! et préparez-vous à partir au premier signal. »

Restée seule, elle leva l'épaule d'un petit air de menace, et se mit à rimailler de nouveau :

> On vous trouve belle,
> Chacun vous le dit ;
> Mais être cruelle...
> C'est, dame Isabelle...

« Au fait, dit-elle, il est temps de me mettre à ma toilette ; mais, auparavant serrons avec soin ce billet de La Châtre... Je réponds, moi, que celui-là sera bon ! Et, se tournant vers la porte d'un geste menaçant :

« Souviens-toi seulement que je suis Cornélie! »

XIV

M. de Saint-Gilles habitait en ce moment une chambre chez le baigneur. C'était la mode; ce siècle aimait la retraite autant que le bruit, le silence autant que la gloire. Telle grande dame, aux jours de la sainte Pâques, se retirait de la foule pour cinq ou six semaines, et, entrée au couvent, s'abandonnait à la méditation, à la prière, aux bonnes œuvres, pour retrouver sur ce seuil, plus charmantes et plus vives, les passions du siècle. Tel gentilhomme, fatigué de plaisirs, se cachait chez le baigneur, et là, inconnu, sans nom, hors du monde, il veillait beaucoup à sa santé, un peu à ses affaires, songeant au moyen de briser ses vieilles amours et d'en commencer de nouvelles. C'était aussi une convention tacite que l'homme retiré là devenait invisible, même pour ses meilleurs amis ; c'était une halte, c'était un repos respecté de tous et même des créanciers.

M. de Saint-Gilles était donc rentré dans sa cachette avec le profond souci d'un homme qui vient de prendre un engagement très grave et qui songe déjà aux moyens de le rompre, lorsqu'on lui remit, à son nom et sans adresse, un pli qui sentait d'une lieue les précautions funèbres et l'intrigue canonique. Cette lettre avait été apportée en hâte par un homme en long chapeau, en pourpoint à ailerons, en bottines et sans aiguillettes à ses chausses. Depuis vingt ans que les beaux de la cour faisaient leurs petites retraites dans cette honorable maison, jamais lettre pareille, apportée par un commissionnaire ainsi tourné, n'avait troublé la quiétude de ces eaux thermales. La lettre était cachetée de noir et elle ajoutait, par toutes ces sinistres apparences, une ombre de plus dans ce cabinet mal éclairé qui semblait tout disposé pour évoquer l'ombre de Samuel.

Vous rappelez-vous avoir rencontré, quand vous étiez jeune, dans quelque cathédrale échappée au marteau des Vandales, une de ces vieilles horloges qui, avant de sonner l'heure, déroulaient lentement, sous vos yeux éblouis, le spectacle immense de la passion de Notre Seigneur? Ici les apôtres, plus loin les pharisiens, et Caïphe, et Pilate, et la croix, et la couronne d'épines, et le Golgotha, et le voile du temple, et la girouette railleuse, et... le coq chanta! spectacle rempli d'une angoisse indicible, et cependant l'aiguille respectueuse attendait, avant de marquer l'heure immobile, que tout ce drame divin se fût accompli.

Que d'impatience alors ! Mais quoi ! l'heure s'arrête jusqu'à l'instant où Notre Seigneur sera remonté dans sa gloire, au milieu de la résurrection éternelle ! A la fin tout se refermait en cadence, et l'heure tombait du haut même de cette résurrection.

Telle fut l'angoisse du marquis à l'aspect de cette lettre sinistre ; il hésitait à l'ouvrir, et, à peine ouverte, il hésitait à la lire, tant il était sûr de tomber sur une mauvaise nouvelle !

C'était, en effet, une lettre du père Ferrier, et en ces termes :

« Votre oncle est mort, la semaine passée,
« à Utrecht, où il a rencontré notre ennemi
« commun, M. Arnauld. M. Arnauld, con-
« sulté par ce pirate, lui a fait déchirer
« son testament, et la supérieure perpétuelle
« de l'Enfance est instituée la légataire uni-
« verselle de cette fortune, votre dernière
« espérance, sur laquelle vous aviez tant de
« raisons et tant de motifs de compter.

« Quoi d'étonnant? Tous les jansénistes
« se tiennent d'un bout du monde à l'autre,
« et je ne serais pas surpris que tout cet
« argent déposé à la banque d'Amsterdam
« ne tombât, un jour ou l'autre, dans la *botte*
« *à Perrette*, comme ils appellent leur tré-
« sor. Il paraît cependant que jusqu'à nou-
« vel ordre cet argent n'appartient qu'en
« fidéi-commis à madame de Mondonville
« qui en tiendra compte à votre nièce, sa
« fille adoptive, mademoiselle d'Hortis.
« Mais que vous importe, puisque dans l'un
« et l'autre cas votre ruine est à peu près
« sans remède, et qu'en cette occasion la
« bonne volonté du roi lui-même ne pour-
« rait rien pour vous?

« Vous le voyez, nous sommes désor-
« mais inutiles l'un à l'autre, moi à vous,
« vous à moi! J'avais gardé quelque espé-
« rance du côté de Versailles, mais *Omega*,
« à qui j'en parle (M. de Basville), m'a si-
« gnifié très durement qu'il n'y avait plus

« d'espoir de ce côté-là ; — la reine vient
« de charger la supérieure perpétuelle d'ac-
« complir pour elle un vœu qu'elle a fait à
« la sainte Vierge, et même, dit-on, elle
« a écrit à ce sujet une lettre de sa main
« royale, adressée à madame de Mondon-
« ville. C'est un coup de Jarnac qui nous
« vient de Liancourt, l'asile et le refuge de
« tout ce qui tient à Port-Royal. « Or, me
« disait *Omega*, nous avons contre nous,
« du côté de la reine, madame de Liancourt,
« sa dame d'honneur ; du côté du roi, le
« prince de Marsillac, l'ami de madame de
« Thianges, et la sœur de celle-ci, madame
« de Montespan.

« J'y vois clair, et, croyez-moi, mon cher
« marquis, les choses en sont au point que
« jamais peut-être madame de Mondonville
« et sa maison de l'Enfance n'ont été en
« plus grande faveur, et n'ont joui d'une plus
« imposante et plus réelle sécurité. Rési-
« gnons-nous et attendons des jours meil-

« leurs, c'est le parti le plus sage. De quel
« droit le pot de terre voudrait-il lutter plus
« longtemps contre le pot de fer? L'unique
« arbitre de votre nièce et de sa fortune, c'est
« désormais madame de Mondonville! Elle
« seule, elle peut disposer de cette aimable
« jeune fille et de ses grands biens! Certes
« la récompense est assez belle et assez
« riche pour que la chance soit tentée, mais
« j'ai beau chercher si vous avez des droits
« incontestables, je ne vois personne au
« monde qui ait moins de chances que vous.

« Renvoyez-moi cette lettre quand vous
« l'aurez lue et méditée. Il faut oublier en
« même temps, jusqu'à nouvel ordre, que
« nous nous soyons jamais rencontrés; car
« j'ai oublié de vous dire que les deux hom-
« mes les plus respectés de la cour, M. le duc
« de Brancas et le maréchal de Bellefonds,
« deux amis de l'évêque de Meaux, se sont
« prononcés nettement contre vous, pour
« madame de Mondonville et sa pupille. Je

« vous baise les mains, monsieur le mar-
« quis! Songez à Dieu! Faites pénitence;
« vous êtes trop cruellement frappé pour
« que vous n'ayez pas commis quelque
« grand crime ! — Signé : *Custodinos.* »

Figurez-vous maintenant le marquis de Saint-Gilles en présence de notre horloge gothique de tout à l'heure; non, jamais l'aiguille qui accomplit minutieusement tous ces miracles de la patience mécanique ne parut plus lente au jeune fiancé qui attend à l'autel sa fiancée et qui ne voit rien venir, que la lettre de cet abominable Ferrier ne parut longue au marquis de Saint-Gilles : il l'avait lue d'abord d'un coup d'œil ; il s'était mis ensuite à l'épeler comme un enfant, s'arrêtant à chaque mot, à chaque douleur, à chaque menace, à chaque coup de cette flagellation qui s'agitait sur l'horloge muette de ses ambitions et de ses rêves ! — Déshérité! déshérité! être déshérité avec de si grandes dettes et de si petites terres ! Avoir compté à ce point sur l'héritage et sur la méchanceté de son oncle, et soudain se voir réduit à la ruine, parce qu'il a plu à M. Arnauld de parler du ciel à ce pirate à l'agonie ! O malheur ! Renoncer à tant de domaines, de hautes futaies, de prairies, de châteaux, de vassaux, de main-mortable, de corvées, de tailles et de seigneuries, que représentait cet argent placé hors de France; échanger contre une fumée une si ferme certitude de piédestal à tant d'inévitables grandeurs; sentir l'abîme sous cette corde d'or et de soie rompue en un clin d'œil, et, pour dernier résultat, mademoiselle de Verduron à épouser sans dot; la Verduron qui peut-être ne voudra plus de cette main inutile !...

A cet avortement incroyable d'une fortune si obstinément conduite, cet abominable marquis fut véritablement atterré. Un profond soupir sortit de sa poitrine, au lever de ce fatal linceul qui lui montrait le cadavre inutile de son oncle à la place de ses trésors! — En ce moment, et pour la première fois peut-être, cette âme forcenée d'ambition fut en doute d'elle-même; tout lui échappait à la fois, vengeance et fortune, deux passions si chèrement couvées, qu'il eût été bien à plaindre si on lui eût dit: Choisis, la fortune ou la vengeance!

« Eh quoi! les plus profondes horreurs, les noirceurs les plus longuement méditées et les talents les plus noirs, voilà donc à quels résultats ont abouti tant d'efforts! O malheur! pas d'autre grâce à attendre que celle-ci: me jeter aux pieds de madame de Mondonville, et les mains jointes, le front dans la poudre, demander humblement grâce, merci, pitié! en la suppliant de me rendre ma nièce et son bien! O misérable, misérable que je suis! »

Ainsi se déroulaient, aux regards de ce malheureux, ses crimes pour le condamner, ses remords pour lui servir de châtiment.

XV

Retranchée au fond de sa maison, comme dans une forteresse inaccessible, la supérieure de l'Enfance ne songeait guère à cette alliance offensive du père Ferrier et du marquis de Saint-Gilles. Jamais elle ne s'était sentie plus forte au dedans, mieux défendue au dehors, et plus à l'abri de l'orage qui s'avançait. C'était l'heure où tout faisait silence dans ce domaine de la charité ; les portes étaient fermées ; l'ombre de la nuit et le sommeil s'étaient emparés de ces hautes murailles ; seule, la souveraine de céans veillait encore. Elle veillait en proie à tant de souvenirs ! O visions décevantes de la jeunesse qui s'en va, de l'âge mûr qui arrive ! Printemps à peine évanouis, après lesquels le cœur humain voudrait courir ! O labeurs des années sérieuses, menant avec elles leur cortége d'intrigues, de menaces, de trahisons, de vaine gloire, d'espérances trompées ! Dans cette contemplation cruelle se perdait madame de Mondonville. Tantôt se montrait à elle, dans un lointain mystérieux, l'image affaiblie de de M. de Ciron, pleurant les blessures de son cœur ; tantôt lui apparaissait le féroce marquis de Saint-Gilles qui lui demandait compte de son propre déshonneur ; ou bien c'était Guillemette qui, pour la seconde fois, franchissait l'obstacle, et se sauvait à travers la ville indignée..... Elle voyait aussi sa fille adoptive, Marie d'Hortis, l'enfant de son adoption et de son courage, et ce beau visage lui semblait voilé d'une douleur sans nom. « Qu'as-tu donc, et pourquoi ces soupirs, enfant, mon idole et mon chef-d'œuvre? O ma petite d'Hortis! mon bonheur d'un instant! Le repos des agitations de ma vie! la jeune et active gaieté qui anime autour de moi toutes choses! ô mes beaux yeux et si parlants et qui me disent tant de choses d'un regard! Hélas! malheureuse que je suis, à quelles misères je t'expose, ma fille bien-aimée; à quelles vengeances, si je succombe! Et cependant mon œuvre est grande; je me suis proposé un noble but d'humanité et de justice, et mon nom vivra, quoi qu'il arrive! » Ainsi se parlait à elle-même cette femme qui était la force et le courage en personne. A certaines idées de luttes et de vengeances, elle relevait sa belle tête triomphante et son regard s'animait d'un feu sombre; rien qu'à son geste de commandement et d'empire, on eût reconnu la Junon de Virgile: *Incedo regina!* L'instant d'après elle redevenait une simple mortelle qui pâlit et qui tremble au moindre souvenir de mille dangers, oubliés un instant. Elle écoutait! — Elle prêtait l'oreille au moindre bruit; ou bien d'un pied léger, quoique ferme, elle allait à sa fenêtre fermée, interrogeant le vaste espace de ses jardins silencieux, comme si ce regard perçant n'eût pas rencontré d'obstacle dans cet entassement: masures, dortoirs, préaux, chapelles, écoles, espaliers, caveaux funèbres, arcades, avenues, pièces d'eau, jardins. Qui l'eût vue, en ce moment, cette intrépide, veillant seule au sommet de son Capitole, l'eût trouvée aussi belle qu'il y a six ans, quand elle semblait une reine, dans le troupeau des duchesses, à Versailles. Elle était en toilette de nuit; les bras admirables, ses beaux yeux pleins de tristesse et de clartés soudaines; la plus belle tête et le plus noble visage. Chaque ornement oublié sur sa toilette ajoutait une grâce à cette grâce royale;

elle était fière à la fois et touchante; on eût dit une femme créée tout exprès pour jouer le rôle des reines absolues, Marie de Médicis, par exemple, mais Marie de Médicis épouse, mère et belle-mère de trois grands rois, qui aurait écrasé sous son pied vainqueur le cardinal de Richelieu.

Tout à coup, par le sentier sonore qui menait de la porte Arnaud-Bernard à la cathédrale, se fit entendre le pas d'un cheval lancé au galop. Ce cheval s'arrêta à la porte de l'Enfance, comme si la bride eût été tenue par une main de fer. Au même instant on frappait à la porte de la maison, et une voix terrible disait : « Ouvrez! ouvrez! au nom du roi! » Au nom du roi! En ce temps-là, les murailles de Jéricho seraient tombées. C'était le mot d'ordre qui ouvrait ou qui fermait les bastilles! Au nom du roi! le moribond retenait son âme prête à partir pour un monde meilleur, la prière s'arrêtait suspendue aux tabernacles! Au nom du roi!

la liberté civile et la liberté religieuse semblaient attendre de nouveaux ordres. Fallait-il aller en arrière? fallait-il aller en avant? c'était le grand motif de tous les ordres ! c'était la grande raison de toutes les justices! Au nom du roi! tombait l'épée des mains du capitaine; au nom du roi! sont tombées misérablement : Worms, Spire, Frakendal; tout le bas Palatinat a été brûlé, par le grand Turenne, au nom du roi, et la Hollande a été prise en six semaines! Lui-même, le pontife romain, chef de l'Église et des princes catholiques, placé par-dessus les royaumes et les peuples pour édifier, planter et déraciner toutes choses, il inclinait sa triple couronne... au nom du roi !

Pensez donc si l'humble portière qui tenait les clefs de l'Enfance, réveillée en sursaut par cet ordre terrible, se hâta d'ouvrir les portes confiées à sa garde; il est écrit dans le saint livre : « Sois le bienvenu, toi «qui viens au nom de Notre Seigneur!» à plus forte raison : Au nom du roi!

Les femmes ont un sixième sens qui leur fait reconnaître le danger à certains frémissements partis de l'âme. C'est ainsi qu'au bruit des portes tournant sur leurs gonds, à l'écho de l'escalier sonore où retentit le bruit du fer et de l'éperon, au silence même des chevaux et des cavaliers restés à la porte, madame de Mondonville comprit qu'un grand danger s'avançait, et tout de suite elle eut à la lèvre le nom du fantôme de cette nuit funeste. Un moment lui suffit pour rappeler sa résolution et son courage. Quand M. de Saint-Gilles entra, il trouva une femme prête à le recevoir, et il recula d'un pas, comme s'il eût regretté déjà de s'être trop avancé.

Madame de Mondonville était assise sur un siége élevé, sous sa lampe, en pleine lumière, et dans cette attitude à demi sauvage où le moindre geste devient une injure, où la politesse même est une insulte. Elle sentait qu'elle allait jouer une grande partie, et elle venait d'appeler à son aide toutes ses ressources. En ce moment, elle avait la taille, l'éclat, le visage de la Vénus armée qui porte la foudre et l'éclair dans ses yeux.

Le marquis, les yeux baissés et sa lettre à la main : « Madame, dit-il, je suis porteur d'un message de la reine pour la supérieure de l'Enfance. »

Madame de Mondonville, sans faire un geste et sans perdre de vue cet homme qu'elle dominait de toute la hauteur de son regard : « C'est bien ! dit-elle, nous lirons la lettre de la reine demain, à la clarté du jour. Et, maintenant, laissez-nous ! »

Certes M. de Saint-Gilles ne s'attendait pas à une grande réception ; mais être le porteur d'un message royal et se voir chassé comme le dernier des laquais, c'était trop de mépris, même pour un pareil homme. Alors commença, dans le silence et dans le demi-jour, entre cet homme et cette femme, une de ces luttes froides où l'ironie et le mépris et la menace calme s'entretiennent à voix basse, dans le diapason d'une confidence amicale, la haine conservant toutes les apparences de la meilleure compagnie. Peu à peu cependant, la colère s'exhalant de cette âme irritée, madame de Mondonville parla, non pas d'une voix plus haute, mais plus accentuée et plus nette, et sa main frôlant le visage du marquis; elle le traita comme un mauvais écolier qui avait joué avec le feu et qui s'y était brûlé; elle se moqua de ses embûches, de ses lâchetés, de ses mensonges; en un mot, elle le traita comme le dernier des marquis enfoncés et perdus dans la plus vile populace de la cour.

Elle en dit tant, qu'elle finit par éclater tout à fait, et, debout et s'enivrant elle-même de sa propre colère, et sa voix grandissant à mesure que débordaient les irrilations de son cœur, elle s'abandonna, ivre de fureur, aux plus incroyables violences; elle menaçait, elle insultait cet homme qui était venu pour l'insulter. Hors d'elle-même, elle tournait dans le fond de son petit réduit comme tourne dans sa cage une lionne qui cherche sa proie à dévorer.

En ce moment, un enfant qui dormait dans la chambre voisine, se levant à la hâte, les yeux encore chargés de ce beau premier sommeil de la première jeunesse, accourut au bruit de ces voix irritées. Sur le seuil de la porte entr'ouverte, l'enfant épouvanté s'écria : « Ma mère! ma mère! » Elle était belle comme un ange, ou plutôt c'était l'ange matinal qui venait interrompre ces discordes. A l'aspect de sa fille, madame de Mondonville, lancée dans cette colère, s'arrêta soudain, et pâlit comme si elle eût été frappée de mort.

Ce fut, à l'aspect de cette blanche apparition, un changement si complet dans la voix, dans le regard, dans l'émotion de madame de Mondonville, que la tête de Méduse serait impuissante à reproduire ce changement de la femme en statue, de l'âme en marbre, de la colère en silence, du triomphe en terreur. « Ah! s'écria-t-elle enfin, que viens-tu faire ici, mon enfant? Quel mauvais rêve a troublé ton sommeil? Va-t'en! va-t'en! au secours! au secours! va-t'en! va-t'en! » Criant ainsi, parlant ainsi, elle s'était arrêtée, immobile, au fond de la chambre. Le marquis de Saint-Gilles se tenait au milieu. Mademoiselle d'Hortis était entrée dans cette arène par une porte latérale, et elle regardait tour à tour, de ses yeux éblouis, sa mère adoptive et cet étranger sorti de l'abîme, avec la figure même de l'endurcissement. A la fin M. de Saint-Gilles comprit la terreur soudaine de sa mortelle ennemie; il devina ces larmes, ces sanglots, ces désespoirs, ces affres, et d'une voix très calme : « Vous êtes, je le vois, mademoiselle d'Hortis? » dit-il à la jeune Marie ; et comme Marie hésitait à répondre, il ajouta : « Et moi, mademoiselle, je suis votre oncle ! je viens ici, porteur des ordres du roi. — Au nom de votre mère qui n'est plus, au nom du roi, je vous ordonne de me suivre ! » Et l'enfant, sans répondre, voulut en vain se débattre contre cette étreinte de fer ; la main de cet homme eût brisé ce petit bras blanc et féminin plutôt que de le lâcher. Marie était déjà dans l'antichambre, appelant enfin à son aide, et madame de Mondonville n'avait pas encore retrouvé la voix, le mouvement, l'intelligence, le souffle ! « Ô ma mère ! ô ma mère ! » disait la jeune fille en mille sanglots... le marquis l'entraînait sans répondre. A la fin donc, il tenait sa vengeance ; il tenait sa fortune ! Il emportait avec sa nièce tout l'argent dont M. Arnauld l'avait déshérité ; et voyant que madame restait immobile, il se demandait si déjà elle était morte. Non,

non, elle vivait toujours, ou plutôt la voilà qui ressuscite, et bondissante, comme la tigresse à qui le chasseur arrache ses petits, elle rugit à faire trembler la cathédrale voisine. Ah! cette fois, plus de ménagements, plus d'obstacles! Elle crie, elle appelle : « A moi, les dieux! à moi, les hommes! Au feu! au feu! au feu! Réveillez-vous, filles de l'Enfance! réveillez-vous! Un voleur de nuit est entré chez moi et vous enlève le plus beau fleuron de votre couronne! Au secours! au secours! au feu! au feu! » A cette voix connue, la maison entière se réveille; les fenêtres s'illuminent soudain, les cloches sonnent le tocsin des alarmes, les longs corridors sombres se remplissent de bruit, de mouvement, d'agitations, et dans ce bruit, dans ce tumulte, à chaque marche de l'escalier, sous la voûte sombre qui conduit à la rue, on entendait la voix de la jeune fille enlevée, appelant : «Ma mère! ma mère!» et la mère qui répondait : «Mon enfant! mon enfant!»

Il faut savoir que l'appartement occupé par madame la supérieure était séparé de la porte d'entrée par une cour isolée du reste de la maison. Dans la muraille s'ouvrait une porte fermée à tous; mais tout à coup, au plus cruel moment de cette nuit cruelle, des voix d'hommes se firent entendre derrière cette porte. « Nous sommes à vous, madame, s'écriaient ces hommes; ouvrez-nous ! »

En ce moment, en effet, si la porte se fût ouverte, M. de Saint-Gilles se voyait forcé d'abandonner sa victime, et la mère éplorée retrouvait son enfant. Mais, ô puissance de la charité et du devoir accompli ! on eût dit que ce secours inespéré brisait l'élan de cette femme; elle s'arrêta, elle revint sur ses pas, et elle s'assura que le verrou était poussé et que la porte ne pouvait s'ouvrir. Alors seulement elle reprit sa poursuite brûlante; mais il n'était plus temps, le ravisseur furieux avait gagné la rue; — il

avait jeté sur son cheval la petite Marie...
O misère! le dernier effort de madame de Mondonville ne lui servit qu'à retenir le marquis par la poignée de son épée... l'épée resta entre les mains de cette infortunée, et le cheval, et le voleur, et l'enfant, furent emportés dans l'ombre du carrefour, l'enfant disant encore : « Ma mère! ô ma mère!... » Sa voix et ses larmes se perdirent dans le lointain.

L'instant d'après, la terrible supérieure fermait elle-même, d'une main sûre, les portes de sa maison, et toutes choses rentraient dans l'ordre accoutumé, tant la reine de ces lieux avait fait une loi stricte de sa volonté et de l'obéissance à ses ordres. Elle-même, tenant encore à la main cette lâche épée, elle rentrait dans ses appartements, d'un pas aussi calme et aussi fier que si elle eût été attendue par des ambassadeurs venus d'Orient. Mais restée seule, et quand elle revit cette couche vide et tiède encore à la place où reposait tout à l'heure le corps de son enfant, cette femme, vaincue enfin par ce malheur inattendu, sentit tomber son orgueil; elle cacha sa tête dans ses mains, et elle se prit à pleurer. Grande pitié, ces larmes éloquentes qui partent d'un cœur blessé à mort. Elle pleura si bas, que mademoiselle de Prohenque l'entendit pleurer. «Madame, dit-elle, nous voici, moi et mademoiselle d'Alençon, qui demandons notre part dans vos douleurs.

« — Ah! chères filles, s'écria madame de Mondonville, j'ai tout perdu! On nous enlève notre enfant bien-aimée! Un ami du roi... un voleur! O Marie! où es-tu? O malheureuse! ô lâche que je suis! je tenais cet homme au bout de cette vile épée, et je ne l'ai pas tué de mes mains!»

Disant ces mots, elle agitait, elle insultait, elle tâtait cette épée; et, chose étrange, voilà cette désolée qui pousse un long cri de joie et de triomphe. « Allons, dit-elle, le doigt sur le bout de l'épée, plus de larmes! Allons, rassurez-vous, et félicitez-moi; car, Dieu merci! j'ai conservé toute ma tête, et je vous jure que je tiens ma vengeance, aussi sûrement que je tiens l'épée d'un lâche et malhonnête homme! Voyez! regardez bien! Cette arme est au chiffre du marquis de Saint-Gilles; je l'ai toujours vue à son côté dans le fourreau! S'il le faut, vous témoignerez pour moi, quand je dirai demain les crimes de ce poignard! » En même temps, elle relevait sa tête superbe, l'éclair renaissait à ses yeux, la menace à son front, le sang à ses lèvres. Mademoiselle d'Alençon et mademoiselle de Prohenque, étonnées de cette fièvre, s'interrogeaient l'une et l'autre du regard.

La lettre de la reine de France était tombée sur le parquet de cette chambre, et madame de Mondonville la foulait à ses pieds. « Ah! dit-elle, voici l'épître royale qui devait ouvrir les portes de notre maison. Ramassez-la, mademoiselle d'Alençon, et Prohenque nous la lira. »

Mademoiselle de Prohenque ramassa la lettre au cachet de la reine ; elle brisa le cachet, non pas sans émotion et sans respect, et elle lut, d'une voix tremblante, ces lignes écrites en gros caractères, et d'une écriture peu lisible, comme il convenait à une princesse espagnole mariée au plus superbe des maris, au plus absolu des amants, au plus despote de tous les rois.

« Madame de Mondonville[1], ayant appris
« que plusieurs personnes ont voué leurs
« enfants aux saintes Camilles, vierges et
« martyres, et ont reçu de grands secours du
« ciel par leur intercession, je me suis por-
« tée bien volontiers à mettre ceux que j'ai
« et qu'il plaira à Dieu de me donner sous

---

(1) Mémoire présenté au parlement de Toulouse par messire Guillaume de Julliard, prêtre, docteur en théologie, prévôt de l'Église métropolitaine de Toulouse.

« leur protection ; sur quoi je vous écris
« celle-ci pour vous prier et vous donner
« pouvoir d'aller visiter, en mon nom, le
« tombeau de ces saintes filles, d'y faire dire
« une messe à cette intention pendant neuf
« jours, et d'y faire aussi vœu à Dieu, et en
« leur honneur, d'entretenir deux jeunes
« demoiselles catholiques, nouvellement
« converties, dans la maison des filles
« de l'Enfance de Notre Seigneur Jésus-
« Christ, dont vous êtes la fondatrice.
« La piété et la vertu dont vous donnez des
« exemples tous les jours me persuadent
« que vous vous porterez bien volontiers à
« me rendre ce service.

« Sur ce, je prie Dieu, madame de Mon-
« donville, qu'il vous ait en sa sainte et di-
« gne garde.

« Marie-Thérèse. »

« —Voilà qui vous sauve, madame ! s'écria
mademoiselle d'Alençon. Cette lettre à la

main, vous redemanderez votre enfant que ce misérable a emportée comme un voleur de nuit!

« — Cette lettre! J'ai mieux que cette lettre! J'irai redemander mon enfant à main armée! J'irai demain, pas plus tard que demain, au parlement, l'épée nue, et nous verrons s'il y a encore des juges ici-bas et un Dieu dans le ciel! »

Restée seule avec sa vengeance, elle s'endormit, tenant dans ses bras l'arme terrible qui devait l'aider à l'accomplir.

XVI

Avant que M. de Basville eût soumis à sa toute-puissante volonté cette province, amoureuse de ses priviléges et de ses franchises, le parlement de Toulouse était véritablement le roi et le maître du Languedoc. En vain Philippe le Bel, Charles VII et le roi Louis XI[1] réclamaient l'honneur de cette grande institution, l'origine de cette justice remontait aux fables, c'est-à-dire

---

[1] *Harmonie et conférences des magistrats romains avec les officiers françois.* Lyon, 1571, p. 135.

aux plus anciens titres de noblesse de la cité
gallo-romaine. Le parlement de Toulouse se
regardait, en effet, comme l'héritier direc
du conseil des vieux druides; sénat terrible, où les hommes étaient appelés pour
leur prudence et leur sagesse, où les fem
mes étaient admises pour leur inspiration
et pour leur beauté. Certes, depuis long
temps, le druide avait cédé son trône au
prêtre de Jésus-Christ; depuis longtemps la
druidesse, au front couronné de verveine
avait renoncé à sa chaise curule sous le
chêne de Teutatès; mais le respect étai
resté pour cette justice sacrée; mais la
druidesse, en partant, avait laissé dans ce
tabernacle sanglant, avec le parfum eni
vrant de sa couronne, toutes les passion
cruelles et généreuses que renferme le cœu
des femmes : la prévention, l'enthousiasme
les nuages mêlés de clartés soudaines, le
vengeances improvisées, la clémence san
motif, pendant que les vieilles habitudes d

l'antique conseil, l'obstination, la cruauté, l'énergie implacable, le fanatisme de ce qui est juste, survivaient aux lois abolies et se superposaient dans l'exercice des nouvelles justices. Voilà comment cette justice du Midi ressemble si peu à celle du Nord; ni celle-ci ni celle-là ne parlent la même langue, et si elles vont au même but, elles suivent des sentiers différents. La justice du Midi est la fille du soleil, le premier et le dernier empereur de la ville éternelle : *Sol dominus imperii romani*, disait l'empereur Marc-Aurèle; elle se compose des cris, des clameurs, des haines, des amours de ce fragment du monde romain; les impiétés et les crimes, l'offense faite à Dieu et l'outrage fait aux hommes, l'insulte aux rois et l'insulte au mendiant qui passe, les révoltes au dehors et la révolte au dedans, la guerre civile sous toutes ses faces, la guerre religieuse dans toutes ses fictions, la foi même, quand elle se change en faction, trouvaient certainement un écho, une âme, un appui, un châtiment, une vengeance dans cette magistrature, un des fleurons de la couronne, un glorieux rayon de sa gloire. Race virile de magistrats que la magistrature consacrait autant que l'eût fait la prêtrise, les escarboucles et les émeraudes dont la robe d'Astrée était parsemée, le soutien et le soleil de la monarchie; ils tenaient d'une main sûre la balance de Thémis et l'épée d'or que le prophète Jérémie a confiée à Judas Machabée. « Vous êtes des dieux sur la terre ! disaient aux juges des cités de Judas les législateurs du peuple d'Israël. Vivantes images du Très-Haut, vous rendez la justice en son nom ! » Aussi leur grande inquiétude c'était d'accomplir dignement l'œuvre et le travail de chaque jour.

Ils redoutaient pour eux-mêmes la lâcheté presque autant que l'injustice. Faut-il mettre le feu à la plaie pour la guérir?

apportez le feu et la flamme! Chrétiens de père en fils, nés et nourris dans l'Église catholique, issus d'aïeux qui avaient été les plus âpres persécuteurs de l'hérésie, ils consacraient à l'administration de la plus implacable et de la plus exacte justice tout ce que des hommes, des légistes, des théologiens, des citoyens armés, des sénateurs dans la pourpre et sur les lis, peuvent rencontrer dans leur conscience de force, de vigueur et d'énergie. Cette voix : «Vous êtes des dieux sur la terre!» retentissait incessamment dans leurs âmes vaillantes et les encourageait à juger les hommes de la hauteur même de la vertu. Cœurs indomptés, les larmes et les gémissements du coupable leur semblaient une espèce de récompense; le cri de l'accusation chatouillait agréablement ces oreilles habituées à l'hyperbole, pendant que le jeu, la lutte et le feu de l'éloquence, le bruit de ces trompettes et le murmure de ces claires fontaines leur rappelaient délicieusement les zéphirs et les tempêtes agitant les chênes de la forêt druidique. Une fois assis sur ce trône éclatant d'autorité et de lumière, entre la pitié et la justice, sous l'écarlate et sous l'hermine, ils ne tenaient plus à la terre, ils n'appartenaient plus qu'au devoir. Eux aussi ils pouvaient dire : « Nous, et le Saint-Esprit avec nous, nous avons arrêté ce qui suit : *Placuit nobis et Spiritui Sancto !* »

Leur vie entière était consacrée à cette science du juste et de l'injuste, sans laquelle les royaumes ne seraient plus que des brigandages. Ils excellaient à découvrir la vérité sous les apparences, à discerner les occasions, à soulever tous les voiles, à percer les nuages, à dominer le caprice et la mobilité du bon plaisir, à tempérer par des arrêts sans réplique le gouvernement absolu ; magistrats qui, par orgueil, seraient morts pour l'accomplissement de leur devoir ; et telle était cependant la logique rigoureuse de ces rares esprits, si infaillibles étaient leurs conjectures, que leur premier coup d'œil devenait presque toujours un arrêt définitif.

Ils ont cela de grand et de naïf, qu'ils sont des hommes avant que d'être des juges ; ils ont cela de dangereux et de terrible, qu'ils se plaisent aux deux extrémités de la justice humaine, beaucoup plus que dans ce milieu patient et attentif où réside l'équité prudente. Sur cette montagne inaccessible aux têtes les plus hautes venaient se briser, flots impuissants autour d'un écueil, les richesses, la flatterie, la menace, l'autorité, la faveur, tout ce qui n'était pas la justice ; qui que vous soyez qui vous adressez à ce tribunal, et vous tous qu'il convoque à sa barre, approchez-vous, et soyez prêts à l'espérance sans bornes, à la terreur sans limites ; point de milieu ! les gémonies ou le triomphe ! le trône ou le gibet !

Tantôt ils s'opposent, comme des héros,

au pouvoir royal qui veut toujours s'agrandir; tantôt ils traînent au bûcher le libre arbitre qui ne veut pas céder! Aujourd'hui ils vont réveiller à haute voix la rage sanglante des guerres civiles; le lendemain, ô bonheur! c'est le tyran qu'ils prendront à partie, c'est la tyrannie qu'ils égorgeront de leurs mains! Une fois lancés, rien ne les arrête, non pas même le crime de la destruction des misérables! Ne comptez pas, pour la bonté de votre cause, sur leurs penchants, sur leurs opinions, sur leurs passions personnelles. Royalistes, ils ont rendu à Dieu des actions de grâces pour le meurtre de Henri III! Amoureux d'urbanité et de beau langage, ils livrent au bourreau cet éloquent Vanini qui parlait un latin digne d'Octavien Auguste. Amis et protecteurs de ce peuple confié à leur garde, ils ont proclamé que celui-là serait pendu qui oserait proclamer l'avénement du roi Henri IV, père du peuple. Catholiques, ils ont validé, de leur autorité souveraine, le testament de Bayle le réfugié, un enfant de Toulouse [1] !

Même au plus grand moment de l'autorité du roi absolu, la résistance féodale se faisait sentir dans cette cour suprême qui avait condamné un Montmorency pour crime de haute trahison.

Dans sa propre estime, et c'était beaucoup dire, le parlement de Toulouse se regardait comme l'égal de la cour de Paris; même en plein dix-septième siècle, il se rappelait le temps où la justice du royaume de France était divisée en deux parts égales, en deux langues, la langue d'*oil* et la langue d'*oc*, la langue des amoureux et des poëtes, la langue voisine de l'Italie par Pétrarque, voisine de la Grèce par Marseille. Et qui disait le langage disait aussi les mœurs, les lois, les habitudes de ces deux nations, posées aux deux extrémités du

---

(1) Sur le rapport de M. de Sénaux.

même sceptre! Quant à l'autorité de ces cours souveraines, elle était immense; chaque parlement se mêlait de la paix, de la guerre, de la fortune de son peuple; le parlement était le droit, il dictait le devoir; il protégeait la loi et l'Évangile; les évêques et les seigneurs se réfugiaient à cette ombre intelligente et superbe; toutes les justices, et même celle du roi, relevaient de cette suprême justice, qui représentait au peuple de France l'ombre antique de ses premières libertés, l'aurore naissante et lointaine de ses libertés à venir.

Inspirés par des juges si faciles à l'éloquence, les grands avocats de la langue d'*oc* s'abandonnaient volontiers à l'inspiration et au génie du ciel natal; ils étaient éloquents pour le bonheur de bien parler; ils aimaient la gloire plus que la louange, la louange plus que l'argent; ils parlaient tour à tour en artistes, en savants, en citoyens; théologiens souvent, jurisconsultes parfois, orateurs toujours. C'était l'habitude, dans le barreau français, et même des plus grands avocats : Le Maître, Fourcroy, Pucelle, de compter pour beaucoup, non-seulement le visage de l'orateur, la régularité du geste et le choix des mots, mais encore la longueur de la période remplie, entraînant après elle l'énumération sans fin, habilement et abondamment nourrie de citations, d'allusions, de pathétique, de portraits, d'images, de déclamations. C'était une prodigalité étrange de mille choses opposées, dans lesquelles même le madrigal avait sa place, et même la chanson; sans compter le style fleuri, les traits brillants, la description, la morale dure et la morale relâchée, la doctrine, la stance, le panégyrique, l'accusation. Une fois lancé dans cette arène sans limites, l'avocat appelait à son aide l'antiquité profane et l'antiquité religieuse; Homère et saint Jean Chrysostôme, Anacréon et Quintilien lui prétaient tour à tour leurs plus rares passages. « Horace et sainte Cyrille, Ovide et Catulle, « dit un moraliste, décidaient des mariages « et venaient, avec les *Pandectes*, au se- « cours de la veuve et des pupilles. » Ces merveilleux avocats, enfants de Justinien et de Pindare, vos dignes aïeux, ô vous ! les maîtres de l'éloquence moderne, inflexibles joûteurs qui, plus d'une fois, avez rencontré dans votre ardente parole le plus rude supplice qui se pût infliger à certains crimes au sommet de leur triomphe, marchaient dans ces obstacles d'un pas plus libre et plus dégagé qu'on ne pourrait croire. Au milieu de ces labyrinthes, ils savaient retrouver le fil d'Ariane; du livre le plus inattendu, ils savaient tirer des arguments, qui ne manquaient ni d'autorité ni de grandeur. Dans cette fréquentation assidue des chefs-d'œuvre du philosophe ou du poëte, l'éloquence gagnait en étendue et en science ce qu'elle perdait en simplicité, et plus d'une fois l'inspiration se rencontra au fond d'un passage de l'*Écriture* sainte ou de l'*Iliade*. Et quelle habileté pour tenir attentifs des juges remplis de cette science dont on se fait gloire ! Et quelle recherche pour découvrir, dans cet entassement de souvenirs et de hasards, des choses qui aient échappé à la rhétorique de chaque jour ! Tantôt que de hardiesse à inventer une page de Cicéron ! Tantôt quelle fidélité à citer un vers d'Hésiode ! Quelle mémoire ! quel enthousiasme ! quelle attention de l'avocat à ne pas dépasser les strictes limites ! quel respect du juge à ne pas gêner la défense et le talent de l'homme qui lui parle ! Et pour la ville entière, quelle fête, à l'annonce de ces luttes énergiques de l'éloquence, dans cette assemblée auguste, en présence de tous ces magistrats, la force du Languedoc, l'honneur de cette noblesse du Midi, qui était partout, au sénat pour défendre le droit, aux armées pour y défendre l'honneur, dans la chaire de vérité pour y parler du Dieu de l'Évangile, sur l'Océan pour y gagner des continents nouveaux, partout, excepté à Versailles, à la cour, chez les ministres, dans les royaumes de la faveur où se distribuaient les décorations et les fortunes; âmes fières, contentes de peu, que rien n'étonne, que le doute n'a pas touchées de son souffle! Honnêtes gens qui, l'épée à la main ou le mortier sur la tête, croyaient à la justice et à l'ordre, parce qu'ils croyaient en Dieu.

On était au lendemain de la Saint-Martin, la messe du Saint-Esprit venait de finir, la ville était en fête, et à travers ces rues couvertes de fleurs, au bruit solennel des trompettes d'argent et de vermeil, au chant des cantiques, au son du canon et revêtus de la pourpre seigneuriale, les membres de cet antique parlement venaient de rentrer dans la chambre dorée où les attendaient les hommages de la province soumise à leurs lois. Les statues et les images vénérées des magistrats d'autrefois : Pierre de Saint-André, Guillaume de Tournoër, Dufour, Catel, de Berail, Jean de Lavaur, Jean de Basilhac, Saint-Félix, Caminade, Toureil, Fermat, Jean Dauvet, Étienne Duranti, héros du courage civil, déchiré par le peuple, cette bête féroce aux mille têtes, pour sa fidélité au roi son maître ; Gilles le Mazurier, mort au chevet des malades ; Nicolas de Verdun, mort sur le fauteuil... sur le trône du premier président de la cour souveraine des pairs. Du haut de votre piédestal entouré d'honneurs et de respects, vous sembliez sourire encore à vos dignes successeurs, ombres augustes, et leur recommander, par votre exemple même, les libertés et les croyances confiées à leur sauvegarde ! Cette rentrée de la magistrature dans sa bonne ville de Toulouse était comptée parmi les plus solennelles et les plus heureuses journées, et le parlement, de son côté, tenait à honneur de se montrer au grand complet. Donc, ce jour-là, vous pouviez voir, assis sur les hauts siéges, à main droite et à main gauche, semblables aux dieux de Syrie, qui se plaisaient, dit-on, dans cette patrie de l'oranger et du myrte éternel, M. le premier président, sous la pourpre et l'hermine; il était entouré des quatre présidents et des deux présidents honoraires; venaient ensuite, chacun en son ordre, les deux conseillers d'honneur et les deux chevaliers d'honneur, précédés de monseigneur l'archevêque, conseiller d'honneur né; puis les deux conseillers clercs, les conseillers laïques, les quinze conseillers honoraires, toute la grand'chambre, toute la tournelle, la chambre des vacations, la première et a deuxième des enquêtes, puis les gens du roi... et du peuple : l'avocat général, le procureur général et leurs substituts; puis les maîtres des requêtes, en robes de satin, sur un banc, dans le parquet. Qui encore? Le greffier des présentations, des affirmations;

le greffier criminel, les greffiers garde-sacs de la grand'chambre, des enquêtes et du petit criminel; étaient présents, du droit de leur charge ou de leur dignité, l'évêque de Mirepoix, l'abbé de Saint-Saturnin, le grand archidiacre de Béziers, et enfin, noble et digne couronne, — les cent dix-neuf avocats de la cour, les cent onze procureurs, les officiers de chancellerie, les secrétaires du roi, audienciers et contrôleurs; les cours inférieures, bureaux et sénéchaussée de Toulouse et du Languedoc, les trésoriers royaux, en un mot, tout cet ensemble de force morale et d'autorité civile qui faisait la grandeur et la sécurité de cette noble province. Après le repos occupé du magistrat ami des lettres, après l'oisiveté studieuse et les fêtes champêtres des vacances, ils revenaient, les uns et les autres, avec une nouvelle ardeur à leurs devoirs nombreux et pénibles; lui-même donnant l'exemple, *monsieur le premier*, messire François de Clary, commandeur du Saint-Esprit, conseiller du roi en son conseil d'État, « qui « étoit un bonhomme, affable à tous, fami- « lier à peu. »

Déjà le greffier en chef, revêtu de son épitoge et manteau fourré, après avoir pris l'ordre de M. le premier président, avait déclaré toutes les chambres assemblées et réclamé le silence de l'auditoire, lorsque, au moment même où M. l'avocat général allait prononcer, dans la langue éloquente du *pro archiâ poetâ*, la mercuriale de chaque année, soudain on vit entrer, dans cette importante réunion de magistrats et de peuple, d'archevêques et de capitaines, de gentilshommes, de seigneurs, de chevaliers, et s'avancer, d'un pas ferme, aux pieds de la cour, cette femme, ou plutôt cette reine que Salomon avait prédite quand il a dit : « O belle entre les belles ! montrez-nous ce visage plein de majesté ; faites-nous entendre cette voix pleine d'harmonie ! *Vox etenim tua dulcis et facies decora !* » Elle parut donc précédée, entourée et suivie de la suave odeur de sa beauté et de ses bonnes œuvres, et, semblables aux vieillards troyens, les sénateurs de Toulouse furent tentés de se lever de leurs siéges afin de mieux honorer cette Hélène ! Les uns et les autres, dans cette enceinte, la connaissaient et la saluaient du geste et du regard. Les gens d'Aurillac et de Villefranche, ceux de Saint-Michel et ceux de Montaigu savaient son nom ! Quand elle traversa cette foule pressée, elle fut saluée par les plus graves personnages de l'assistance : le prieur de Maravals, le grand prieur, l'abbé de Gimont, le commandeur de Bouvrac ; elle-même, la dame prieure de Prouilhe lui offrit une place à ses côtés, tant cette femme avait témoigné, dans sa charité inépuisable, une bonté extraordinaire, un courage viril, une bienfaisance sans bornes. C'est que, dans cette cité des *Mille et une*

Nuits, la supérieure de l'Enfance représentait le calife qui s'en va, enveloppé du manteau de l'esclave, cherchant à reconnaître sous les haillons la vertu mendiante et déchirée! Aussi quel triomphe unanime quand cette majesté se montrait à son peuple! C'est pour elle sans doute que, dès le matin, la ville s'est remplie de fleurs et de fanfares; c'est pour elle que les prêtres ont chanté le *Veni Creator!* Si le parlement de la province s'est réuni dans son plus rare appareil, c'est pour mieux honorer la supérieure de l'Enfance! Gloire! honneur! Montjoie et Saint-Denis sur le passage de cette guerrière! Saluez cette femme! Elle a accompli des miracles! Tous les désespoirs qui l'ont implorée, elle les a consolés; toutes les afflictions, elle les a relevées; elle a couché le vieillard dans sa tombe, elle a réchauffé l'enfant au berceau; elle n'a jamais demandé au misérable qui l'implore: Où vas-tu? d'où viens-tu? Juif, protestant, catholique, il m'appelle : j'y vais! — Elle allait ainsi à travers les bénédictions et les louanges, ses gardes-du-corps, et jamais roi absolu, allant tenir son lit de justice, ne fut accompagné d'une façon plus royale. Elle aussi, d'ailleurs, elle était née sur les fleurs de lis ; voyez plutôt l'orgueil de son front, l'éclat de son regard, la majesté de sa démarche, l'assurance et la fierté de son sourire. Fille d'un magistrat, elle croit à la justice des hommes ; femme, elle croit à leurs respects; jeune et belle, elle sait qu'elle sera obéie. Elle connaissait donc le terrain glissant sur lequel elle s'avançait, et quels feux recélait cette cendre trompeuse! Enfant, elle avait appris à se reconnaître dans le parlement de son pays, dans cette ardente cohue de philosophie et d'ascétisme, de croyances si diverses et d'ambitions si différentes; placée entre les protestants et les catholiques du Midi, et côtoyant chaque jour ces deux multitudes dans ces rues bourdonnantes, madame de Mondonville comprenait ce double danger, ce double péril ! Comment incliner jusqu'à elle la faveur de ces juges habitués aux silences de la foule? et en même temps comment faire pour dominer cette foule enthousiaste et s'en faire obéir sans l'irriter ? Grand était le péril des deux parts ; c'était là, et là, sur les hauts siéges, aux pieds des juges, dans les bas-fonds de l'assemblée, le même imprévu, le même hasard, la même fièvre ; les uns et les autres, les robes rouges et les déguenillées, les chaperons et les bonnets, ardents, colères, primesautiers, prompts à irriter, faciles à prévenir ; rien de fixe, rien de solide ; toutes ces âmes à la passion, au caprice ; les juges encore plus dangereux et plus emportés que le peuple ; le tribunal plus redoutable que le carrefour, et quelle main légère il faudra poser sur le volcan pour éviter l'éruption soudaine de ce Vésuve ! Ce parlement de Toulouse représentait à cette Toulousaine plutôt une réunion de demi-dieux que de pontifes, plutôt des prêtres que des hommes, plutôt des rois qui commandent de là-haut que des juges que l'on regarde d'en bas! Elle avait vécu assez longtemps au pied de ce mont Sinaï pour en savoir les tempêtes et les douces matinées, pour en connaître les torrents et les rosées, pour savoir à fond ce pêle-mêle singulier de poésie, d'éloquence, d'urbanité, de science, de fantaisie, sur un fonds de justice cruelle, impitoyable et sanguinaire; le juge aussi féroce que la loi est impitoyable; le juge implacable pour lui-même et pour les autres, et jouant volontiers sa tête inflexible contre un arrêt dont le peuple va tantôt lui demander compte, l'arquebuse au poing. En ce temps-là, c'était encore et c'est toujours Toulouse la quintuple, *Tolosam quintuplicem*, comme dit Ausone, le poëte à demi chrétien; tels juges, tel peuple. Un peuple d'Albigeois et de Visigoths, qui se plaît aux bûchers, qui se plaît aux fêtes de la danse et des chansons.

O les poëtes! ô les bourreaux, ces gens de Toulouse! O les amoureux! ô les martyrs! Tout pour la foi! et tout pour l'amour! Ils allient la dévotion à la jalousie, la férocité à la bonne humeur. — Une nation unique, aussi fière de porter la couronne d'épines que d'autres la couronne d'or. Ils traitaient de lâcheté insigne les mesures pacifiques; à leurs yeux la tolérance était une faiblesse indigne d'un grand peuple; on pouvait les rompre, ils ne pliaient jamais! Ils étaient tout en saillies, en reliefs, tout d'une pièce, brisant avec joie ce qu'ils avaient adoré avec crainte; câlins ou terribles, à vos pieds ou sur vos têtes; superbes dans la pauvreté, faciles dans la fortune, et le parlement leur ressemblait en ceci, comme la vigne ressemble au palmier. «Je suis la vigne et vous êtes le palmier,» dit l'Écriture. Les magistrats, aussi énergi-

ques que ce peuple, avaient pour devise :
« Mourir dans le devoir, on ne meurt
qu'une fois ! » Le peuple, aussi fier que ces
magistrats, avait pour devise : « Mourir dans
ma passion, on ne meurt qu'une fois ! » Et
peuple et magistrats, aussitôt qu'ils sont
lancés au delà des bornes convenues, ils ressemblent, à s'y méprendre, à ce philosophe
dont parle Tacite, qui s'en va, entre deux
armées prêtes à combattre, pour démontrer les avantages de la paix et les misères
de la guerre : *Bona pacis et belli mala disserens!* C'est ainsi que les uns et les autres,
poussés par le même dieu des batailles et
des vengeances, peuple et magistrats de
Toulouse, ils ont marché dans la même
voie à travers les mêmes incendies ; le parlement et le peuple de Toulouse, c'étaient
l'époux et l'épouse ; c'était le grand Briarée
du poëme :

Tot paribus streperet clypeis, tot stringeret enses!

« Autant de glaives, autant de boucliers des deux parts. »

Entre ces flammes et ces tempêtes qu'elle avait déjà traversées si souvent, la religieuse de Toulouse se présentait dans toute l'ardeur du combat! Non! la dame d'Angèle, seigneuresse de la Barthe, quand elle parut pour crime de sorcellerie devant Hugues de Biemalis l'inquisiteur, n'avait pas un démarche plus hautaine; Violante de Bals de Châteauneuf, traînant à son char ses quatre amants heureux et trompés, les guidait d'un geste moins superbe; elle-même, Saluka Saïs, la fille de l'Abyssinie, fille d'un roi, esclave et reine, ne portait pas dans ses yeux plus de foudres et plus d'éclairs! Ainsi apparut, dans cette foule éblouie et attentive, cette femme... cette émeute que poussait l'indignation de sa fille enlevée, comme la soif ardente appelle le cerf à l'eau des fontaines. Elle avait soif de vengeance, soif de justice, et elle venait les chercher aux pieds du tribunal. Elle se posa donc à la place même de l'avocat accusateur, à la droite du président, au côté gauche du crucifix, et alors, d'une voix nette, à l'accent vibrant et d'un beau timbre, elle raconta à ses juges, attentifs et surpris de la soudaineté de l'accusation non moins que de la hardiesse du crime, elle raconta comment sa fille adoptive lui avait été enlevée, la nuit passée, par un homme qui s'était introduit dans sa maison au nom du roi!

« Oui, messeigneurs, la chère petite fille de mon adoption, sinon de mon sang, on me l'a volée, et je vous la redemande, humblement prosternée à votre justice! C'était toute ma joie et toute ma vie! Je la tenais de sa mère et de notre ville de Toulouse qui nous a bénies, moi et ma fille arrachée à la peste, et quand je l'emportais à mon cou frémissant de joie et d'orgueil. Hélas! c'est pour me défendre que mon enfant, arrachée au sommeil par une voix furieuse,

est sortie de son berceau, et cet homme, ce misérable, l'a jetée pleurante sur un cheval, et l'a emportée, au risque de la tuer! Et maintenant, qu'est-elle devenue? où est-elle cachée? et qui donc lui rendra mes soins maternels? Pauvre enfant! rendez-la-moi, messeigneurs, rendez-la-moi!»
Ainsi elle parlait, ni trop haut, ni trop bas, dans la juste mesure de la voix et de la douleur également contenues, de grosses larmes se mêlant au feu limpide de ses grands yeux suppliants. La cour, éblouie, indignée, hésitait cependant à ajouter foi à une si grosse accusation. D'où venait cette audace du marquis de Saint-Gilles? à quoi lui peut servir cet enlèvement nocturne et que veut-il faire de cet enfant?... La supérieure de l'Enfance, qui savait lire sur toutes ces physionomies, devina et prévint l'objection :

« Plaise à la cour de me permettre encore quelques paroles : et moi aussi, abîmée en ma douleur, je cherchais vainement à comprendre l'audace de ce malheureux et le profit qu'il pouvait rencontrer à insulter la plus grande et la plus magnifique des justices.... Je n'ai eu que ce matin l'explication de l'attentat de cette nuit. Mademoiselle d'Hortis, mon enfant, est restée sans biens à la mort de sa mère; pauvre hier, elle est devenue une riche héritière sous mon nom, sous mon patronage, à ma volonté! Eh bien! car le motif est aussi honteux que l'action est coupable, ce marquis de Saint-Gilles, tant que sa nièce a été pauvre, ne savait pas qu'il avait une nièce; il la laissait volontiers à ma tendresse, et maintenant qu'il aura su cette fortune, il a voulu s'en emparer par un rapt ignoble. O malheureux! prends l'argent; mais ordonnez-lui de me rendre mon enfant, ô vous qui êtes à la fois nos pères, nos juges et nos rois! »

Ce fut surtout en ce moment que vous

eussiez pu voir la connivence naturelle, invincible du parlement et du peuple de Toulouse! Les juges et l'auditoire, les hauts et les bas siéges se sentirent transportés des mêmes colères. La beauté, le génie, l'éloquence de cette femme avaient fait passer dans toutes ces âmes la conviction dont son âme était remplie. Pourquoi hésiter? semblaient se dire les magistrats et le public qui juge les juges à son tour; pourquoi hésiter, et qui nous empêche d'aller chercher dans les ténèbres où il s'est enfui cet abominable Saint-Gilles, l'exécration et la honte de la cité de Minerve? Le crime est flagrant, le rapt ne peut se nier! Le domicile de nos filles a été violé, cette nuit, à main armée, sans respect pour tant de familles intéressées à l'honneur de cette maison qui est leur propre honneur, sans égard pour tant de pauvres gens dont cette maison est le refuge! Eh quoi! le crime est connu, le coupable est dénoncé, il y a sacrilége, et l'indignation publique n'a pas encore frappé d'un arrêt *ab irato* cette tête sacrilége!» Telle était la pensée ardente qui circulait dans cette foule impatiente d'avoir attendu dix minutes le *soit monstré* et les conclusions de M. le procureur général.

Un incident imprévu vint donner un autre cours à ce drame judiciaire, et les juges et le peuple, distraits un instant de leur indignation et de leur colère, obéirent volontiers à cette impulsion nouvelle. Plaise au lecteur que nous fassions comme eux !

XVII

Notre avocat, maître du Boulay, en robe, dans sa robe de Déjanire, comme il disait depuis que la belle fugitive de l'Enfance, mademoiselle de Prohenque, s'y était abritée toute une nuit, assistait à cette rentrée du parlement. Le hasard avait même voulu que l'avocat fût placé non loin de la barre et du côté opposé où se présenta madame de Mondonville. Lui, du Boulay, il avait d'abord partagé naïvement les impressions de l'assistance, mais peu à peu, entendant parler cette femme altière qui, d'un geste, lui avait enlevé ses premières amours et sa première cause, il en vint à se dire que, s'il osait, à l'instant même (et pourquoi ne pas oser?) il allait reconquérir tout le terrain qu'il avait perdu quand cette femme de malheur lui eut arraché la belle fille qu'il avait tenue dans ses bras, aussi peu vêtue et aussi fraîche que la Vérité au sortir de son puits. Souvenirs charmants et terribles pour ce jeune homme impatient de renommée, avide de bonheur, et qui, en perdant tant d'espérances soudaines, était retombé dans une obscurité plus profonde que jamais. Et pourtant, ô la plus inespérée de toutes les fortunes! voici qu'une occasion nouvelle se présente de prendre cette femme superbe à partie, et de la forcer à reconnaître une volonté égale à la sienne, en même temps que le peuple ici présent et les magistrats de Toulouse vont apprendre à connaître quel grand orateur ils ont méconnu jusqu'ici. « Voici mon Rubicon, se disait du Boulay ; c'est en ce lieu, c'est en ce moment qu'il faut vaincre ou mourir ! Si je perds cette occasion unique dans ma vie, adieu la renommée, adieu la fortune, adieu la gloire, adieu ma chère Guillemette, dont les parfums printaniers remplissent encore cette robe inutile et cependant toute remplie d'enivrantes et précieuses inspirations. Certes, si je demande à répondre, à défendre l'accusé absent, un grand silence d'étonnement va se faire autour de ma parole, et je serai écouté du haut en bas de cette enceinte, semblable à un temple chrétien ! Oui ; mais cette femme a raison ; mais l'homme que je vais défendre est un misérable, mal venu du peuple et peu compté du parlement ; et enfin le moyen de parler, sans préparation, dans une cause à ce point désespérée ? » Tels étaient les tumultes qui agitaient l'âme du jeune avocat, à mesure que parlait la religieuse de Toulouse au milieu des louanges du grand nombre et des sympathies de tous. Du Boulay, en ce moment, était semblable au cheval de Job, qui entend le clairon de la guerre et qui frappe du pied en disant : « Allons ! »

Donc il prit son courage à deux mains, et, s'avançant à la barre, il annonça, avec un profond salut, qu'il avait quelques observations à produire en faveur du marquis de Saint-Gilles, absent.

A vrai dire, l'étonnement fut immense. A peine si quelques-uns, dans cette foule de robes noires, savaient le nom de cet audacieux qui osait prendre la parole, en présence et au détriment de ses illustres, en faveur d'un homme taré, contre la plus éloquente, la plus populaire et la plus redoutée de toutes les femmes, défendant elle-même sa propre accusation et demandant justice à tout un peuple ! Mais quoi ! si grand et si vif était l'amour de cette nation pour l'éloquence et pour le courage, que pas un geste, pas un murmure ne s'opposa à l'entreprise de ce téméraire; bien plus, un silence profond s'étendit dans toute l'assemblée, les juges et l'auditoire s'arrageant pour mieux entendre, et curieux de savoir comment va se tirer d'affaire ce petit avocat de fortune, sans appui, sans clientèle, sans nom.

Son discours fut l'attaque d'un homme qui a brûlé ses vaisseaux : la honte ou la gloire, les applaudissements ou les huées ! vivre enfin au grand soleil de l'avocat écouté, ou croupir sur un dossier de papier blanc, dans les limbes bruyantes du stage éternel !

« Assez et trop longtemps, s'écria-t-il, notre belle et poétique cité, la reine des élégances et du beau langage, Toulouse, le fleuron de la couronne de nos royaumes héréditaires, s'est vue forcée d'interrompre ses fêtes, ses poésies et ses miracles pour s'occuper des faits et gestes de la supérieure perpétuelle de l'Enfance de Notre-Seigneur. Quelle est donc cette veuve funeste, à demi cloîtrée, à demi mondaine, qui échappe à la fois, par un étrange privilége, à la sollicitude des théologiens, aux regards des magistrats, aux devoirs du monde? Cette femme éloquente, j'en conviens, est un mystère, un problème, j'ai presque dit un abîme! On la voit partout... on ne la voit plus nulle part! Tantôt l'éloquence digne des consuls... tantôt le silence des tombeaux! Est-ce un fantôme? est-ce une réalité? ou bien un de ces monstres en religion que dénonce saint Bernard comme possédées du démon de la maternité, et pour lesquelles le poëte Nigellus a fait un distique où il est dit que la crosse de l'abbesse est plus féconde même que l'aiguille de la mère de famille :

Quæ pastorali baculo dotatur honore
Illa quidem melius, fertiliusque parit.

«Ai-je besoin de vous rappeler l'homélie de saint Cyprien contre ces abbesses qui adoptent des enfants, coutume introduite dans l'Église d'Antioche par Paul de Samothrace l'excommunié? Vous voyez, messires, que j'obéis à cette loi de Justinien qui ordonne aux juges et aux avocats de ne pas entrer dans le sanctuaire de la justice avant d'avoir ouvert les saints livres. C'est dans cette étude patiente que je trouverais, au besoin, les principaux arguments de ma plaidoirie. « Méfiez-vous de ces accès de maternité! » s'écrie le concile de Nicée. « Surveillez activement pour savoir ce qui se passe dans la cité et dans les maisons des femmes en religion! » s'écrie le concile d'Antioche. « Car, ajoutent les docteurs, autant de femmes, autant de sectes et d'hérésies; laissez-les faire à leur guise et se répandre librement en paroles, elles feront de l'Évangile un roman. » Les dames, en effet, se plaisent, comme dans leur élément naturel, dans la multitude des doutes, dans la légèreté des opinions, dans toutes les curiosités périlleuses; elles recherchent, avec la curiosité d'un enfant qui brise son jouet pour savoir ce qu'il contient, les consentements, les négations et les artifices du raisonnement humain. La règle religieuse est une chaîne; qui en doute? Mais brisez un seul chaînon, vous n'avez plus qu'un forçat échappé de sa chiourme et qui ameute les passants contre les juges qui l'ont condamné. O dangers des caquets humains! la servante de Caïphe a forcé le prince des apôtres à renier Notre Seigneur! Quelle est, je vous prie, la femme qui, tenant en ses mains la boîte de Pandore, ne soit prête à l'ouvrir? Voilà pourquoi il ne faut pas leur laisser trop de liberté dans la démarche, dans les paroles, dans l'action! A Dieu ne plaise que je fasse ici une attaque directe à la supérieure perpétuelle de l'Enfance; cependant, s'il est permis à quelqu'un d'exprimer quelques doutes à propos de cette institution entourée de tant de louanges, il me semble que ce droit m'est acquis. Car, moi qui vous parle, tremblant et respectueux, sans avoir médité cette catilinaire, j'ai vu, un soir, cette femme, et je m'en souviendrai toute ma vie, quand on me réduirait à me nourrir de lotos, le lotos, la plante la plus célèbre de l'herbier du Languedoc, plante d'oubli chantée par Homère, au livre IX de son *Odyssée* :

Ο"σις λωτοιο φαγοι μελιηδεα καρπὸν,

Je l'ai vue, cette femme, et j'en suis encore tout ébloui, tant c'était là une beauté surnaturelle, beauté plutôt digne de Proserpine que de Junon ; je l'ai vue, un soir, pénétrer, les portes fermées, dans une réunion des hommes les plus respectables de la cité. Chacun l'accusait, les uns par leur parole, les autres par leur silence... Elle arrive, et d'un regard la victoire est à elle ! Non ! Jules César n'a pas triomphé plus vite quand il a dit : *Veni, vidi, vici!* Elle s'est emparée, en souveraine, de toutes ces âmes qui lui résistaient, et à ce point que tous ces hommes, réunis pour la juger à huis clos, s'estimèrent aussi heureux et récréés, la trouvant innocente, que Quintus Fabius Maximus se sentit reposé en sortant de son cinquième consulat. Voilà, je l'avoue, un grand triomphe, et quel que fût mon doute au fond de l'âme, je n'avais plus qu'à m'écrier avec le saint abbé de la Trappe : « Hélas, ce qui est fait est fait! Point de remède pour le passé! *Heu! quod factum est, factum est!* » Mais aujourd'hui, et tout d'un coup, à l'instant où s'apaisaient tant de bruits étranges, voici que cette créature hardie arrive dans le temple de Thémis, non pas avec la sainte horreur qu'inspirent aux âmes bien faites ces sacrés sanctuaires, mais traînant après elle, par nos rues violentes, par nos carrefours, si faciles à la révolte, sous ce ciel implacable, plus de haines et de violences que jamais les impies, les infidèles, les zwingliens, les luthériens, les anabaptistes, les Anglais et les sociniens n'en ont jamais semé de leurs mains incendiaires! *Et Chaos et Phlegeton!* Là, voyons! j'en atteste ici même les esprits les plus calmes, de quoi s'agit-il? Pourquoi cette sortie à main armée? A quoi bon cet appel aux passions extérieures, et quelle est cette surprise faite à toutes les formes, à toutes les habitudes régulières de votre justice? Est-ce que par hasard le comte de Toulouse, et le roi d'Aragon, et le comte de Béziers, et Simon de Montfort, et le comte de Foix, et le prince de Béarn, ont ramené dans nos murs renversés les batailles antiques?... Je ne vois ici qu'une femme, armée, il est vrai, de colère et d'accusations, qui s'en vient, au milieu d'une réunion auguste et pacifique, interrompre cette solennité éloquente dans laquelle nos magistrats ont l'habitude de nous rappeler nos devoirs éternels. Bien plus, et voilà mon excuse si j'ai pris la parole, moi le dernier venu, devant cet auditoire illustre, cette femme accuse, quand elle devrait se défendre en présence de tant de plaintes unanimes. Écoutez-la ! Un homme seul, qui le croirait ? a brisé, la nuit passée, ces portes d'airain que pas un prêtre n'a franchies, pas un magistrat, pas un docteur ! Un voleur de nuit a escaladé ces murailles de l'Enfance, hautes et défendues comme des remparts de guerre ; notre Capitole même, *Capitolium fulgens*, n'est pas plus surveillé, plus gardé que cette maison entourée de mystères impénétrables. Notre Toulouse bien-aimée, *alma nutrix*, n'est pas plus défendue par les Pyrénées et par les Cévennes, ses remparts naturels, que la maison de l'Enfance par le silence, par la solitude et surtout par le fanatisme de tout un peuple. Ce que je dis est vrai, et à Dieu ne plaise que, plaidant devant cet auguste sénat, je m'abandonne à l'hyperbole ; mais si, aux temps jadis, quatre grandes nations de colons sont sorties de nos murs sans les dépeupler, il faut que vous sachiez que quatre institutions de filles, missionnaires intrépides de doctrines mal définies, sont sorties de l'Enfance sans l'affaiblir, semblables à ces abeilles de Virgile qui prennent leur butin sur tous les abîmes :

Floriferis ut apes in saltibus omnia libant.

« Et que dit la reine de cette ruche à ses abeilles errantes? Elle leur dit, ou peu s'en faut, ce que dit le saint livre : « Je vous donne mon royaume comme je l'ai disposé, afin que vous buviez et mangiez en mon royaume! » Elle dispose souverainement de ces âmes élevées par elle et formées à son image. Elle reste présente en tout lieu, écoutée en tout lieu. Une de ces colonies s'est emparée de la ville de Montesquiou, dans le diocèse de Rieux; la seconde s'est abattue à Pézenas, sous le patronage royal de madame la princesse de Conti; M. le

Tellier en a établi une troisième à Carcassonne, aux frais mêmes des états de notre province ; si bien que, à peine reconnues, ces filles de l'Enfance sont partout, dans les murs, hors des murs ; au berceau de l'enfant, au chevet du vieillard, épiant l'âme de l'un, l'héritage de l'autre ! Et quelle maison hospitalière fut jamais plus favorisée de l'université, du parlement, de nos capitouls, de nos consuls ? Je n'accuse ici personne, mais je voudrais savoir enfin si les dépositaires de nos antiques libertés, les anciens magistrats dont je vois ici les images, ces hommes énergiques, l'honneur du nom languedocien : Raymond de Rouix, Étienne de Castelnau, Bernard Dumanoir, Gérard de Portal, Othon de Lautrec, Philippe de Carneillan, et les autres héros pacifiques de notre cité chrétienne, auraient toléré cet envahissement imprévu d'une simple école, et qu'elle eût planté, en tous lieux, de si grandes racines ? Non, ces hommes prudents se rappelaient sans cesse que l'Écriture compare l'Église à une armée rangée, à une fidèle épouse, à une bergère, et ils ne souffraient pas que l'armée fût privée de ses capitaines, l'épouse de son mari, la bergère de ses chiens de garde! Ils redoutaient, à l'égal des grands serpents dont la sonnerie vous avertit du danger, ces aspics imperceptibles qui se glissent parmi les peuples pour les empoisonner, sous un faux prétexte de piété, débauchant les esprits faibles, encourageant les malicieux. Mon père, qui était un vieux chrétien à l'ancienne mode, se servait, dans mon enfance, d'un proverbe qu'il avait rapporté d'Espagne : *Ario rebuelto, ganancia de piscadores,* disant que plus l'eau est troublée et plus content est le pêcheur. Ainsi nos ancêtres, que Dieu ait leur âme! voulaient voir clair même dans les torrents, comme dans la fontaine de Siloë ou de Bandusie chantée par Horace : fontaine plus pure que le cristal : *O fons splendidior vitro !* Et par le même motif ils ne comprenaient pas qu'une maison religieuse se pût jamais établir sans la double intervention de la puissance spirituelle et de l'autorité séculière. Ils disaient avec le prophète : « *Ubi unitas ibi perfectio!* la perfection dans l'unité. » Ils disaient aussi : « Celui-là se cache qui agit mal : *Qui male agit odit lucem !* » Je sais bien ce qu'on va nous répondre : « Nous sommes dans notre droit ; nous obéissons à l'indult du pape, au privilége royal, à des constitutions approuvées et signées par M. de Marca, ce grand archevêque si terrible, si acharné contre Port-Royal, si digne de respect dans ses œuvres, que l'archevêché de Paris a envié à l'Église de Toulouse, et qui est mort enseveli dans la pourpre romaine ! » L'objection, je l'avoue, est d'une grande valeur, et je ne tenterai pas, moi, un avocat du dernier ordre, d'opposer une fin de non-recevoir à ce prêtre illustre. Je l'oserais, que soudain les travaux de M. de Marca m'imposeraient silence. La Gaule narbonnaise avait perdu ses titres de noblesse; M. de Marca les a retrouvés! Il a rétabli les traces effacées de Strabon, de Ptolémée, de Tite-Live et de Polybe! De quelle main énergique il a tracé la ligne fatale qui sépare la France de l'Espagne[1]!

« Nous savons aussi tant d'origines retrouvées, tant d'inscriptions rétablies, tant de livres arrachés à l'oubli, les païens eux-mêmes appelés en témoignage et les Arabes étonnés de revivre dans ces pages impérissables. Eh bien! est-ce à dire que les constitutions de l'Enfance, signées même du nom illustre de monseigneur de Marca, doivent rester éternellement en dehors de la police monarchique de l'Église, de l'autorité et superintendance de nosseigneurs du parlement? Nous avons tant de beaux ordres

---

(1) *Marca Hispanica*, *autore illustrissimo Petro de Marca.* Paris, in-folio.

en France, de carmes, d'augustins, de cordeliers qui ont été soûmis à une minutieuse révision ! L'ordre tout entier de saint Benoît a-t-il donc échappé aux réformateurs? La sainte maison de Port-Royal a ouvert ses portes au lieutenant criminel (non pas, messires, que j'approuve ces violences), et la maison de l'Enfance resterait fermée aux contradicteurs ! Eh ! le parlement de Toulouse, les pères de nos pères, surnommés les conservateurs des cités, n'ont-ils pas appelé un assoupissement honteux et immoral, *turpis et fœda dormitio*, l'action de ce Robert d'Arbrissel, de pieuse et scandaleuse mémoire, dont l'oreiller serait devenu une pierre d'achoppement pour notre province, si la vigilance des magistrats n'avait pas interrompu les dangers de cette simplicité et sécurité prodigieuses? Voilà ce que nous trouvons dans les souvenirs du passé ! Nous y trouvons des religieux d'une bonne vie et d'une piété

non feinte, soumis à la majesté vénérable
des parlements, pendant que le pape Clément VIII se défendait à grand'peine contre
ses moines en démence, et que saint Charles
Borromée lui-même, les délices de son peuple, se voyait exposé aux attentats d'un religieux révolté contre les réformes. Dans
les anciens jours, on se rappelait que le
philosophe Diagoras avait été exilé pour
avoir parlé des dieux, non pas sans vénération et sans respect, mais avec des paroles
qui manquaient de la précision et de la netteté du vieux langage. Naguère encore, qui
disait une religieuse de Toulouse, disait
une personne vouée à l'humilité, à la pauvreté, à la prière, au silence; et que voyons-nous aujourd'hui? Une impératrice, une
Hérodiade, revêtue d'un justaucorps de
damas, comme un capitaine allant en conquête! Quoi! ces dentelles, ces soieries, ces
ornements, ces parures, ces parfums, voilà
donc ce qui remplace, aux maisons reli-

gieuses, la bure, la haire, le voile, le cilice, la cendre? O scandale par excellence! que nos anciens appelaient le scandale pharisaïque! et cette parole n'est-elle donc plus écrite dans les saints Évangiles : « Gardez-vous de scandaliser un de ces petits qui croient en moi? » A ce propos, saint Jérôme nous raconte l'histoire d'une veuve, nommée Prétextate, qui, non contente de se parer elle-même, ornait mondainement sa nièce, ou, si vous aimez mieux, sa fille adoptive, Hyméthia! Un ange apparut qui dit à cette veuve : « Comment, malheureuse! tu oublies les commandements de Dieu, et tu pares d'ornements mondains cette tête virginale?» Et comme cette femme insistait, l'ange lui enleva son enfant! »

Il y eut ici un murmure approbateur parti du haut des tribunes dans lesquelles se tenaient les dames de la ville, les filles, les femmes et les mères des magistrats de Toulouse; on put même remarquer madame de Fieubet, qui, placée dans la lanterne du côté droit, semblait donner le signal de ces murmures approbateurs.

L'avocat n'en fut que plus disposé à suivre le fil de son discours, et, après une pause qui était passablement triomphale :

« Qui sait, en effet, si la jeune demoiselle d'Hortis, enlevée cette nuit à tant de sollicitudes mondaines, n'aura pas quelque jour à se féliciter d'avoir été arrachée aux vanités qui l'entourent ? Mais, dites-vous, mademoiselle d'Hortis a été emportée par un lieutenant de dragons ou de chevau-légers, plus semblable au capitaine Fracasse qu'à un ange gardien. Certes je ne suis pas ici pour faire le panégyrique de cet homme qui, après tout, est le plus proche parent de la jeune personne, le légitime représentant de son père et de sa mère, un grand parent à qui sans doute revient le droit de s'inquiéter de l'héritière de sa fortune et de son nom....

« D'autres que moi prendront la défense de M. le marquis ; laissez-moi seulement vous rappeler qu'on a vu des gendarmes venir en aide et protection à plus d'une jeune fille à demi perdue. Un saint ermite, nommé Abraham, pour sauver sa propre nièce, nommée Marie, s'habilla en gendarme, et comme sa nièce était cachée en une hôtellerie mal famée, le bon ermite, pour ne pas éveiller les soupçons, consentit à manger de la viande, ce qui ne lui était pas arrivé depuis soixante et dix ans! Qui donc, après cet exemple, oserait dire que l'habit d'un soldat ne peut pas servir de sauvegarde à une fille de quinze ans? J'aime encore mieux cet ermite habillé en homme de guerre que les religieuses vêtues en princesses! « Jamais, s'écriait sainte Catherine de Sienne, une femme ainsi vêtue ne comprendra la hauteur, largeur et profondeur de la charité! » « Elle a montré son cou! » s'écrie le prophète Isaïe en s'indignant. « Au moins, quand tu vas à l'église, couvre-toi d'un voile! » dit saint Paul. Saint Antonin, évêque de Florence, chassait de la cathédrale les prêtresses de la mode. Ah! ne pleurez pas trop sur mademoiselle d'Hortis si le gendarme l'a en effet arrachée à ce luxe, à ces parures, à ces carrosses, à ces délices! « Retirez-vous de nous, dit l'Écriture à ces femmes élégantes, nous ne voulons pas de la science de vos sentiers! »

« Rappelez-vous aussi, chrétiens qui m'écoutez, qu'un jour, à la Fête-Dieu, à travers l'encens et les fleurs, au chant des cantiques, au murmure des prières, le saint sacrement a reculé d'horreur pour avoir rencontré une baladine, harpie des âmes, qui tendait sa belle main aux passants, sous prétexte de bonnes œuvres. « Comment, tu vas dans le pays des Amazones, où les femmes ont les bras nus et le sein découvert! » s'écrie saint Jérôme en voyant partir saint Jovinien. En vain saint Jovinien voulut répliquer que les femmes de ce pays étaient, pour le moins, la moitié moins dangereuses que les femmes des autres peuples, saint Jérôme ne voulut pas le laisser partir.

« Mais à quoi bon chercher mes exemples dans les histoires passées, lorsque, de toutes parts, des exemples se rencontrent, dans ma ville natale, de chaste piété, de prudence, de sagesse, de silence, de résignation ? C'est vous que j'atteste, vous la paix, la grâce et la force de notre Église de Toulouse, vous les dames feuillantines, les dames ursulines, les dames de Malte ! Je vous invoque aussi, religieuses de Sainte-Claire, nobles chanoinesses de Saint-Pantaléon, carmélites, dignes filles du Bon-Pasteur, de Saint-Saturnin, de la Visitation ou de la Providence, de Sainte-Catherine, de Sainte-Radegonde ou de Sainte-Eulalie ! O vous ! la couronne immortelle de cette cité mortelle, avez-vous jamais approuvé ces religieuses qui sont toujours au dehors de la maison, et courant sans fin, sans cesse et sans cause à travers tous les périls ? Je vous salue, ô saintes filles, modèles de grâce, de modestie et de charité chrétiennes ! Vous vivez dans le silence et dans les bonnes œuvres, vous êtes patientes et dociles ! Vous vous rappelez qu'il est écrit en la deuxième aux Corinthiens, chapitre IV : « Le diable est le dieu de ce siècle ! » et, prosternées aux saints autels, vous acceptez, non-seulement sans vous plaindre, mais avec joie et empressement, les tribulations et les persécutions de ce bas-monde, où vous n'êtes qu'en passant ! O mères et sœurs de la cité, vous ne redoutez qu'un malheur, l'hérésie, et son cousin germain, le schisme ! Vous avez des pasteurs pour vous conduire, des docteurs pour vous conseiller, des âmes savantes pour vous maintenir dans le chemin de la perfection ! Vous redoutez, à l'égal du péché, ces amitiés extraordinaires, quoique innocentes, que tous les pères ont condamnées. Le grand saint Bernard n'a-t-il pas imposé une longue pénitence à sainte Brigitte elle-même, pour avoir trop obéi à son confesseur Gilbert de Semplingham? Saint Athanase n'a-t-il pas accusé hautement l'abbesse Eustolia d'avoir trop écouté les inspirations de l'évêque Léontius? Léontius, ô magistrats! s'appelle l'abbé de Ciron aujourd'hui; l'abbé Gilbert de Semplingham, c'est l'abbé de Ciron. Saint Cyprien, s'il faisait partie de ce parlement, j'ai presque dit de ce concile, demanderait compte de l'abbé de Ciron à la supérieure perpétuelle de l'Enfance. Vous frémissez, madame! s'écria du Boulay en s'adressant à madame de Mondonville (en effet, la supérieure avait pâli); ne pensez pas cependant que je veuille m'attaquer à un proscrit : je sais trop ce qui est dû au malheur et à la vertu pour mêler M. de Ciron à ces débats. Qu'il me soit permis cependant de rappeler ici que le nom de M. de Ciron, le directeur de l'Enfance, est devenu un mot d'ordre et de ralliement pour certaines entreprises coupables; qu'il a été frappé de censure; qu'il est réhabilité chaque jour dans des livres que nosseigneurs du parlement feront brûler par des mains moins infâmes que celles qui les ont écrits, et que c'est ainsi que les plus grands schismes et les plus cruelles hérésies ont commencé.

« Or, à ce mot seul d'hérésie, il me semble que la province entière se soulève d'indignation et d'épouvante. Rappelez-vous en effet ces jours d'épouvantable mémoire, lorsque l'antique Toulouse, tombée aux mains violentes des hérétiques, vit crouler sous les coups de ces furieux ses remparts, ses églises, ses palais, ses maisons, ses tourelles, ses voûtes, ses piliers, ses chambres peintes, au milieu des gémissements, des lamentations et des soupirs. L'hérésie est lâchée! sauve qui peut! Tout est mort, tout est ruine, ou fuite ou misère; celui qui survit est chargé de fers; le parlement, le comte, le roi, le prévôt, les barons, l'évêque de Toulouse, appellent en vain le ciel à leur aide. Le ciel est irrité par l'hérésie; il est sourd, il faut périr! Tels sont les malheurs de l'hérésie! Voilà pourquoi l'hérésie et Toulouse n'ont jamais dormi dans les mêmes remparts. Notre gloire et notre force nous viennent justement de notre haine pour ces subtils et forcenés contrôleurs de conciles. Si nos ancêtres ont donné à l'évêque et au chapitre de Toulouse le château de Balma et le château de Verfeil, le hameau de Saint-Bernard et cent villages : Castelmauron, Marceille, Saint-Jean-Aigues-Vives, Pressac, Escorals, Puy, Corrousac, Pechbonieu, Valègues, Roqueville, Montbrun, Lavalette, Saint-Geniès, c'était, en revanche de tant de bienfaits, pour que l'évêque et le chapitre de

Toulouse eussent grand soin de veiller à la pureté de la foi catholique. Pourquoi donc est-ce une faveur si digne d'envie et d'orgueil d'être citoyen de Toulouse? Est-ce uniquement pour s'écrier au besoin : Je suis citoyen de Toulouse! Est-ce parce que notre sainte république toulousaine, même sous le grand roi Louis XIV, qui a juré lui-même, dans nos murs, la main sur les Évangiles, au *Te igitur*, la sauvegarde de nos immunités, a conservé, sous son apparence franque et visigothe, ses magistrats à demi romains, ses formes romaines, son Capitole, son forum, son droit d'élection; le *jus Latii*, c'est-à-dire l'ingénuité, c'est-à-dire le droit d'élection, le droit de suffrage, le droit de réplique, le vieux droit du citoyen romain ; *jus Latii vetus ?* Non, non ; c'est parce que Toulouse est la ville fidèle par excellence aux deux divins testaments et à la sacrée tradition; parce qu'elle appartient à une race de vieux chrétiens ;

parce que les hérésies les plus terribles, les échafauds les plus cruels ont ensanglanté ses murailles sans les déshonorer. Toulouse a vu passer les albigeois, les luthériens, les calvinistes, les émeutes et les guerres de religion, les échafauds, les bûchers et tout le trouble-terre des barricades; Toulouse est restée orthodoxe à l'ombre de son église. O mon Dieu! si j'ose jeter un coup d'œil rapide sur notre histoire, que de grands hommes elle a produits, cette Église de Toulouse! Que de courageux prélats, de savants chanoines, de charitables prébendiers, de juges terribles, d'illustres docteurs! combien de cardinaux et d'archevêques, dont le nom seul est un rempart! Ah! je sais bien que les incrédules, les libertins, les athées nous reprochent, ô comble d'audace, le tribunal de l'inquisition pour la foi!... L'inquisition a sauvé l'Espagne du plus grand et du plus cruel des attentats d'une nation contre elle-même, la guerre religieuse! Nousmêmes, l'inquisition nous a sauvés des psaumes de Théodore de Bèze, des cantiques de Clément Marot, des nouvelles opinions venues du Béarn, des hérésies colportées du fond de la Hollande, des doctrines funestes prêchées dans le château de Nérac, pendant que la reine Marguerite, nouvelle Hérodiade, moins ornée de pudeur que de perles et de pierreries, sourit à l'hérésie, comme elle eût souri à son amant de la veille. Ainsi, ni Luther, ni Calvin, ni Mélanchton, l'ange de la révolte, ni les envoyés de Genève n'ont prévalu contre notre Église orthodoxe. Grâce à Dieu, le synode n'a pas renversé l'Église, le temple n'a pas brisé la cathédrale, la Bible n'a pas étouffé l'Évangile; il est vrai que les arquebuses ont tiré sur la croix blanche, et que nos pères ont vu, ô misère! les huguenots féroces, maîtres de la ville, chanter leurs cantiques aux Cordeliers, aux Jacobins, dans le château narbonnais, dans le collége Saint-Martial ; mais la foi catholique a été plus forte que cette armée de rebelles ! Telle fut l'œuvre de nos pères ; et maintenant que, grâce à tant de miracles de la conscience et du courage, nous vivons à l'abri d'une paix profonde, à l'ombre d'un sceptre coupé dans l'olivier, libres et riches, catholiques, honorés et puissants, on voudrait nous ramener au lendemain de Moncontour, aux reîtres de Coligny, aux soudards de Montgommeri, aux Anglais du roi Jean, au parlement de François Ferrières et de Jean Coras, deux traîtres qui ont été pendus à l'orme du palais ! *Quod Deus avertat !* Et cependant toutes ces misères que la cité a subies, ces pillages et ces meurtres, ces monstrueuses fabriques d'impiétés nous sont venues de l'hérésie. Donc, ne nous livrons pas à l'hérésie, restons fidèles à la foi de nos pères ! Pressons-nous autour de la sainte parole ! Méfions-nous de la nouveauté, comme d'une tentation de l'enfer! Honorons, s'il le faut, les filles de l'Enfance; mais s'il faut imiter quelqu'une de nos institutions religieuses, suivons l'exemple des saintes filles du Bon-Pasteur de Toulouse. Oh! la belle tragédie, et digne du *Polyeucte* de M. Corneille! C'était par un temps d'orage, un vieux prêtre parlait à ces saintes filles du Dieu de l'Évangile, et ni le prêtre ni le pieux auditoire n'entendirent venir la Garonne débordée, et quand le fleuve eut envahi la chapelle attentive, et comme le flot montait toujours, le prêtre, du haut de la chaire, continua son sermon commencé, jusqu'à ce que le flot impitoyable eût englouti l'autel, l'assistance, le prêtre, le monastère tout entier! Martyrs ignorés de la prière, priez pour nous! »

Ainsi parla du Boulay, avec grâce, éloquence, enthousiasme et énergie, mêlant, selon l'usage, le sacré et le profane, la colère et l'ironie, et se retenant à quelque citation inattendue, quand la cause manquait sous ses pas. Le succès de cette hardiesse éloquente fut grand et légitime. On l'avait écouté par curiosité tout d'abord; peu à peu la foule, qui s'était défendue contre cette parole inconnue, sentit se fondre toutes ses glaces, et du Boulay, se voyant soutenu par l'étonnement des uns, par les sympathies des autres, par l'intérêt et l'émotion de tous, fit de sa péroraison une attaque directe à madame de Mondonville. « Qu'est-ce, après tout, que cette maison de l'Enfance? quelles doctrines? quelle discipline? et, au bout du compte, quels bienfaits dignes qu'on les compare avec tant de discorde, tant de bruits étranges et de nouveautés inexplicables? Où en sommes-nous depuis tantôt six années que l'institution est fondée? Voyez, autour de cette maison mystérieuse, tout s'agite et s'inquiète; la province est inondée de pamphlets, d'injures, de cruautés, de toutes les violations divines et humaines ; d'où vient ce déluge de haine ? Il existe deux hommes que la justice du roi avait frappés... ces deux condamnés du parlement de Toulouse ont échappé à la justice qui les avait mis en lieu de sûreté... Quelle main les a sauvés? dans quel sentier ont disparu ces anathèmes? On vous réclame mademoiselle d'Hortis, messieurs ! s'écriait du Boulay; nous vous redemandons, nous, la paix de cette province, les coupables fugitifs, le châtiment des pamphlétaires ! » C'est ainsi que cet humble avocat de tout à l'heure, émancipé par sa propre parole, finit par s'abandonner à toutes les violences ; il était insolent, sans pitié, sans respect; il toucha, ou peu s'en fallut, à toutes les pointes de ces abîmes, et la cour, étonnée de cette éloquence soudaine, semblait se demander quel était donc ce nouveau venu qui, du premier bond, venait de conquérir les palmes et la renommée des grands orateurs? Lui-même, le licencié du Boulay, à peine eut-il franchi la borne brûlante sans s'y briser, qu'il resta confondu, j'ai presque dit épouvanté de ce rayon d'en haut qui s'était fait jour à travers son esprit. Eh ! quelle tentation d'orgueil plus délicate et plus prochaine, la première conscience du talent mêlée aux premiers sentiments, aux premières espérances de l'amour ?

Heureusement que cette inspiration et cette fièvre rejaillirent soudain sur madame de Mondonville. Elle comprit (l'électricité n'est pas plus prompte !) qu'elle était perdue si elle laissait le jour pénétrer dans ces ténèbres. Elle prévit l'enquête, et l'enquête c'était la ruine inévitable de tant d'existences précieuses confiées à sa garde. Évidemment la logique inflexible et la nécessité de l'accusation auraient voulu qu'à l'instant même, et sans aucune réplique, la supérieure perpétuelle de l'Enfance, se faisant suivre par ces mêmes juges qui semblaient l'interroger avec l'ardeur de la question extraordinaire, leur ouvrît les portes de sa maison, et abandonnât la maison tout entière à la haute justice du magistrat. De part et d'autre on n'eût pas manqué à cette règle dans le parlement de Normandie, ou dans cet auguste sénat de Paris, le modèle et l'exemple de tous les autres. Mais à Toulouse, nous le savons déjà, la logique ne venait qu'après la passion ; la passion était l'âme même et le cœur de cette justice : voici donc par quelle inspiration nouvelle madame de Mondonville conjura la foudre prête à la frapper.

Elle attendit que le silence se rétablît ; et le calme revenant peu à peu à ces esprits agités en sens divers, elle annonça, d'une voix ferme, qu'elle avait d'autres comptes à demander au marquis de Saint-Gilles : « un de ces comptes terribles au bout desquels il faut que l'accusé laisse sa tête... Oui, messires, et vous avez déjà condamné vous-mêmes au supplice des meurtriers l'homme que j'accuse et que je vous dénonce. Moi, qui vous parle; moi, la femme insultée cette nuit et dépouillée de son enfant; la femme insultée ici même et accusée de tous les crimes, quand elle venait demander justice; moi, Jeanne de Julliard, comtesse de Mondonville, veuve du comte de Turle, seigneur de Mondonville, un vieil officier général des armées du roi, assassiné à la porte Bernard il y a trois ans, j'accuse de ce meurtre insigne le marquis de Saint-Gilles, le plus lâche et le plus perfide des hommes! Je l'accuse formellement, je l'accuse corps pour corps, âme pour âme! Qu'en dites-vous, monsieur l'avocat?» Et comme du Boulay reculait épouvanté de la nouveauté et de l'horreur de l'accusation, madame de Mondonville, inspirée par le danger qu'elle avait couru autant que par la vengeance à laquelle elle aspirait à son tour, attaqua et étreignit son ennemi d'un geste digne de Junon elle-même. «C'est lui qui est le meurtrier! » Puis, se retournant vers les juges, elle expliqua d'une façon nette, précise, irrésistible, la mort de M. de Mondonville, ce coup d'épée, et cette épée brisée sur une des côtes de la victime, et la preuve, la preuve irrécusable... « Voici l'épée, et la pointe y manque, et cette pointe est déposée à votre greffe, et, sur notre Dieu à tous! cette épée a tué M. de Mondonville, mon mari! »

Ainsi elle parla à son tour, avec l'abondance, l'énergie, la colère, l'indignation; d'un ton suppliant, les mains au ciel, les yeux sur les juges, attestant Dieu et les hommes; éloquente et impérieuse, très vengeresse, et semblable à Némésis lorsqu'elle est abandonnée à tous ses instincts! Cette belle main qui tenait l'épée éclatait au-dessous de ce fer menaçant. « Et cette épée, il l'a laissée dans ma main, cette nuit, au moment où il enlevait ma fille, une enfant, Marie d'Hortis, la riche Marie d'Hortis! Oh! le lâche! — Un misérable que la ville a sifflé pour sa couardise immense! Un assassin, un vil meurtrier, un intrigant subalterne, qui tue dans l'ombre et qui passe son chemin en fuyant, sans se donner le temps de savoir si ce noble cœur a conservé un reste de vie! Et voilà, grand Dieu! dans quelles mains sacriléges est tombée mon enfant! Hélas! ma pauvre enfant, si belle de corps et d'esprit, que j'aimais, que j'élevais et que je parais de mon mieux et comme eût fait sa mère elle-même! Enfin! enfin! messires, vous êtes la justice de Dieu, vous êtes la justice du peuple de Toulouse; je vous demande vengeance pour mon mari et pitié pour mon enfant! »

Elle termina son discours en lisant la lettre que lui avait adressée la reine, non pas sans porter à ses lèvres ce même parchemin qu'elle avait foulé naguère d'un pied irrité.

Cette ville de Toulouse, tout imprégnée

de ses antiques vertus, était la ville honnête et violente par excellence ; on s'y faisait tuer pour une opinion, mais on y respectait l'honneur des femmes et la majesté des reines. L'épouse auguste du roi Louis XIV était en si grande vénération dans ce noble pays, que c'était à peine si l'on savait au juste quel rôle jouait madame de Montespan à la cour. A peine dans le château de M. de Montespan lui-même, situé à deux pas de Toulouse, savait-on l'histoire de la brillante favorite. A ce propos, on racontait qu'un jour M. de Montespan était revenu de Versailles, vêtu de noir, en voiture drapée, et ses gens en grand deuil. « Ma femme est morte, » avait-il dit dans la ville. « Vous n'avez plus de mère, » avait-il répondu à ses enfants.

Cette lettre de la reine fit une très grande impression sur l'esprit de ces magistrats, qui se rappelaient encore avec quel enthousiasme Marie-Thérèse la triomphante avait fait sa glorieuse entrée dans sa bonne ville de Paris. Le parlement de Paris poussa jusqu'à l'idolâtrie, que disons-nous? jusqu'à la coquetterie, la réception qu'il fit à la reine. M. de Lamoignon, premier président, colonel du quartier Aubry-le-Boucher, avait choisi pour ses livrées le blanc et l'incarnat, et, à son exemple, chaque conseiller du parlement avait adopté les couleurs de son choix : « le citron et blanc, le rose et le vert-gay, le gris de lin et l'oranger, le blanc et le bleu [1], toutes les plus charmantes couleurs. »

Quand elle eut tout dit, et par un retour habile, madame de Mondonville, regardant du Boulay face à face : « Allons, reprit-elle, répliquez si vous l'osez, monsieur l'avocat des causes perdues; monsieur, qui faites un crime à une honnête femme de l'habit qu'elle porte.—Parlez donc; mais, cette

(1) *Entrée royale de Leurs Majestés en leur bonne ville de Paris.* Jean-Baptiste Loyson, etc.

fois, songez que l'on nous écoute ici... et là-haut! »

Elle dit ce mot: là-haut! de façon à désigner le ciel, et cependant son geste était tourné du côté de l'Enfance; autant valait dire : Mademoiselle de Prohenque vous écoute, parlez!

Soit que du Boulay eût compris cette menace éloquente, soit qu'en effet la cause lui parût désespérée, il baissa la tête, honteux de ce client abominable que lui avait donné le hasard.

Sur l'ordre de la cour, un des deux huissiers à la masse d'armes prit l'épée des mains de la comtesse; un des trois sergents royaux s'en fut chercher au greffe criminel la pointe d'acier retrouvée dans la blessure du comte de Mondonville; l'accusation avait dit juste, et le doute n'était plus permis.

« L'instrument du crime, le voilà ! » A cette preuve sans réplique, la foule irritée faisait entendre de sourdes imprécations. On devinait, dans ces regards furieux, des malédictions prêtes à éclater. — Le parlement retint la cause ; ordre à M. de Saint-Gilles de se présenter où, quand et toutes fois qu'il en sera requis !...

Bien plus, l'avocat général, messire Jean Séguier, soutenu par M. le procureur général Bertrand de Gorzas, avait conclu à ce que le prévenu fût appréhendé au corps ; mais M. de Saint-Gilles, en sa qualité de conseiller d'État d'épée, se réfugia sous une de ces fictions trop nombreuses que la loi acceptait ; à cette époque de priviléges la loi n'était pas égale pour tous, et tant s'en faut ! C'était, au reste, comme une émulation funeste, entre les diverses nations de l'Europe, à qui serait le plus profondément sujette et obéissante à son roi. — « Si veut le roi, si veut la loi. » C'était le droit strict. « Il n'y a, disaient les Français, il n'y a en France qu'une autorité unique, une puissance unique, qui réside dans le roi, de laquelle et au nom duquel émanent toutes les autres[1]. »

Quand donc le roi de France rencontrait une de ces causes qui touchaient au vif ses amitiés personnelles, et à plus forte raison l'intérêt de sa couronne, il évoquait la cause à son conseil privé, et il en restait le juge absolu.

Voilà pourquoi M. de Saint-Gilles ne fut pas trop atterré de ce coup de foudre, au grand étonnement de son avocat improvisé.

« Monsieur le marquis, disait du Boulay, avez-vous vu, par hasard, une certaine monnaie du duc Charles-Emmanuel de Savoie, représentant le centaure qui tient dans ses griffes la couronne royale, avec cette devise : *Opportunè*, c'est-à-dire : Le moment est bon ?

« — Et vous, mon cher défenseur, avez-vous vu la monnaie du roi Henri IV, le même centaure tenant Chambéry dans ses

---

(1) *Mémoires du duc de Saint-Simon*, tome V, p. 339.

griffes, avec ce mot : *Opportunius,* ce qui signifie : Mon moment vaut mieux ? Croyez-vous donc que pour un méchant duel je serai traité comme M. de Bouteville ? Nous avons perdu la partie aujourd'hui, nous la gagnerons demain. »

Le marquis mentait à l'avocat, le marquis se mentait à lui-même. Il savait fort bien, au fond de l'âme, qu'il était perdu s'il ne perdait pas cette femme dont le triomphe remplissait la ville en ce moment. « Allons, s'écria-t-il, je n'ai plus d'espoir qu'en toi, ô ma complice !... et ma dupe, Verduron ! »

XVIII

Pendant que l'éloquente supérieure combattait pour ses foyers et pour ses autels, mademoiselle de Prohenque se mettait à la recherche de mademoiselle d'Hortis, et elle la retrouvait sous le toit même du maître chirurgien et de dame Florise son épouse. Depuis que le nuage s'était dissipé, qui avait séparé un instant madame de Mondonville et la volontaire Guillemette, ces deux femmes, réconciliées par le penchant naturel de leurs âmes et par la nécessité même de leur position, n'avaient jamais vécu dans un plus parfait accord d'action, de défense, de volonté. Pour l'intelligence de ce subit retour de la fille fugitive à l'obéissance et au respect de sa supérieure, il faut se rappeler la toute-puissance de madame de Mondonville sur les intelligences qui l'entouraient, et que, depuis la mort de madame de Montmorency, une Bracciano, dont la famille avait donné seize saints à l'Église, quand elle fut veuve et abbesse de la Visitation de Toulouse, pas une femme n'avait obtenu un pareil empire. Il faut se rappeler aussi quelle était mademoiselle de Prohenque : elle réunissait dans sa personne les meilleures chances de la jeunesse; elle avait l'esprit beau et subtil, et pour la première fois elle venait de comprendre que l'amour vaut mieux que l'ambition. Sa famille tenait au parlement et au négoce; le nom de son père se fût retrouvé au besoin sur le grand tableau de la Bourse et dans les registres antiques de la cité, quand Toulouse était l'entrepôt du commerce de la Méditerranée, aux jours triomphants de Pise, de Florence et de Gênes la superbe, au temps des Pitti et des Médicis. Même on dirait que cette alliance de la noblesse et de l'argent, du change et de la guerre, avait passé des républiques d'Italie à la capitale du Languedoc ; cela plaisait aux hommes toulousains d'être riches et d'être braves tout ensemble, de savoir ce que pesait un florin d'or et une épée, d'être à la fois bons marchands et hardis capitaines. Certes on ne vivait pas à Versailles, à la poursuite des grands emplois, mais on régnait à Toulouse ; on laissait les grandes terres et les grands cordons aux seigneurs d'outre-Loire, on gardait pour soi-même la solide popularité de la réelle fortune, et à la fin de ses jours on se reposait dans quelque riche hôtel que l'on avait construit de ses mains, avec son nom en lettres d'or : « Maison de

Michel de Prohenque, docteur en droit, dans la rue de Peyras; — Maison de Thomas Prohenque, au château de Milan; — Hôtel de messire Jean Prohenque, marchand de pastel. » Ainsi étaient écrits, sur la brique ou sur le marbre, les titres de chaque famille considérable du Languedoc; chaque maison restant debout, après tant de révolutions, pour proclamer encore le nom, l'écusson et la fortune de son fondateur.

« Triomphe et victoire! s'écria mademoiselle de Prohenque au retour de madame de Mondonville; triomphe pour vous, madame, et victoire pour nous deux! Vous avez gagné votre cause, et nous avons retrouvé notre enfant! Soyez en repos; mon amie Florise en répond, sur l'amitié qu'elle me porte. Çà, dit-elle encore avec un coup d'œil clair et joyeux, on raconte dans la ville que vous avez été une vraie et inspirée Némésis. On nomme aussi l'avocat de la partie adverse; et comment a-t-il parlé, s'il vous plaît?

« — Il a parlé comme Démosthènes! Ah! ma chère Prohenque, il faut que ce garçon-là t'aime bien, s'il t'aime autant qu'il me hait! Si tu savais comme il m'a traitée, avec quelle indignation et quelle fureur, tu aurais été bien fière, ô déesse Mnémosyne! de ton miracle et de ton héros! Oui, oui, vous ferez, toi et lui, une bonne maison, j'en suis sûre... Tiens, regarde! j'en suis encore tout effrayée! Il a cruellement parlé; mais surtout dans sa péroraison il s'est écrié comme Ézéchiel : « Percez la muraille et entrez de force, et vous verrez des choses abominables! » Il a tant fait que j'ai été forcée de tirer mon épée et de le menacer de ta colère! « On vous entend là-haut! » ai-je dit alors. Il s'est avoué vaincu; et mes deux proscrits ont été sauvés. »

Puis d'une voix plus douce, et comme si elle eût adressé une prière au ciel : « Soyez loué, ô mon Dieu, dit-elle, qui m'avez permis jusqu'à la fin de protéger ces deux vaillants soldats de Jésus-Christ! — Or écoutez-moi, Prohenque, et soyez prête à obéir. Un vaisseau anglais est entré dans les eaux de Blaye depuis trois jours; cette nuit même, nous menons nos deux captifs jusqu'à la mer; c'est l'heure de nous montrer, comme on dit, des dames cavalières, des femmes fortes et dignes de notre maître M. de Ciron. Donc, cette nuit appartient à nos hôtes, et le reste de ma vie à notre enfant. Mon enfant peut attendre jusqu'à demain; les deux proscrits ont besoin de nous, non pas demain, mais tout de suite, à l'heure où l'étoile du berger montera sur ces voûtes silencieuses! » Disant ces mots, elle entr'ouvrit d'une main discrète la longue fenêtre qui, partant du parquet même, touchait au plafond couvert de peintures, et, restée seule, elle se mit à songer profondément. La journée allait s'assombrissant dans une lumière décroissante, mais vive encore, et d'une harmonie à demi sauvage. Tout l'enclos de l'Enfance était plongé dans cette ombre éclairée où la nuit qui commence se mêle au jour qui finit, dans une confusion charmante, pendant que toutes les plantes de la création méridionale se confondent et s'endorment dans le concert unanime des actions de grâces que bourdonnent les insectes au-dessous des fraisiers, les abeilles au-dessus des jasmins. La vie et le silence étaient également répandus dans les diverses parties de cette maison, semblable à un vaste échiquier dont chaque habitant occupait un monde à part. Les enfants chantaient au sortir des petites écoles, les bœufs mugissaient au retour des pâturages; chaque habitante de ces beaux lieux, sa journée accomplie, revenait à la ruche bienfaisante comme fait l'abeille à la tombée du soir; dans les jardins, le tournesol penché au midi s'endormait de façon à saluer le soleil matinal ; dans les cuisines remplies d'une flamme odorante, se préparait le repas du soir ; dans la salle à manger, les tables étaient disposées avec un grand luxe de porcelaine, de vaisselle d'étain luisante comme l'argent, de linge ouvré et damassé, chaque serviette représentant un oiseau de proie ou quelque monstre de la fable. O l'admirable concert des plus charmantes choses de ce monde ! L'ordre, le bien-être, la propreté, la jeunesse, le travail, la bonne conscience, le repos au dedans, l'estime au dehors. Madame de Mondonville, accoudée au balcon de sa fenêtre, contemplait en silence ce petit univers dont elle était la providence visible ; on eût dit qu'en ce moment le ciel voulait récompenser cette guerrière de toutes les peines qu'elle s'était données pour la vérité, pour la charité, pour la justice. Ce coin du ciel semblait sourire ; ce coin de terre était heureux ; les fées de la Garonne, au visage transparent, sortaient une à une de leurs retraites, pour saluer et encourager ces étoiles bienveillantes qui laissaient tomber leurs plus douces clartés sur ces demeures bénies.

Dans cette ombre favorable à ses projets, le regard de la supérieure cherchait à découvrir deux hommes qui se promenaient en silence, à l'extrémité de ces jardins, autour d'un bassin de marbre à demi ruiné, qui avait été creusé, à cette place, sous le règne de Henri IV, pour y recevoir quelque humble filet d'une onde pure amenée en ce lieu à la faveur de la paix. La paix s'était enfuie, et la source s'était cachée, à la mort de Henri le Grand; dans le bassin brisé, quelques poignées de cresson représentaient toute la fraîcheur disparue. O chute énorme d'un si grand roi! La marguerite s'en étonne dans les prés, l'étoile en pleure dans le ciel!

Le père Cerle et le père Aubarède, arrachés au cachot, arrachés au dernier supplice, assistaient indifférents aux grâces et aux splendeurs de cette soirée, et leur regard, détaché de la terre, se perdait en mille contemplations. Ces deux hommes n'étaient pas de ce monde; ils appartenaient à cette race perdue de théologiens inflexibles qui ont disparu d'ici-bas, avec la monarchie de l'Église et l'autorité du pape, dans l'universalité des terres chrétiennes. Ces âmes de fer ne séparaient pas la vérité de la logique; toutes leurs actions étaient non-seulement religieuses, mais canoniques. Hommes nés pour le martyre, et qui s'indignaient tout bas d'avoir lâchement renoncé à ces palmes; que la force de leur corps répondît à leur courage, ou que l'enveloppe mortelle pût à peine suffire aux supplices dont ils étaient menacés, ils ressentaient le même courage; l'âme du père Cerle, créature chancelante et débile, où rien ne vivait que le regard, était l'âme du père Aubarède;

semblable à Ajax Télamon, ou à tout autre soldat d'Homère, devenu docteur de Sorbonne !

Dans leur ardeur de résistance et de controverse, ces deux proscrits s'inquiétaient beaucoup moins de leur tête mise à prix que de la vérité et de la sincérité de leurs doctrines. « A quoi bon affronter pour des questions de droit les plus cruels supplices? » disaient tout bas les hommes de bon sens selon le siècle. « A quoi bon, répondaient ces deux hommes voués à l'échafaud des parricides, la colonnade du Louvre? L'Évangile est un Louvre divin, et sa beauté consiste à rencontrer même des martyrs inutiles dont la mort et le témoignage composent un ornement bienséant aux vérités incontestables. Car si je meurs pour une question de droit, qu'aurais-je donc fait pour l'Évangile? Si je monte à l'échafaud pour monseigneur d'Alet ou de Pamiers, pensez donc si je me jetterais volontiers dans les flammes en l'honneur de l'Église universelle? » Obstinés sublimes! dignes enfants de saint Augustin! soldats de la légion thébaine qui veulent bien se battre pour le prince, pourvu que l'ordre leur en vienne d'en haut!

Telle était la grandeur de leur conviction et de leur courage qu'il avait fallu les arracher de force à la prison où ils attendaient la mort, et maintenant que l'heure du départ définitif était proche, et que la liberté s'offrait à eux, ils hésitaient, ils se consultaient tout bas, se demandant s'ils avaient bien le droit de refuser leur tête au bourreau.

L'heure de la fuite était venue, tous les préparatifs du départ s'étaient accomplis dans cette maison hospitalière, avec ce zèle de rébellion qui donne au danger même un attrait invincible. « Partons, messieurs, dit madame de Mondonville, tout est prêt, et que Dieu nous protége! Dans trois jours vous serez à l'abri de la méchanceté des hommes ! » En même temps elle tirait de sa poche profonde une clef brillante qu'elle introduisait dans la serrure rouillée au dehors, nette et huilée avec soin à l'intérieur... Mais, ô surprise! la porte s'ouvrit et se referma brusquement, et l'on vit entrer, dans ce lieu caché à tous les regards, l'abbé de Ciron, que tout le monde savait en exil, et un homme inconnu qui l'avait accompagné et qui se tint contre la muraille, dans l'ombre, pendant que madame de Mondonville, à l'aspect de M. de Ciron, pâli par la souffrance et par la fatigue, se demandait si elle n'avait pas sous les yeux le fantôme de son amant.

Peu s'en fallut même qu'elle n'éclatât en larmes et en sanglots à l'aspect de cette apparition inattendue ; mais elle se sentait sous le regard implacable du père Cerle et du père Aubarède, et elle refoula sa douleur mêlée de joie. Calmes et silencieux, les deux proscrits attendirent l'explication de ce mystère : il ne témoignèrent ni curiosité ni terreur; ils étaient de ces hommes que rien n'étonne; libres ou sur l'échafaud, ils savaient qu'ils appartenaient à la Providence! Non, certes, il ne sera pas dit que ces hommes vaillants auront eu peur, un pied dans la tombe et le front dans le ciel! Les bourreaux sont impuissants à les dompter! Coupez ces mains qui peuvent écrire, arrachez ces langues qui peuvent parler, vains efforts! la vérité a des voix, des accents, des vengeances que rien n'arrête!... On se salua de part et d'autre, avec la réserve et la politesse de gens bien élevés qui se rencontrent dans un jardin public, et chacun se plaça sur des siéges rustiques, à l'ombre d'un vieux platane sur lequel M. de Ciron s'appuyait, enveloppé dans son manteau.

Quand chacun eut pris place, et madame de Mondonville assise un peu à l'écart, l'inconnu, après s'être bien assuré que la porte était fermée : « Nous sommes venus à temps, dit-il, M. de Ciron et moi, pour vous prévenir que la fuite était impossible ce soir. Le vaisseau anglais qui devait vous prendre à son bord a repris la haute mer; tous les gardes de la côte sont en armes et veillent. Nous avons nagé jusqu'au rivage, nous avons marché nuit et jour, et puisque le malheur, la persécution et le danger nous rassemblent, laissez-moi vous dire, messieurs, avec la permission de M. de Ciron et de madame la supérieure, qu'il serait temps enfin de relever la tête et de regarder le danger face à face. Eh quoi! nous voilà quatre hommes, honnêtes gens, fidèles à notre foi, soumis aux lois du royaume, sujets dévoués, qui sommes forcés de nous cacher comme des voleurs dans la nuit profonde! Cela tient pourtant à ceci, que dans le même exil et sur le même échafaud nos croyances religieuses ne représentent pas tout à fait la même nuance. Réunis, nous serions une armée; séparés, nous sommes à peine un troupeau. Eh quoi! toujours des protestants et toujours des jansénistes, comme si, à tout prendre, nous n'étions pas les enfants de la même mère? Que dit votre Église, par la voix de son prophète Saint-Cyran? « Aussi vrai qu'il n'y a qu'un Dieu, aussi vrai il faut mettre à néant les mystères inutiles. » Luther et Calvin, nos maîtres, n'ont pas mieux dit. L'Église universelle est une société d'hommes justes et libres, contre lesquels l'arrêt du juge et la volonté du roi lui-même ne sauraient prévaloir. Voyez dans quel abîme nous ont précipités nos discordes! Le fer, le feu, la prison, le gibet, l'exil, voilà notre sort; de nos maisons de prières l'iniquité a fait une caverne de violences. O France! pareille à Rebecca, tu portes dans tes entrailles deux peuples qui sont en division, qui étaient faits pour s'entendre et se réunir : *duæ gentes in utere tuo.* Et pourquoi ne pas nous réunir vous à nous, nous à vous? Pourquoi jouer le rôle des moutons que le loup dévore, et ne pas être quelque peu loups à notre tour? Nous autres protestants et vous autres jansénistes, nos opinions sont les mêmes sur les attributs de Dieu, sur la Trinité, sur la chute des anges, sur le péché; les uns et les autres nous croyons à la rédemption des hommes et à la mort du Christ sur la croix; nous honorons la Vierge, les saints, les patriarches, les prophètes; nous avons la foi et la charité; est-ce notre faute si nous avons perdu l'espérance? Chrétiens que nous sommes, on nous exile du royaume qui nous a vus naître, pendant que les rabbins de Metz, de Bordeaux et de Bayonne appellent librement les juifs aux synagogues, et que les fils de Mahomet exercent librement leur culte à Marseille! Oui, l'idolâtre et le gentil sont mieux traités que le chrétien dans le Poitou, dans le Dauphiné, dans le Vivarais, dans toute la province du Languedoc. Baptiser un de nos enfants est un crime ; nous composons un peuple honteux au milieu du vrai peuple ; tributaires sans être sujets, Français sans appartenir à la France, mêlant notre sang à nos larmes... Essayons de fuir, soudain se ferment à grand bruit les portes de ce royaume, devenu une Bastille, dans laquelle nous sommes forcés de vivre sans culte, sans lois, sans pitié, sans femmes, sans enfants, sans respect, sans tombeaux ! »

Cet homme énergique et indigné parla longtemps avec la conviction du désespoir. Il avait quitté une retraite sûre pour venir, au péril de ses jours, tenter cette alliance des jansénistes et des protestants du Languedoc, ceux-là persécutés pour la régale, et ceux-ci menacés de la révocation de l'édit de Nantes ; car, bien que le traité n'eût pas encore été déchiré publiquement, les protestants comprenaient, à certains signes infaillibles, que l'heure était proche et que les anciennes persécutions allaient reparaître. Hélas! on ne savait pas encore que la tyrannie est la plus détestable des controverses; que les épées, les mousquetons et les cuirasses sont d'exécrables missionnaires, et que plus d'un temple démoli devient souvent une forteresse inexpugnable. « On se retranche derrière la volonté du roi de France, ajoutait l'orateur; mais a-t-on consulté la volonté de l'empereur, du roi de Pologne, du parlement d'Angleterre, du roi de Danemark, du roi de Suède, des électeurs et des princes de l'empire, des villes impériales, de l'électeur de Saxe et de Brandebourg? Tous les princes et toutes les communions de l'Occident se révoltent contre ces violences. « Forcez-les d'entrer! » c'est le mot royal; mais qui les empêchera de sortir? Et la France, est-elle donc assez riche et assez forte pour se priver de l'or, de l'argent et des outils de huit cent mille familles et de tant d'épées vaillantes de tant de soldats qui ont appris la guerre sous Henri IV et sous Gustave-Adolphe, le champion protestant? Eh quoi! vous mettez le feu à la cage et vous pensez retenir les oiseaux? Eh quoi! des hommes d'État, qui cherchent la religion comme faisait ce boucher qui, pour égorger un agneau, cherchait son couteau qu'il tenait entre ses dents! Un fils qui déchire les contrats de son père! Un roi qui donne un si cruel démenti aux rois, ses prédécesseurs, qui va plus loin que la tyrannie même des tyrans antiques, et qui retranche d'un trait de plume la cinquième partie du peuple que Dieu avait placé à l'ombre de son sceptre! Jusques à quand les souverains traîneront-ils les nations à la remorque de leurs croyances? Si le roi d'aujourd'hui a le droit de changer la religion de la veille, le roi du lendemain changera la religion du jour suivant; pendant que le roi catholique pèse sur la foi des protestants, le roi protestant pèsera à son tour sur la foi des catholiques, et comme le genre humain est divisé en mille religions différentes, vous établissez la guerre universelle. Triste besogne! appeler l'échafaud à l'aide de l'orthodoxie! Prenez-y garde! ainsi sont tombés les plus grands empires. Voyez, au contraire, les libres cités de la Hollande : tout y fleurit, les arts, les sciences, les manufactures, le commerce. On peut prendre aux exilés français leurs maisons et leurs terres, ils emporteront de quoi en gagner d'autres à l'étranger : leur industrie et leurs métiers. Voilà nos misères, à nous, les victimes de la religion réformée; les vôtres ne sont pas moindres; messieurs. Encore un instant, écoutez-moi! Voyez, que de périls amoncelés sur vos têtes! Comptez donc combien de vos maisons religieuses et de vos monastères traités comme des repaires de voleurs; tant de serments exigés d'un jour à l'autre, qui se contredisent dans le fond et dans la forme; tant d'anciens canons appuyés sur les usages du royaume très chrétien, abrogés par le caprice d'un commis ou d'un cuistre de sacristie, et ces vieux évêques, vos coreligionnaires, forcés dans leurs retranchements, et tant d'évêchés remplis de désolation et de trouble : Sens, Châlons, Boulogne, Angoulême, La Rochelle, Comminges, Conférans, Saint-Pons, Lodève, Vence, Mirepoix, Agen, Saintes, Rennes, Soissons, Amiens, Tulle, et même l'évêché de Meaux, placé cependant sous ce fameux bâton pastoral que tient dans sa noble main le plus lumineux génie qui ait illustré l'Église depuis saint Paul; ce sont là des faits, et des faits sans réplique. Allons, courage! tyrans des âmes, bourreaux des corps! Placez toutes ces têtes vénérables entre la corde et le bûcher, entre la prison et les galères;

forcez-les, ces martyrs, à mener, sur la fin de leurs jours, une vie errante et sauvage dans les montagnes, dans les déserts, à l'intempérie des saisons ; plus malheureux que le prophète Daniel au temps de la persécution d'Antiochus, plus à plaindre que les apôtres sous l'empereur Dioclétien ! La fuite dans la persécution, voilà, en effet, la peine qui nous attend vous et nous jusqu'à la fin de nos jours, si nous ne savons pas plier nos têtes rebelles sous le joug d'une alliance nécessaire. Combien d'alliances qui paraissaient plus difficiles que l'alliance et concorde des protestants et des jansénistes du Midi ! Abraham fait amitié avec Abimélech l'infidèle ; Jacob avec Laban l'idolâtre ; David et Salomon avec les rois d'Égypte et de Tyr ; les Machabées font alliance offensive avec les Lacédémoniens, enfants de Pallas, et les Romains, fils de Jupiter ! Nous-mêmes, les chrétiens de la religion réformée, nous venons en droite ligne de la réunion des luthériens et des calvinistes. Avons-nous donc, les uns et les autres, la prétention d'être plus habiles et plus sages que tant de prophètes, de patriarches, de souverains pontifes qui ont défendu, par les armes même païennes, non-seulement leurs domaines, mais leurs décrets et leurs sentences? ou bien la guerre, quand elle est juste, pourrait-elle étonner de nobles âmes? Mais Dieu lui-même s'appelle le dieu des vengeances et le dieu des armées! Mais dans les saintes Écritures il y avait un livre intitulé : *Des guerres du Seigneur!* Mais dernièrement ce grand archevêque de Tolède, qui fut plus tard le cardinal de Ximénès, avait souvent cette parole à la bouche : « que dans les armées la poudre à canon lui rendait une odeur aussi agréable que les parfums de l'encens dans les temples. » Croyez-moi, quand on a pour soi la loi et la justice, on est bien fort. En vain on nous condamne à tous les supplices de l'âme et du corps ; en vain notre maison est au pillage, notre famille est dispersée ; en vain les plus heureux d'entre nous vivent misérablement par la campagne, sans abri, sans vivres ni fourrages ; en vain un nouvel arrêt nous ôte chaque jour quelqu'une de nos prérogatives, tantôt les fleurs de lis qu'on efface de nos temples, tantôt les robes rouges et les chaperons[1] que l'on chasse de nos églises ; déjà depuis longtemps nous avons perdu notre droit de récusation, nos places de sûreté et nos forteresses, nos synodes et nos consistoires, nos réunions triennales et nos députés généraux à la cour; on dirait que notre dernière heure est arrivée, et qu'il n'est plus question des serments du roi à son sacre. Ainsi, en dépit des traités, toute protection nous est en-

(1) Arrest du conseil d'Estat du Roy, par lequel Sa Majesté a ordonné que ses Armes et fleurs de Lys seront ostées des Temples de ceux de la R. P. R. avec defenses d'y porter les Robbes rouges ny autres marques de Magistrature.

levée, toute justice nous est refusée; on nous attaque et nous n'avons plus le droit de nous défendre ! nos écoles sont fermées, on insulte nos ministres, on insulte nos autels; la lecture de la Bible est un crime digne des galères; on jette aux vents tous nos livres, déchirés en mille parcelles, avec défense de les réimprimer, sous peine de mort! Où s'arrêtera cette inquisition et cette contrainte? Qui fléchira ces rigueurs implacables? Hélas! de toutes parts, au dehors de la France, nous sommes appelés et sollicités par nos frères. « Venez à nous, infortunés!» s'écrient les protestants de la Suisse, de l'Angleterre et de la Hollande. « Partons ensemble! » nous disent des bords de l'Océan les puritains qui s'en vont, à la suite de leurs pères, chercher la liberté dans le nouveau monde! Le Danemark et la Suède nous attendent! le Brandebourg nous bâtit des temples! « Venez! n'attendez pas la révocation de l'édit de Nantes! Venez! n'attendez pas les injustices suprêmes ! Venez ! nous vous rendrons votre religion, votre famille, votre fortune, votre liberté ! »

A ces plaintes du protestant révolté contre son roi, le père Aubarède et l'abbé Cerle restèrent aussi épouvantés que s'ils eussent assisté à quelque odieux sacrilége. L'abbé Cerle voulait répondre, mais tant d'arguments s'exhalaient de son indignation et de sa colère, que la voix lui manqua... Le père Aubarède, plus calme et dominant de toute sa hauteur cette discussion, d'où pouvait sortir une guerre civile : « Monsieur, dit-il au député des Églises, si nous avons bien écouté vos lamentations et vos colères, vous voulez nous ramener aux temps horribles de la réforme, à votre guerre d'un demi-siècle, aux massacres de la Saint-Barthélemy, aux fureurs de la Ligue, au meurtre du duc de Guise, à l'assassinat de Henri III ; vous voulez tirer de leurs cendres à peine éteintes ces révoltes, ces as-

sassinats, ces incendies, ces crimes des deux
côtés, ces bûchers des deux parts, durant
ces trois guerres civiles où s'est répandu
à longs flots le sang et l'honneur de la
France; vous tentez là un grand crime
certainement, et à nous-mêmes vous nous
donnez une bien triste preuve de votre
respect pour notre caractère personnel, lorsque vous semblez croire que nous allons
vous tendre la main et vous aider à organiser
un État calviniste dans nos provinces, sous
la protection de l'Angleterre peut-être, de
l'Espagne sans doute? Non, monsieur, nous
ne sommes pas des protestants déguisés;
nous sommes des prêtres catholiques, apos-
toliques et romains, qui rendons à Dieu ce
qui est à Dieu, à César ce qui est à César!
Eh quoi! Avez-vous pensé sérieusement
que les disciples de saint Augustin viendraient en aide aux fils de Calvin, et que
nous irions fomenter, de compagnie avec
vous, des hérésies dignes de Jean Hus,

de Jérôme de Prague et des féroces anabaptistes de Munster? Vous vous plaignez des représailles du parti catholique... Ne vous souvient-il plus des violences que vous avez exercées sur les religieux et sur les prêtres de Jésus-Christ? Mais la province entière est remplie de ces sanglants souvenirs : voici les tours du haut desquelles vous précipitiez les catholiques, voici les puits et les abîmes où ils étaient jetés tout vivants; nous avons gardé les requêtes de vos consistoires pour contraindre les papistes à embrasser la réforme par taxes, par logements, par démolition de maisons! Allez! allez! retenez vos plaintes; sinon nous exhalons les nôtres, et prenez garde! les registres des hôtels de ville de Nîmes, de Montauban, d'Alais, de Monpellier, de Toulouse même sont remplis de vos fureurs! Qu'avez-vous fait à l'assemblée de Grenoble, sous le duc de Rohan, et comment avez-vous obéi à votre édit? A l'heure où la France se battait en

Italie pour en chasser les Espagnols qui l'enserraient de toutes parts, vous avez tenté, ô quelle honte pour des Français! en guise de diversion, une émeute en Languedoc; vous avez soulevé le Dauphiné; vous avez agité la Provence; vous avez été les ennemis du roi, vous avez été les ennemis de la France; vous nous avez inondés de vos prédications et de vos livres; vous êtes, en fin de compte, les héritiers et les successeurs de tous les hérésiarques armés que signale le concile de Latran, en son vingt-septième canon : Cathares, Patarins, Navarrais, Basques, Cottereaux, Triaverdins; et vous aussi, dans vos royaumes, au temps de vos prospérités passagères, vous avez brisé nos autels, renversé nos temples; vous avez déchiré nos livres et nos lois; vous avez insulté, vous insultez encore notre saint-père au sommet du Vatican. Dernièrement encore vous avez ensanglanté les bords du Rhône et désolé le Vivarais!

«Malheureux, vous qui tentez de rallumer les flammes de ce foyer du calvinisme, vous avez espéré que nous vous suivrions dans cette voie ardente, pour quelques jours de persécution et d'exil que le ciel nous aura envoyés dans sa bonté! Non, monsieur, et rendez-nous enfin plus de justice; car aussi vrai qu'il n'y a qu'une Église sur la terre, et un seul Dieu dans le ciel, nous aurions plus vite fait de ressusciter votre amiral de Coligny et de relever ses deux mille cinq cents églises que de renverser, pour l'honneur de votre protection, les lois strictes du concile de Nicée, le rempart et le bouclier de la foi orthodoxe! Oui, nous préférons la prison, l'échafaud et les horreurs de la fuite à votre complicité dans l'art funeste d'assoupir et de corrompre la conscience des peuples! Que vous regrettiez le temps où Calvin et Luther se répandaient librement dans la France du midi, tenant le Dauphiné et le Poitou, la Saintonge et la Guienne, dominant la Loire à Saumur et la mer par La Rochelle, je le comprends et je m'en afflige ; mais que nous-mêmes, nous les amis des évêques persécutés pour leur fidélité au saint-siége, nous fassions des vœux pour la prospérité de vos armes renaissantes, que nous vous aidions à rompre de nouveau l'ensemble de ce florissant royaume chrétien en petites dynasties huguenotes, voilà à coup sûr une des plus étranges prétentions qui aient jamais troublé la modération et l'indulgence de l'Église. *Justam Ecclesiæ moderationem!*

« Donc, s'il vous plaît, nous resterons jusqu'à la fin ce que nous avons été toujours, enfants de l'Église, notre mère, et sujets du roi, notre sire. Au nom même de l'Évangile, nous refusons, venant de vous, toute alliance et toute sympathie. Si vous invoquez les serments du roi enfant, nous vous répondrons que ce fut, en effet, un grand malheur lorsqu'on lui fit jurer, le jour même de son sacre, que la religion protestante n'était pas une hérésie. O faiblesse indigne, non-seulement de cette couronne, mais de la reine et du ministre qui la conseillaient! Une reine, un cardinal, qui prêtent les mains à ce mensonge : que la religion réformée n'est pas une hérésie! Alors Henri IV lui-même s'est déshonoré en abjurant la religion de Jeanne d'Albret, la huguenote impitoyable! Et maintenant vous dites qu'à cette heure l'édit de Nantes est en péril, que votre religion va être supprimée de la surface de la France! O mon Dieu! le beau jour, en effet, si le roi Louis XIV a été éclairé à ce point d'un rayon de votre lumière! »

En ce moment la longue rue qui longeait la maison de l'Enfance se remplit d'un bruit sinistre; on eût dit le bruit d'une armée, une armée abattue et écrasée de fatigue qui traîne après elle ses canons, ses tambours, ses musiques, ses drapeaux, ses cavaliers, ses caissons, et cette rumeur sourde qui s'exhale d'une multitude silencieuse, dans le silence d'une grande ville endormie. On pouvait compter les pas ; on voyait briller les torches au-dessus des murailles ; on entendait passer les chariots chargés, au milieu de ce long cortége, dans cette nuit lugubre, réveillée en sursaut.

« Silence ! dit le protestant à voix basse... Entendez-vous ce bruit armé?... Ou je me trompe fort, ou c'est M. de Basville et sa troupe qui nous viennent de Paris, apportant les lambeaux de l'édit de Nantes à la pointe de leurs épées!... »

A cette nouvelle de l'édit de Nantes déchiré, l'abbé Cerle, énergique vieillard, retrouvait soudain sa voix et son enthousiasme de vingt ans ; il se mit à entonner, de façon que l'armée devait l'entendre, le *Nunc dimittis,* le cantique du vieux Siméon. Le feu était dans son regard, l'airain dans sa voix ; il avait les deux mains au ciel, comme s'il eût voulu attester le ciel de la grandeur et de la magnificence de l'action que venait d'accomplir le roi de France. A mesure que passaient les soldats, le fanatique ajoutait un couplet à son cantique d'actions de grâces. « *Te Deum laudamus!* » s'écriait-il, oubliant qu'il était un proscrit, un condamné à mort, et que, s'il était découvert, il entraînait toute la maison dans sa ruine. *Te Deum laudamus!* O Dieu! donnez-nous la force et le courage, et sauvez les lis français! *Da robur! serva lilium!*

« — Ainsi soit-il! *Amen!* » dit le père Aubarède, son chapeau à la main.

Le bruit des soldats se perdit dans le lointain; la voix du vieux prêtre se perdit dans le ciel. En ce moment l'envoyé des églises protestantes, aidé de madame de Mondonville, relevait l'abbé de Ciron, évanoui au pied de l'arbre où il s'était appuyé.

XIX

Les filles nobles de l'Enfance, quand elles n'étaient pas appelées au dehors par leur service auprès des malades, ou retenues dans les écoles, occupaient, pendant le jour, un immense salon qui avait été la salle de gala de l'hôtel Mondonville, et qui servait maintenant de pharmacie à la maison. Dans cette pièce vaste, aérée et percée de larges fenêtres qui prenaient le soleil sur la cour et l'ombre sur le jardin, se voyaient encore les glaces, les trumeaux, les consoles, les dorures, les ornements de la splendeur mondaine, mêlés à toutes sortes de préparations et de compositions *selon la formule*; les rideaux de soie armoriée étaient soutenus par d'immenses chapelets de pavots, d'herbes salutaires et de racines desséchées. Ce salon était une officine où se trituraient activement bien des drogues et bon nombre de médisances. L'aiguille et la parole y marchaient d'une activité égale ; le conte, le récit et les bonnes œuvres y avaient leurs libres entrées ; ici mademoiselle de Saint-Paulet ourlait la robe d'une communiante ; plus loin mademoiselle de Fourqueveaux préparait le linceul d'un mort ; au milieu de la salle, la maîtresse des novices, mademoiselle d'Alençon, pareille à la déesse Hygie en robe de combat, pilait dans un mortier de marbre, moins blanc certes que ses bras, pendant que tout à l'extrémité de la salle mademoiselle de Berthier et ses dignes compagnes raccommodaient d'une main diligente les hardes fraîchement lavées d'une foule de pauvres et d'infirmes confiés à leur garde; on causait, on riait, on racontait des histoires plutôt lugubres que joyeuses; par exemple l'histoire du marquis de la Douze, empoisonneur de sa femme, condamné à mort par le parlement et marchant au supplice dans le même tombereau que sa maîtresse, la fille du président Pichon de Bordeaux « Et moi, qui suis un peu plus vieille que vous, mesdemoiselles, disait la bonne dame Élisabeth Donnadieu, je les ai vus passer, elle et lui, comme je vous vois en ce moment, ma belle d'Alençon : le marquis de la Douze avait à peu près l'âge de ce terrible marquis de Saint-Gilles, qui pourra bien finir comme lui. Mademoiselle Pichon était, elle aussi, dans tout l'éclat de la jeunesse et de la beauté. Elle allait, assise entre deux capucins qui semblaient l'exhorter. Elle était mignonne et d'assez belle taille, un teint délié à fond vermeil, de beaux yeux brillants et froids comme la glace, d'un bleu mourant, à fleur de tête, de belles mains, sans os et sans veines apparentes, le front étroit, la bouche fermée et menaçante. Oh! c'était une de ces créatures que l'on n'oublie pas une fois qu'on les a vues, tant elles semblent faites tout exprès pour attester la puissance et la mauvaise humeur du Créateur! »

Ici mademoiselle Donnadieu poussa un cri horrible, un cri d'effroi. Le fantôme dont elle faisait la description venait d'entrer dans le laboratoire et présentait ses lettres de crédit à mademoiselle d'Alençon!

Cette fière et énergique Athénaïs d'Alençon ressemblait en effet à la souveraine de ces lieux; elle tenait, de sa main nue et brillante, le pilon d'airain, comme si elle eût tenu un sceptre d'or; elle prit la lettre que lui présentait le fantôme, et, après l'avoir lue d'un œil sérieux, son regard se posa sur la nouvelle recrue que faisait l'Enfance; ce regard était perçant comme une épée. Mademoiselle de Verduron, car c'était elle, y répondit par une profonde révérence et qui sentait sa demoiselle. « Mesdames! dit enfin mademoiselle d'Alençon, je vous présente la nouvelle fille de l'Enfance que nous envoie, à ses frais, Sa Majesté la reine! Il est bon de la recevoir de notre mieux, madame la supérieure le veut ainsi.

« — Mais, s'écria la nouvelle arrivée, c'était à madame la supérieure perpétuelle que je voulais parler!

« — Vraiment, mademoiselle? Ah! vraiment! Il faut attendre; madame la comtesse n'est aux ordres de personne; apprenez donc tout de suite à lui obéir. Vous la verrez demain peut-être, dans six mois peut-être, et cependant posez sur ce banc ce paquet qui vous gêne; nos servantes le porteront dans votre chambre, où vous le retrouverez ce soir. »

A cet ordre net et précis, notre belle demoiselle de Verduron se trouva toute confuse et décontenancée; elle eût donné, en ce moment, son marquisat de Saint-Gilles, et son plus beau collier par-dessus le marché, pour être déjà hors de cette maison. Cependant elle fut s'asseoir dans un groupe où se parfilait le vieux linge pour la charpie, et, à peine assise, elle devint le sujet du chuchotement général. « Qui est-elle? D'où vient-elle? Son nom? Sa famille? Elle est belle, oui, mais dédaigneuse! Vous verrez que ce sera quelque relapse, ou quelque Madeleine pénitente, ou quelque Ariane abandonnée! *Ariane, ma sœur!* » Car tout le joli Racine in-12, imprimé à Amsterdam, chez Abraham Wolfgang, était sur les toilettes de ces dames. Bientôt le chuchotement grandit, et il fallut répondre directement à des questions faites à brûle-ceinture. Chose étrange! pour la première fois de sa vie, notre Verduron se sentit mentir; oui, elle n'était déjà plus la femme libre et insolente qui donnait le ton et la volée aux médisances de la rue des Tournelles. Disons tout, elle avait peur! Ces bruits, ces silences, ces voix, ce travail, ce luxe mondain, ces haillons raccommodés par des aiguilles d'or, l'odeur même de ce laboratoire, où les mille senteurs de l'ambre et de l'orange, de la cochenille et du benjoin, se mêlent à la suave odeur des plates-bandes qui courent à travers ce parterre de mille fleurs, ce remueménage d'emplâtre et de bouquet, de ruelle et d'hôpital, jetaient cette créature perverse dans un trouble immense. Comment! elle s'attendait à pénétrer dans un abîme, elle tombait dans un salon! Elle cherchait des crimes, elle trouvait la causerie et l'ironie des plus élégantes réunions! Elle était venue pour tendre un piége, et dans ce piége elle était prise, tant elle se sentait étudiée, envahie et dominée de toute part!

Heureusement pour elle, la conversation tomba net du côté des ajustements et des fanfioles! Comme pas une des habitantes de ces domaines n'avait renoncé, tant s'en faut, à cette grâce d'instinct qui est la seconde vie des femmes, elles étaient restées, bel et bien, peu ou prou, ce que la bonne nature les avait faites... des curieuses et des coquettes, qui confondaient souvent la toilette avec la prière, qui se regardaient avec autant de complaisance dans leur conscience que dans leur miroir. Elles étaient belles et elles étaient bonnes, voilà la grande excuse; elles pensaient que de nobles mains, bien lavées dans une eau claire et parfumée, ajoutaient une saveur à l'aumône, et qu'une sœur de charité bien vêtue plaisait au pauvre sans déplaire au bon Dieu. En fait de goût, elles s'en rapportaient plutôt à sainte Thérèse qu'à saint Jérôme; elles tendaient, il est vrai, au royaume du ciel, mais elles voulaient s'y rendre par les beaux sentiers, par le plus court chemin, et sans laisser les lambeaux de leur parure innocente aux ronces de la route. Pourquoi d'ailleurs cette bure et ces sandales plutôt que cet habit de taffetas et ces mules de velours? et pensez-vous vraiment qu'une belle étoffe, ornée de propreté et de rubans, soit contraire à la modestie chrétienne? Loin de là; et il leur semblait, en effet, qu'une digne créature, chaste et pure, agenouillée aux autels, dans un habit décent comme son attitude, ni pauvre ni riche, mais qui suffit à la parer, ne saurait déplaire au Créateur. L'Église, d'ailleurs, a ses bienséances comme le siècle; elle ne défend pas un peu d'élégance et la mode suivie à certaine distance. Que les femmes mondaines gardent, pour le service de leurs passions et de leur beauté, la broderie aux habits, le diamant aux oreilles, le fard au visage, les faux cheveux et les chiffons de la Busigny, nous sommes contentes de peu, parées de rien, mais encore faut-il nous laisser ce rien-là.

Notez bien qu'elles étaient d'autant plus

méritoires en cette complète abnégation, qu'elles étaient plus habiles et plus versées dans le grand art des frères de Sainte-Marie-Nouvelle de Florence, ces passés maîtres fabricateurs d'eaux souveraines et de cosmétiques infinis, soit qu'il fallût emprunter leurs parfums aux fleurs les plus suaves, soit qu'il fallût composer, à l'aide des recettes les plus excellentes, ces charmes, ces amulettes, ces poudres, ces pastilles, ces opiats et ces conserves qui sont l'appareil ordinaire de la beauté. — Quel plus beau vermillon, je vous prie, un brin de cochenille distillé dans l'eau de plantain, et quel plus grande abnégation que de ne pas s'en servir? Elles savaient combiner, non pas certes pour elles-mêmes, en tant de façons surnaturelles et charmantes, dans leur alambic de Jouvence, l'esprit réparateur de la fraise et de la menthe, l'esprit réjouissant du romarin et de la marjolaine, qui chasse la cynosure de l'âme, l'essence de l'ambre gris pour les languissantes, la quintessence du safran pour les affligées! Laissez-les faire, avant peu elles vont proclamer le triomphe définitif du quinquina et de l'émétique. Aussi bien elles comptent dans leur clientèle les plus nobles clientes parmi les femmes savantes de la ville et de la cour. La comtesse de Fiesque et madame Desroches, madame Suzanne de Pons et la comtesse de Saint-Géran ne se fournissent que chez elles. Les plus belles dames et les plus jeunes : mesdames de Valentinois, de La Melleraie, de Brancas, Rohan-Montbazon, la princesse d'Elbeuf, la duchesse de Guiche ne font leurs commandes qu'aux filles de l'Enfance. Elles seules, en France, elles possédaient la recette admirable de l'eau de Charles-Quint contre les migraines! Approchez-vous, et soyez guéris, vous tous qui êtes en peine de quelque maladie contre laquelle la science s'est brisée ! Elles emploient l'hysope pour les aveugles, la cirette pour les sourds ; avec un grain d'encens dans une pomme, elles guérissent la pleurésie ; à la fleur de lavande combinée avec l'aloès, les paralytiques ne résistent guère. Ce serait à crier : Au miracle! O chères filles! le vrai miracle se composait de leur patience, de leur bienfaisance, de leur bonté!

Sur l'entrefaite, une des jeunes charités de l'Enfance, semblable à un rayon de clair soleil dans une plate-bande de tulipes, entrait dans le salon où nous sommes, donnant le bras (branche fleurie, sur laquelle s'appuyait cette indigence) à un vieil homme, horriblement chargé de maladie et de misère. Aussitôt on se lève, on s'empresse, on entoure le vieillard qui a fait une longue route pour implorer cette assistance; on le débarrasse de son bâton, de son bissac, de ses haillons ; il était nu, ou peu s'en faut, sous ces regards chastes et fiers; mais où est le mal? la charité n'est-elle pas le plus épais de tous les voiles? « Bonjour, bon homme! s'écria mademoiselle d'Alençon, une main appuyée sur le mortier de marbre, et de l'autre main essuyant son beau front tout ruisselant d'une noble sueur; soyez le bienvenu; on vous attend; nous pilions pour vous dès le point du jour. »

Et comme la Verduron, à l'aspect de cet homme, où plutôt de cette proie vivante de la misère et de l'âge, avait poussé un cri d'horreur et de dégoût : « A la bonne heure, reprit mademoiselle d'Alençon, voilà une demoiselle douillette de la bonne façon et qui ne comprend pas que l'on s'amuse à panser les lépreux, comme le grand saint François. Ah! fi! Mais, ma toute belle, ne voyez-vous pas que tout ceci est un jeu? Approchez-vous, ô charmante malheureuse! prenez courage, et regardez-moi de près ce faux mendiant, ce pauvre de comédie, et rassurez vous, car, ou je me trompe fort, ou voilà un cavalier à marier qui se sera déguisé en mendiant pour chercher une épouse à son gré dans cette réunion de gentillesse et de courtoisie, et quand il aura fait son choix, et qu'il sera bien sûr d'être aimé pour lui-même, il se trouvera que le susdit chevalier errant est pour le moins le fils d'un roi, et la dame choisie par lui sera une reine! Allons, fouillez, fouillez, vous dis-je, dans cette valise habilement trouée, et je gage que vous allez en retirer des escarpins à talons rouges ou bleus, des bas de soie à jour, une veste brodée d'or, un habit dont le velours disparaît sous les galons et les dentelles, du linge fin, une perruque blonde, un chapeau brodé et orné d'un plumet. » Tout en prolongeant cette ironie à laquelle elle savait donner le sel et le tour, mademoiselle d'Alençon, tirant de sa poche un peigne d'écaille, se mettait à peigner (non pas sans avoir lissé ses bandeaux) les cheveux blancs du vieillard, comme ferait une mère attentive pour son petit enfant qui revient de nourrice ; et, chose horrible et sainte ! la vermine pesante, dont la tête de ce malheureux était chargée, tombait et retombait sonore et drue comme grêle, sur un papier que tenait d'une main hardie la plus jeune de ces filles Dieu et diable, Catherine Alquier, belle comme le jour, le sein un peu trop relevé, c'est vrai, mais autant de vertus brillaient dans ses yeux pitoyables que d'étoiles au firmament dans une nuit d'été.

« Et quand la toilette de monseigneur sera faite (ce disant, mademoiselle d'Alençon arrangeait les cheveux de cette tête purgée, elle coupait les mèches gangrenées, elle versait l'huile antique et goutte à goutte sur ce crâne dévasté), et quand monseigneur aura choisi la belle dame nuptiale qu'il est venu chercher en si complet incognito, que faudra-t-il servir à notre prince ? Une fricassée ? une carbonnade ? une langue de bœuf ? Pardon, altesse ! on vous prépare un festin plus digne de vous et de madame (saluant la Verduron). Vous aurez, par exemple, du veau de rivière, des perdrix d'Auvergne, des lapins de la Roche-Guyon, un bon coulis de chapon au sucre! hein? » Puis lui donnant un petit soufflet sur la joue : « O le gourmand! fit-elle; et le voilà déjà beau comme M. de Brissac! »

A ces discours, à ces câlineries, à ces sourires, souriait le bonhomme; cependant on se mit à ôter une à une les bandelettes, les compresses, les charpies qui enveloppaient sa jambe endolorie et malade de la plus horrible et de la plus infecte des contagions que le vieux Job ait laissées enfouies dans son fumier, avec les vers qui le dévoraient, l'ulcère variqueux, c'est tout dire; et je renonce à décrire ces pustules sanguinolentes, ces grouillantes varices, ces corruptions, et ces sanies, et ces vapeurs qui s'exhalent, se déposent et se durcissent (lave ardente, bien digne d'un pareil volcan!)

au-dessus, au-dessous, aux alentours de la plaie immonde, à travers les langes fangeux qui s'enroulent, suintants, autour de ce lambeau humain, où la vie épouvantée ose à peine se manifester par d'horribles et lancinantes douleurs. A chaque morceau qui se détachait de cet appareil sanguinolent et blafard, où l'eau et l'ordure de la plaie se mêlent sans se confondre, en laissant la trace sur leur compresse souillée, l'eau restant sur les bords, le pus au milieu, on voyait s'échapper la mouche à viande, *musca carnaria*, qui venait déposer ses œufs féconds dans ces gémonies. Peu à peu le clapier purulent laissait entrevoir, tantôt sa surface fongueuse, tantôt les caillots de sang blanchâtre qui remplissaient les interstices musculaires, la peau restant flétrie et bleuâtre à l'orifice de ces abîmes, comme la fleur des champs sur les rives du lac sulfureux.

Eh bien! toutes ces jeunesses babillardes,

printemps blonds et bruns, lèvres vermeilles, têtes bouclées, se penchaient au-dessus de cet horrible ulcère, en retenant leur souffle de peur de l'irriter : un souffle si pur, un souffle de vingt ans ! C'était à qui dégagerait, avec une spatule d'ivoire, ces croûtes, ces crêtes, ces fanges détrempées. Dans un bassin d'argent, rempli d'une eau pure et tiède, une éponge douce, imbibée de lait nouveau, servit à blanchir peu à peu cette horrible plaie ; ainsi l'homme fut nettoyé des pieds à la tête ; restait seulement à nettoyer le pied gauche, qui était digne... de l'ulcère ! un pied... variqueux !

« Avec votre permission, mesdames, dit mademoiselle d'Alençon, nous laisserons ce soin-là, en guise de joyeux avénement, à notre nouvelle sœur et compagne. Nous verrons s'il lui plaît commencer son apprentissage aujourd'hui même, comment elle s'y prendra pour savonner un pied malade, pour tailler ces ongles rances rentrés dans les chairs, et si elle est déjà capable de râcler et ratisser convenablement ce talon endurci et racorni comme le cœur du pécheur. Allons! mademoiselle, essayez! — D'abord on s'y prend mal, puis un peu mieux, puis bien. — Laver les pieds de son hôte, ce fut, de tout temps, le premier devoir de l'hospitalité, et vous ne voudriez pas refuser ce devoir à l'hôte de Jésus-Christ enfant! »

A cet ordre imprévu, et tous les regards fixés sur elle, la Verduron se sentit défaillir. Eh quoi! s'agenouiller à cet ulcère! toucher de ses propres mains ce pied infâme, elle, l'Amaryllis des parfums et des élégances, la frêle Antiope qui dans ses moments de délire eût à peine porté à ses lèvres dédaigneuses la coupe remplie où la lèvre de son amant avait touché! Quoi! cette divine, cette frêle, ce bel astre, cette merveille de nos jours, cette fille d'Epicure, chanoinesse de Vénus, que le pli de la rose eût blessée, la voilà contrainte et forcée de rendre à ce va-nu-pieds tel bon office qu'elle eût à peine rendu au roi, qu'elle eût refusé à son propre père !... Elle comprit cependant qu'il fallait obéir, et d'une main gantée, que l'indignation et le dégoût rendaient tremblante, elle essaya de retrouver ce talon d'Herculanum !

Vains efforts ! la main puérile de cette fille des joies profanes était un de ces lâches instruments du luxe et de la mollesse qui savent tout au plus agiter l'éventail, guider sur un papier menteur une plume galante, ou gratter, chatte à la patte de velours, un luth à trois cordes ; c'est qu'en vérité il faut, pour exercer directement la charité sur la personne de Jésus-Christ souffrant et humilié, les nobles mains que Dieu lui-même a fabriquées pour l'accomplissement des devoirs les plus austères. Honte à l'aumône dédaigneuse et déshonorée qui tombe par hasard de ces mains blanchies au citron et remplies de tous les lâches serments!

Et, chose étrange, et par je ne sais quelle divination que vous avez donnée, ô mon Dieu! à vos plus humbles et plus malheureuses créatures, le vieux bonhomme, au milieu de son paradis d'un instant, devina, en effet, que cette femme-là n'était pas digne de toucher à ses fanges : « Pas cette femme! s'écria-t-il; ôtez de moi cette créature ; je ne veux pas de ses services! » Et il retirait de toutes ses forces son pied, engourdi par le mal. Il fallut, pour le calmer, que l'aimable et tendre Catherine lui vînt en aide. Alors enfin rafraîchi, reposé, heureux de ce linge blanc, de sa plaie pansée et calmée, il s'endormit doucement, la tête appuyée sur les bras de Catherine, qui le berçait et le regardait dormir.

XX.

A peine installé dans le siége de son gouvernement, M. de Basville envoyait à M. de Louvois son opinion sur l'état des esprits en Languedoc. Il avait trouvé la province agitée et mécontente; cette question de la régale avait soulevé bien des haines, excité bien des colères parmi les catholiques fervents qui avaient pris parti pour l'évêque de Pamiers et pour l'abbé Aubarède, pour l'abbé Cerle et pour l'évêque d'Aleth. — Afin de couper court à la préoccupation générale, l'intendant du Languedoc était d'avis de proclamer, à l'instant même, la révocation de l'édit de Nantes. « Utile diversion, ajoutait la lettre du terrible Basville, et qui sera bienvenue ici, si j'en crois les présages, car il m'a semblé, à mes premiers pas dans Toulouse, que j'entendais des voix invisibles qui chantaient le *Te Deum!* » En même temps, M. de Basville racontait au ministre l'incident du procès de M. de Saint-Ange, les colères du parlement, l'indignation publique, et il demandait ce qu'il fallait faire de mademoiselle d'Hortis, qu'il avait entourée, disait-il, de toutes les précautions et de tous les bons offices qui étaient dus à sa jeunesse, à sa fortune et au nom qu'elle portait.

La réponse de M. de Louvois ne se fit pas attendre. « Il fallait, c'était l'ordre du roi, surveiller de près les menées et les crimes des non-régaliens. Il fallait redoubler la surveillance sur les évêchés mécontents. La disparition de l'abbé Cerle et de l'abbé Aubarède était du plus mauvais exemple, et leur tête devait être mise à prix, sauf à commuer, ou tout au moins à retarder le supplice. Absolument il fallait aussi découvrir et châtier, d'une façon exemplaire, les auteurs et les complices des pamphlets incendiaires dont la province est infestée; quant à mademoiselle d'Hortis, le roi lui-même la voulait voir, et M. l'intendant devait la faire partir, sous la conduite d'une personne prudente et sage, qui la mènerait jusqu'à Versailles, et là on jugerait si cette enfant avait reçu, en effet, une éducation vraiment chrétienne, s'il fallait la rendre à sa mère adoptive, ou la placer dans quelque maison religieuse, non loin de la cour. » L'ordre était absolu; il était agréable à M. de Basville; ainsi pas d'obstacle, pas une heure de répit; il fallait obéir, et mademoiselle d'Hortis devait partir cette nuit.

« Mais, disait madame de Mondonville à mademoiselle de Prohenque, si notre enfant arrive à Versailles sans avoir oublié, chemin faisant, le catéchisme que nous lui avons enseigné, elle est perdue, et nous sommes perdues à sa suite, Prohenque ; — et si le roi, aidé de son confesseur, trouve dans notre jeune coadjutrice une élève de saint Augustin et de M. Arnauld, l'Enfance sera traitée plus cruellement que Port-Royal, l'épée et le bouclier de l'Eglise militante. Non, disait-elle encore, je ne veux pas que l'institution que j'ai fondée au prix de mon bonheur, de mon repos, de ma liberté, de ma fortune, au péril de mes jours, serve de jouet à ce roi qui a porté une main violente sur toutes les idées libres des honnêtes cœurs et sur tous les fiefs qui relèvent de la tiare. Je ne veux pas que mon enfant serve, entre deux comédies, déclamées ou chantées, de distraction et de jouet spirituel aux grands théologiens de la cour. Comprenez-moi bien, ma Prohenque ! Le roi attend Lia, il faut que vous lui meniez Rachel, c'est-à-dire qu'il ait affaire à une fille de son orthodoxie, qui se préoccupe de ses petites simagrées religieuses, qui parle son jargon catholique, et qui prenne la défense de tous ses colifichets spirituels : indulgences, *Agnus Dei*, scapulaires, images. Vous avez à faire un voyage de huit jours ; il faut que d'un dimanche à l'autre, l'élève de Port-Royal de Toulouse, chemin faisant, soit initiée à cette multitude d'œuvres serviles et superstitieuses dont personne jusqu'ici ne lui a parlé ; il faut changer en disciple de Molinos ma glorieuse petite janséniste. Pauvre enfant ! torturer son âme à ce point ! couvrir ce jeune front de ces nuages ! troubler cette conscience limpide, et remplacer les premiers mouvements de ce noble cœur par une prudence précoce ! Ah ! c'est horrible ! Il le faut cependant, et c'est vous, chère Guillemette, qui nous sauverez. Ce soir donc, à minuit, vous trouverez à la porte de Florise, votre amie, ma petite Hortis prête à partir. Je ferai porter dans le carrosse de voyage tout ce qui vous est nécessaire; Florise est désignée par le gouverneur pour conduire Marie à Versailles... elle vous cède sa place et sa mission. Adieu donc!... Ah! malheureuses! dans quel abîme, dans quelles misères, dans quel esclavage ce roi indigne nous précipite chaque jour!... »

La voix lui manqua, et elle sortit, la main sur ses yeux, pour veiller sur l'agonie de M. de Ciron qui se mourait dans l'appartement voisin.

Cependant, encore tout émue et passionnée par cette douleur, par ces larmes, par ce danger, mademoiselle de Prohenque quittait cette maison, dont la destinée était remise en ses mains. Elle avait mis son loup sur son visage, et elle allait dans la ville, au hasard, rêvant et songeant, et repassant en elle-même les obstacles, les dangers, les menaces, l'espérance. « Que faire? Aller à

Versailles, chez le roi, devant le roi, et lui présenter une fille changée en chemin! une enfant déjà sérieuse, qui peut-être ne retiendra pas un seul mot des leçons que je dois lui donner à la hâte, à chaque tour de roue, à chaque montée du chemin !... Le danger touchait à la folie. Mais, d'autre part, abandonner notre supérieure au moment où sa perte est certaine! livrer à l'enquête ces proscrits, et forcer peut-être M. de Ciron, victime de son dévouement à une noble cause, d'aller mourir en plein champ, comme un malfaiteur! » Elle allait, ainsi rêvant, dans ces rues tortueuses, dans ces carrefours silencieux, à travers ces divers capitoulats, et frôlant d'un pas inattentif ces élégantes tourelles, déjà chargées de la foule oisive qui venait y chercher les sérénades et les causeries du soir.

Dans ces villes du Midi qui avaient conservé bien des coutumes de l'Orient, l'habitude était aussi de se réunir autour du puits, espèce d'oasis où se rencontraient, le soir, les beaux esprits du quartier, les poëtes, les philosophes et les amoureux, ces poëtes-philosophes si dignes d'envie! Chaque puits était orné à merveille des plus exquises et plus élégantes recherches de cette orfévrerie en fer dans laquelle excellaient les maîtres forgerons du quinzième et du seizième siècle. Les maisons environnantes pouvaient être pauvrement construites, pourvu que la douce fontaine fût surmontée d'un dôme aérien qui s'abrite à l'ombre des clématites embaumées. Là venaient les femmes pour entendre les conteurs, et pour en être vues, à la lumière favorable de la lune naissante; les poëtes y venaient pour chanter; ils n'avaient pas d'autre publicité et pas d'autre gloire. Poëtes amoureux, c'est tout dire; leurs yeux noirs et limpides, de la couleur de cette claire fontaine dans laquelle se baignent les Muses au sommet de l'Hélicon, étincelaient de joie et de plaisir dans ce ba-

bil harmonieux qui résumait, chaque soir,
les fêtes, les peines et les travaux de chaque
jour. Ingénieux enfants d'Euphrosine, la
plus jeune des Grâces, la déesse des sons, des
chants et des voix, ils ne séparaient guère
la musique du poëme, la parole de la cadence. Le puits de leur quartier était le
théâtre, le salon, l'caadémie des poëtes;
ils y trouvaient tous les avantages que les
esprits de Paris pouvaient rencontrer dans
les belles ruelles, dans les cabinets galants dans les oratoires; à l'ombre de
ces douces fontaines, venaient danser les
nymphes et les muses que le poëte Horace entrevoit dans son ode amoureuse :
Aglaé, Thalie, Euterpe, Erato, toutes les
visions et toutes les fantaisies du génie. —
En ces beaux lieux de poésie abondante, un
conte bien fait tenait lieu d'un grand poëme;
le rire était décent, la causerie vive et me-
surée; ni ronces ni épines, mais les fleurs et
les pampres; force élégies sans racines, mais

non pas sans parfum ; on tirait trente flèches sans atteindre le but... et de rire ! Pour un sonnet sans défaut, ce phénix tant cherché, on eût donné volontiers tous les livres de Saint-Victor ou de la Sorbonne! O poésie amoureuse et galante et pleine d'âme ! semblable à une belle fille bien formée et brillante de mille gaietés naïves ! O cité ! ou plutôt digne palais et digne église des grâces décentes et des honnêtes amours ! On respirait, à chaque pas, sous cette claire étoile, mêlé aux parfums de la Vénus céleste, je ne sais quel suave et saint mélange d'oranger et d'encens, de *Pastor fido* et d'oraison mentale, tout comme dans les airs réjouis les sons argentins de l'*Angelus* se marient au frôlement des guitares. Ainsi vivait la Toulouse antique, entre le rossignol de Venise et l'alouette de Vérone. Elle regardait comme le chef-d'œuvre de la création divine l'intime union de la beauté et de l'honneur : la beauté qui est la fleur de la forme, la gloire qui est la fleur de l'honneur. Évoquées à tant de distance par ces voix éloquentes, qui trouvaient si facilement la couleur, le son et l'éclat des saines paroles, et pareilles à la flamme, qui se montre plus éclatante à mesure qu'elle s'élève et s'éloigne davantage de son foyer, les chansons de la patrie arrivaient à ces esprits attentifs, encore tout imprégnées de la saveur d'une langue venue de la Rome païenne à travers les Pyrénées occidentales. Que dis-je? non-seulement l'Italie et la Grèce, mais Constantinople et l'Orient et l'Espagne avaient apporté leurs tributs à la poésie de cette France du Midi. Cette poésie à part dans nos gloires littéraires s'était baignée dans les flots de la Méditerranée, dans les soleils de la Provence. Cette langue exquise et trop vite oubliée avait été formée par des rois qui savaient régner, par des femmes qui savaient plaire. Muses à la chevelure flottante, dignes de donner la main aux muses de Sicile, ô muses provençales! la douce lumière matinale qui faisait parler le marbre mystérieux! Quiconque vous eût entrevues, fièrement drapées dans votre manteau romain que bordent la pourpre de Tyr et les perles de Memphis, eût fléchi le genou à vos autels! Alcyons des guerres civiles, vous avez chanté au plus fort de nos tempêtes et de nos orages! Dans notre nuit, vous avez été la clarté; dans nos crimes, vous avez été pareilles à cette tour qui regarde vers Damas, et dans laquelle rien n'entrait de ce qui était souillé. Bon sens gaulois, galanterie mauresque; ronde amoureuse et charmante de Visigoths, de Sarrasins, de Gascons, de Catalogne, de Palestine! La poésie méridionale avait ses princesses et ses reines dont le nom sonne encore aux âmes bien faites : la vicomtesse de Narbonne, la comtesse de Champagne, la comtesse de Flandre, Béatrice d'Agoult,

Mabille de Villeneuve, Antoinette de Cadenet, les juges, les héroïnes et les jansénistes de l'amour.

Dix siècles ont passé sur ces belles chansons, et pas un fleuron n'est tombé de leur couronne! De la langue romane la langue française est sortie, en conservant précieusement, langue chrétienne pourtant, les dieux et les déesses de l'ancien poëme : Hébé, Adonis, Vesta, Minerve, la blonde Cérès, réunis par les mêmes guirlandes aux apôtres, aux vierges, aux martyrs de l'Evangile! Ainsi, sous la vigne féconde de ce poëme et de cette Eglise, qui étendait ses pampres et ses gloires d'une mer à l'autre, tous les dieux trouvaient un abri, comme autrefois dans le Capitole de Jupiter. A cette ombre propice, le *gay sçavoir* a voulu naître; à peine au monde, il choisit Clémence Isaure pour sa marraine, et les Jeux Floraux furent institués à son baptême. Un grand poëte, Etienne Dolet, qu'attendait le bûcher, a célébré, en vers iambiques, l'esprit, la science, l'entendement de dame Clémence, la beauté de son visage, le port céleste et souverain de sa personne. Il a chanté ce jugement clair, cette curiosité d'être honnête et belle, cette tête menue, cette blancheur fille de la lumière, que traverse un sang vermeil et purpurin; il n'a pas oublié, dans son chant triomphal, les dignes compagnes de dame Clémence, les reines de la pléiade tolosaine, parées du souci d'argent et de l'églantine d'or que sollicitent les poëtes, prosternés à leurs pieds.

Nous, cependant, n'oublions pas mademoiselle de Probenque errante, en ce moment, à travers la fête du soir. Sa pensée active et hardie était comme une main puissante qui lui aidait à tirer le voile derrière lequel se cachaient les dangers de sa position, et, quand le voile fut levé enfin, elle vit clair dans ce péril, et qu'elle ne remplirait jamais sa mission si elle était livrée à ses propres forces. « Qui donc, en effet, se disait-elle, m'enseignera à moi-même les doctrines que je dois enseigner à mademoiselle d'Hortis, et comment faire, moi élevée aux doctrines de Port-Royal, pour retrouver et me reconnaître dans les opinions si diverses de ces docteurs, de ces religieux, de ces victimes, de ces tyrans? Par quel fil d'Ariane me retrouver, moi ignorante, dans les défilés de la grâce et du libre arbitre, dans ces bulles, dans ces ordonnances, dans ces fantômes? » Autant de questions que s'adressait à elle-même mademoiselle de Prohenque, autant de nuages ! Avec cet esprit vif et subtil, elle n'avait jamais pu s'habituer à ce tohu-bohu de doctrines opposées, et tout ce que M. de Ciron lui en avait appris, c'était qu'il fallait rester soumise à cette grâce de lumière et de sentiment qui suffisait à saint Paul ! « Oui, mais par quelle suite de raisonnements prouver au roi et à son conseil que la maison de l'Enfance, dans son enseignement, est au niveau de ces questions qui tiennent l'univers attentif? »

Dans cet embarras immense, la courageuse Guillemette en vint à penser qu'un seul homme lui pouvait venir en aide, un seul... Eh! qui pouvait-elle choisir en effet, sinon le dévoué, fidèle et respectueux du Boulay, son avocat, son arbitre, son esclave? Vraiment, c'était bien lui qu'elle cherchait déjà, depuis une heure, sans se le dire, et si elle ne l'a pas encore rencontré, laissez-la faire! Entre amoureux on se retrouverait d'un bout de la terre à l'autre : n'a-t-on pas son étoile à deux dans le ciel? Seulement, laissez-nous arriver sur la place de la Trinité, à la maison de Nicolas Bachelier, le fameux sculpteur, qui avait vu de ses yeux et de son génie le grand Michel-Ange, et qui en avait rapporté les secrets dans Toulouse même, sa patrie. Cette maison de Nicolas Bachelier était une des merveilles de la ville; on voyait, sculpté au fronton de l'élégant édifice les portraits de Bachelier le sculpteur qui s'était placé entre son frère le serrurier et son frère l'orfévre (encore une imitation des artistes de Pise et de Florence). Mais si la maison était élégante au dehors, on peut dire que le puits de cette cour, digne du palais Pitti, était un chef-d'œuvre. Le figuier et la treille entrelaçaient de leurs feuilles rivales le chapiteau corinthien de cette margelle en fer ciselé. Aussitôt, et semblables aux étincelles d'un bouquet d'artifice, s'élancent dans une confusion savante ces branches, ces réseaux, ces acanthes, ces devises, ces rossignols, ces anges, ces amours, si bien que le figuier, et la vigne, et les entrelacs du fer splendide, et le vers d'Horace, enchâssé dans le verset chrétien, vous eussent donné une idée exquise de l'Italie renaissante à l'heure charmante des Nymphes et des Grâces, d'Armide et de *l'école d'Athènes*, de Tasse et de Raphaël.

« Il est là ! » se dit à elle-même mademoiselle de Prohenque.

En effet, assis sur le puits même, un pied de ci, un pied de là, notre ami du Boulay s'abandonnait à mille plaisanteries mordantes. Il était du nombre de ces braves garçons qui se font méchants à plaisir, et qui se croiraient perdus si l'on venait à découvrir une âme sensible et tendre sous le manteau troué du railleur. Ce jeune homme amoureux cachait son amour comme on cache une mauvaise action ; il courait après l'épigramme, quand il aurait pu chanter sa tendresse sur les mélodies courtoises ; orateur digne de parler aux plus hautes intelligences, il se faisait trivial à plaisir. Qui l'eût vu, à califourchon sur le puits du maître Bachelier et provoquant les quolibets de la jeunesse, n'eût pas reconnu le grand orateur qui avait naguère subjugué par sa parole toute puissante la ville et le parlement de Toulouse... Mademoiselle de

Prohenque le reconnut tout de suite, et, le
cœur serré, elle prêta l'oreille à sa déclamation. — « Oui, disait-il (car on parlait
des femmes, la conversation éternelle de la
jeunesse passagère), en dépit de vos sonnets
et de vos rimes croisées, je vous soutiens,
en vile prose, que c'est folie de perdre son
temps à chanter les dames. Faites votre
fortune d'abord, ensuite vous ferez l'amour.
Fi des poëtes et des parleurs! à quoi cela
sert?... Je n'ai pas rencontré, moi qui vous
parle, une femme qui m'ait dit seulement :
Va-t'en! Faites votre fortune, et, riches,
vous serez beaux comme le roi. Voyez les
Lancefoc, les Fontvieille et les Lassat,
marchands d'abord, capitouls ensuite et
nobles par-dessus le marché, jusqu'au jour
du dernier jugement; ils avaient autant de
maîtresses que ces marchands de laine,
Côme le Vieux et Laurent le Magnifique.
Entrez dans la noblesse de laine ou de soie,
et vous épouserez, à volonté, une Gaillac,

une d'Aurival, une Puibusque, une Rabasteins. Au lieu de chanter vos fantaisies sur une mandore imaginaire, sous le balcon de votre dame et souveraine, balcon fermé comme son cœur, occupez-vous du change, vendez le pastel en coque ou en cocagne, et vous serez en effet dans le pays de Cocagne, en compagnie des fabricants, tondeurs et marchands de drap de la rue de Polière ! Voilà des professions honorables et qui laissent de bien loin les *sept troubadours.* Soyez riches! Fi de vos sonnets, triolets, virelais, rondeaux, ballades, dizains, propos menus en patois d'Amadis, et si vous n'avez que des sonnets à leur dire, dites adieu à la compagnie des dames, à leurs sourires, à leurs beaux yeux, dont le soleil, ce grand œil du monde, emprunte ses clartés. Croyez-moi, si vous êtes pauvres, ni la cornette doctorale, ni le bonnet à quatre gouttières ne vous mettront à l'abri du mépris des belles!... » Ainsi chantait du Boulay, en vers et en prose, digne enfant de la muse sans façon qui jette au hasard l'ivraie et le bon grain dans les champs de la fantaisie, laissant à qui veut les ramasser les perles égrenées de son collier de tous les jours. — Un vieillard, assis sur un banc caché dans l'ombre que projetait, sur cette scène à demi éclairée, le clocher des Pères-Trinitaires, interrompit du Boulay à l'instant où le pauvre jeune homme allait peut-être éclater en sanglots. Ce vieillard était le poëte lauréat de Toulouse ; il s'appelait Pierre de Gondouli. A force de bonheur et de génie, il avait élevé le patois sonore de sa province à la dignité de l'élégie et de la chanson, si bien que les poésies populaires de Pierre Goudouli étaient devenues la consolation et l'espérance des plus pauvres gens restés fidèles au goût, à l'accent, à la voix de la langue maternelle, doux langage tout imprégné des senteurs du chaume natal. — Voilà donc ornée de tous ses charmes, s'écriaient les

Languedociens émerveillés, voilà donc la douce parole qui nous berçait enfants, le mot rustique qui fut notre plus douce prière! le voilà retrouvé le vêtement de nos pensées enfantines, lambeaux précieux du langage primitif que notre pensée moribonde unira encore l'un à l'autre pour s'en faire un linceul!

Oui, en plein règne, en plein despotisme du roi Louis XIV et de Nicolas Despréaux, à l'heure où la langue française était éclatante, comme la couronne royale, de mille feux conquis sur les dépouilles du monde, un poëte en patois, un vieux poëte, héritier direct des mainteneurs de la gaie science et du parler *gent*, l'emportait, à lui seul, sur toutes les gloires du nouvel Olympe, qui avait sa base à Versailles. Encore aujourd'hui, grâce à Gondouli, la docte province sait le nom de Liris, comme nous savons le nom de Lydie et de Néère. — Le digne vieillard avait entendu, non pas sans impatience, la véhémente sortie de du Boulay, et il résolut de lui répondre. — « A quoi bon, ô jeune homme insensé! ô poëte Stésichore! s'écria le vieux Gondouli, calomnier ainsi tes amours et ta maîtresse, et de quel droit mentir ainsi à ton propre cœur? Crois-moi plutôt, et suis mon exemple! Il faut aimer et respecter la beauté, c'est le plus sûr. Ainsi faisaient les poëtes nos devanciers, Bertrand de Born, Hugues de la Bachellerie, Guillaume Adhémar, Peyrols, Rambaud de Vagueiras, l'amoureux de Béatrix de Montferrat, et leurs frères : Richard de Barbezieux, Giraud de Cahauzon, Raymond de Mativals. Impatient! imite leur constance! Ils savaient attendre, parce qu'ils savaient aimer. Hélas! autour de nous tout change et se renouvelle. Le nuage glisse sur l'étoile qui reparaîtra plus brillante; l'oiseau se tait, il chantera au point du jour. Le soleil inconstant passe incessamment des gémeaux au bélier, du bélier au taureau, de la

vierge à la balance, de la nuit au jour;
attends donc, et tu le retrouveras bientôt
dans la transparente lumière des heureuses
amours! »

Ayant ainsi parlé, et content de trouver
un esprit docile, le bon vieillard, sans insister davantage, se met à réciter la douce
complainte de ses nuits d'été : « Vous partez, mignonne, pour tout l'été!

« *Mourouso, tu t'en bas per tout aqueste estiu...*

« — Et tu quittes celui qui est tien!

« *E quitos le que tout es tiu!* »

reprit une voix que du Boulay crut reconnaître. « O ciel! ô bonheur! salut à ma
beauté! salut à mon rêve! Je revois sous
cette dentelle jalouse le beau visage, mon
Veni mecum infaillible! » Et pendant que,
leste et légère, Guillemette s'enfuyait dans
ces rues poétiques par lesquelles Molière
avait passé, à la suite du prince de Conti,

portant dans sa valise *l'Étourdi* et portant *Tartufe* dans son front olympien, du Boulay chantait la chanson de Gondouli, sur l'air célèbre de Mathelin, roi des violons de France : *Belles qui me blessez!* Ils tournèrent ainsi, elle courant et lui chantant, la ruelle de Saint-Quentin, qui sépare le capitoulat de Saint-Étienne du capitoulat de Saint-Saturnin, et au détour s'arrêta net mademoiselle de Prohenque ; du même coup s'arrêtèrent du Boulay et sa chanson. « Monsieur l'avocat, dit Guillemette, vous êtes par état le défenseur de la veuve et de l'orphelin, et bien que vous ayez naguère pris fait et cause contre une femme digne que vous l'adoriez à genoux, en faveur d'un bandit de grand chemin qui lui avait dérobé sa fille adoptive, on a bien voulu songer à vous pour vous demander un renseignement précieux..... Répondez, monsieur, ai-je bien fait ?

« — Madame, reprit du Boulay en s'inclinant, vous avez bien fait de compter sur votre humble avocat et serviteur, et moi j'ai eu tort d'attaquer une personne que vous honorez; il est vrai que je croyais vous servir. Ordonnez, madame, et j'obéis !

« — Monsieur, reprit Guillemette d'un air déjà moins solennel, il me faut absolument, cette nuit même, à minuit (il est dix heures), rencontrer un élève des jésuites qui sache la théologie des jésuites, qui parle de saint Augustin en jésuite et qui m'enseigne le catéchisme des jésuites ! » Et voyant du Boulay s'étonner et pâlir, elle le regarda, comme si elle eût voulu lire au fond de son cœur.

« Que vous parliez sérieusement, madame, ou que vous vouliez m'accabler de vos railleries... je suis jésuite !

« — Vous ! » dit-elle; et elle dit ce : *Vous !...* Il n'y a qu'une femme qui puisse ainsi, d'un mot, d'un cri, d'un rien, jeter au dehors de son âme blessée tant d'effroi, de douleur, de désespoir, de regret, de passion. C'est qu'aussi, pour une fille de saint Augustin et de M. Arnauld, un jésuite, même sous l'apparence d'un jeune homme amoureux, était une façon de monstre en morale, un être odieux et funeste, de quelque côté qu'on l'envisageât. Un jésuite! c'est-à-dire l'ennemi déclaré du genre humain, le persécuteur officiel des églises, des universités, des écoles, des chaires, des congrégations; la matière inépuisable des libelles, des satires, des scandales, des damnations; un corps monstrueux et parricide; un Bellarmin, un Suarez, un Mariana, un Santarel, un Valentin, un Molinos, un Lessius; des gens abominables, tout chargés de l'ironie impérissable et de l'excommunication éternelle des *Provinciales!* Un jésuite! c'est-à-dire l'ensemble de toutes les haines que pouvait contenir Port-Royal dévasté; haine immense, héréditaire, dans laquelle la calomnie est un devoir, l'injure même est une justice. Est-ce vrai? est-ce prouvé? et sommes-nous dans l'erreur? Le monde est plein de leurs crimes. Ils ont inventé le régicide! ils ont prêché l'idolâtrie à l'Amérique, à l'Abyssinie, au Céleste-Empire; à cette heure encore ils dominent sur la maison de Bourbon et sur la maison d'Autriche; ils sont rois en Italie, en Pologne, en Bohême, en Allemagne, en France, pendant que l'Église janséniste, l'Église militante, le dernier sanctuaire de la philosophie chrétienne, est à peine tolérée dans un coin de la ville d'Amsterdam, à la porte du quartier juif! Et voilà comme, aux yeux de la chrétienne Guillemette, mieux valait un païen, un anthropophage, un juif, un Turc, un anabaptiste, qu'un jésuite en robe longue ou même en robe courte... Si profonde était cette rancune, voisine de l'horreur!

Mais quoi! l'amour est le meilleur et le plus sage conseiller de la jeunesse! Du

Boulay comprit d'un regard la douleur et l'accusation de cette belle personne qui trouvait en lui... un jésuite! Et comme elle suivait son chemin, sans mot dire, il se plaça devant elle. « Demoiselle, dit-il, au nom du ciel! laissez-moi vous parler. »

Elle alors, sans répondre, elle ralentit le pas. « Oh! reprit-il, quel piége avez-vous tendu à ma bonne foi; et à voir ces yeux pleins de courroux, ne dirait-on pas que j'occupe les grandes prélatures de notre compagnie? Hélas! à peine si j'ai été un profès, un novice à son premier vœu... un vœu qui m'a été remis depuis que j'ai obtenu le bonnet de docteur, pour rentrer dans la vie civile et pour me marier à mon gré, si je trouve jamais quelque belle fille, sage, économe, vertueuse et qui consente à m'aimer. Donc, je vous prie, acceptez les bons offices d'un homme qui est vôtre : *que tout es tien!* et si vous n'avez besoin que d'un jésuite novice, innocent de tous les crimes dont on nous accuse, ne me rejetez pas comme si j'étais Néron ou Domitien! »

Ainsi il parlait, et il parlait si bien, avec un accent si vrai dans la voix, un tour si net et si juste dans l'esprit, il témoignait avec tant de zèle, qu'en effet il était resté fidèle à ces trois vœux prêtés de si bonne heure et si difficiles à tenir : pauvreté, chasteté, obéissance, que Guillemette finit par s'arrêter tout à fait.

« Le temps presse, dit-elle; ce que je tente est bien hardi; mais nous verrons plus tard si j'introduis dans la bergerie un chien fidèle ou un loup dévorant. Ainsi, monsieur, vous le voulez? J'accepte vos services franchement et en toute confiance. Trouvez-vous donc, à minuit, à la porte de la ville qui mène à Paris; je vais chercher, de ce pas, une enfant dont vous serez le guide, le précepteur et le conseil, de Toulouse à Versailles, huit jours durant; une fois à Versailles, il est probable que vous et moi nous

nous quitterons pour ne plus nous revoir. Mais si, comme je le crois, vous êtes dévoué et honnête homme, il y aura ici-bas une personne qui se souviendra de vous dans ses prières jusqu'à son dernier jour ! »

Du Boulay s'inclina sous ce consentement inespéré, et mademoiselle de Prohenque entra, d'un pas ferme, dans la maison du chirurgien François Davisart.

XXI

En toute hâte, et non moins docile que le valet du centurion à qui son maître dit : Va! et qui part, notre ami du Boulay se mit en mesure d'obéir ; il fit sa valise de ce qu'il avait de plus beau, il s'habilla d'une simarre de drap vert un peu hâlé, mais de bonne apparence, et cinq minutes avant l'heure il était à son poste. Bientôt le bruit d'un carrosse se fit entendre; c'était une voiture déjà antique, où se retrouvaient facilement les vestiges de la mode passée : velours ciselé à fleurs d'argent, galon et crépines de soie ; au sommet de l'édifice ambulant se balançaient quatre pommes dorées, veuves de leur aigrette. A l'une des portières se montrait la tête sérieuse et pensive de mademoiselle d'Hortis, et la supérieure de l'Enfance (car c'était elle qui attendait sur le chemin), se précipitant dans l'intérieur du carrosse, prenait l'enfant dans ses bras, dans son cœur, la couvrait de baisers, la réchauffait de sa pure haleine. « Ah! Marie! ah! ma fille! te voilà! te voilà! mon enfant pleurée! » Et l'enfant rendait à sa mère adoptive tendresses pour tendresses, âme pour âme, pitié pour pitié, terreur pour terreur. Ah! roi Louis XIV, briser si cruellement ces deux cœurs! forcer cette noble femme de livrer son enfant aux caprices de tes croyances, à l'Evangile de ta cour, quel abus énorme de ta grandeur!

Ainsi sur ce grand chemin, mêlé d'ombre et de lumière, s'est accompli ce sacrifice d'Abraham ; mais l'ange ne vint pas pour sauver l'enfant condamné, et le drame fut poussé jusqu'au bout. A la fin, la voiture se referma et partit au galop, madame de Mondonville bénissant de loin sa fille enlevée, du Boulay sur le siége, et mademoiselle d'Hortis, pleurante, dans les bras de mademoiselle de Prohenque. Le reste de la nuit appartint au silence. La route était belle, le pays était sûr. Du bec d'Ambez, où la Garonne et la Dordogne se rencontrent, au canal de Riquet, où se heurtent les deux mers, la sécurité profonde s'appuyait sur toutes les forces d'un roi absolu, héritier presque divin des soixante-cinq rois de la monarchie française. « Le roi a reçu son « royaume comme il a reçu son âme ; le mê- « me Dieu qui l'a fait homme l'a fait roi ; qui « murmure contre le roi et qui lui résiste « est coupable envers Dieu !... Saül était mé- « chant, David le respecta, parce qu'il por- « tait une couronne[1] ! »

(1) *Année chrétienne*, 2ᵉ année, n° 5, 1668.

Or, pour servir cette royauté à qui le soleil même empruntait ses rayons, cette majesté qui contenait toutes les majestés ensemble, c'était une émulation sans bornes dans tout le royaume de France. Voyez seulement comment était élevée, défendue et protégée cette partie du Midi français, à l'heure où se passe notre histoire : en Guienne commande le duc de Chevreuse ; le duc de Saint-Simon fait ajouter à Blaye un nouveau donjon ; ici, M. de la Bourdonnais et sa cavalerie ; plus loin, le marquis de Sourdis et ses fantassins ; Bordeaux s'appuie sur le château Trompette ; Castres se règle sur le duc d'Épernon ; le duc de Grammont règne à Bayonne ; l'évêque de Carcassonne s'appelle M. de Grignan ; Narbonne appartient au cardinal de Bonzi ; Montpellier au propre frère de M. de Colbert ; Nîmes attend Fléchier ; enfin, la dernière ville du Languedoc, Beaucaire, obéit au duc de Vendôme, petit-fils de Henri IV et de Gabrielle d'Estrées. Toutes ces forces guerrières ou pacifiques se donnent la main pour défendre et maintenir l'autorité royale : l'évêque, le gouverneur, l'archevêque, l'armée, le parlement, les communautés, les polices, les tribunaux, les maréchaussées, les justices hautes et basses, les bastilles, les ports, les arsenaux, les vaisseaux, les galères, les forteresses, les fortifications de Vauban, même la garnison italienne du comtat d'Avignon; des citadelles sur toutes les montagnes, des portes et des fossés à toutes les villes, et dans chaque maison quelque vieux soldat tout prêt à reprendre son épée au premier ordre du roi! Province royale, toute parsemée de maréchaux, de capitaines, de princes du sang, d'abbayes florissantes, de municipalités armées, et, pour dominer toutes ces forces imposantes, M. de Basville! M. de Basville, théologien armé des arrêts draconiens de Saint-Jacques, homme d'État armé des ordonnances et des dragons de Louvois! Quand il sentit toutes ces forces dans ses mains, fermes et violentes, il résolut de pousser à bout même le droit, même le devoir. Il ne se contentait pas de la prévoyance, il y voulait de la fourberie; à la ruse il ajoutait le mensonge; à la prudence, l'embûche; à la loi, la tyrannie. Au soleil il eût pris ses flammes; au tigre, ses griffes. A Richelieu il emprunta ses espions; à Mazarin, ses perfidies; au roi, son orgueil; et, en fin de compte, maudit soit-il, cet homme qui devait jeter le trouble dans cette heureuse terre, si calme encore, où déjà reparaissent, dans le ciel réjoui, les lueurs blanchissantes d'un beau jour!

Le jour se montra enfin, et le premier soleil, glissant doucement le long de ces campagnes à demi réveillées, fit surgir à chaque tour de roue une plaine, un ruisseau, une colline bientôt franchie. Dans la voiture aux stores fermés, pas un bruit, pas un mouvement ; au contraire, le profond silence du chagrin ou du sommeil! Il était déjà huit heures du matin lorsque la voiture s'arrêta à la première auberge de bonne apparence, au *Soleil d'Or.* En ce moment, lasses de pleurer et de craindre, l'enfant et sa compagne dormaient, la tête de Marie appuyée sur la joue de mademoiselle de Probenque, la chevelure blonde mêlée à la chevelure brune, et les deux têtes disparaissant sous un reflet châtain. L'actif du Boulay attendait le réveil des voyageuses, et, sans perdre de temps, il fit préparer le déjeuner et la chambre de ces dames. Ce premier soin accompli, il songea à se faire beau, et dans la fontaine jaillissante il plongea sa tête bouclée. On est beau à si peu de frais quand on est jeune; l'eau est une Jouvence, le ciel est un miroir... Quand il fut beau tout à fait, et en linge blanc, il se hasarda à frapper à la portière silencieuse... La glace de bois s'abaissa, et l'aimable visage de mademoiselle de Prohenque se montra, bienveillant et calme. Du Boulay, le chapeau à la main : « Madame, dit-il avec un profond salut, nous avons couru toute la nuit, l'heure du déjeuner a sonné depuis longtemps pour des voyageurs qui savent vivre; nous sommes au *Soleil d'Or;* tout est prêt pour vous recevoir. Voyez la fumée hospitalière s'échapper en un léger filet de la cheminée au vaste manteau ! — Nous avons du pain tendre, des raisins de la saison, des œufs frais et du lait chaud. » En même temps il abaissait le marchepied du carrosse, la petite Marie ouvrant de grands yeux éblouis du soleil riant et clair qui entrait dans ce coche à flots pressés.

« *Ave maris stella!* Bonjour à vous, étoile de la mer, » dit le jeune homme, pendant que mademoiselle de Prohenque sautait, en deux bonds, sur le seuil de l'hôtellerie ; et, tenant Marie par la main, elles entrèrent l'une et l'autre au *Soleil d'Or.* Du Boulay, resté sur le seuil, attendait l'ordre de sa souveraine; l'ordre vint, et il trouva ces dames, leur toilette réparée, et assises dans une salle basse dont la fenêtre ogivale donnait sur un jardin où déjà butinaient les abeilles. On lui fit signe qu'il pouvait prendre place, et, sans se faire prier davantage, il s'assit tout au bout de la table de chêne. Il était né sobre, dans un pays de sobriété et de modestie; il avait appris de bonne heure à vivre de peu, et quand il avait mangé son pain bis, quand il avait arrosé d'une eau claire quelque morceau à la diable, il se croyait un profès de l'ordre des Coteaux. C'était un véritable oiseau rustique qui vit de blé noir et qui n'envie rien à ces beaux plumages d'Orient nourris d'ambre et d'épices. A peine s'il buvait, une fois tous les ans, quelque verre de ce bon vin de Guienne qui a laissé tant de souvenirs et de regrets parmi messieurs les Anglais.

La première faim apaisée : « Il faudrait

tout de suite vous mettre à l'œuvre de notre conversion, reprit mademoiselle de Prohenque ; j'ai averti mademoiselle d'Hortis du danger qu'elle courait à Versailles, où messieurs les jésuites n'ont jamais perdu leur procès ; et, de vrai, ma pauvre enfant, c'est en vain que nous t'avons enseigné une morale très pure et très solide, nous sommes perdues, toi et l'Enfance entière, si tu ne réponds pas comme il faut répondre au confesseur du roi. »

Qui se trouva bien embarrassé à ce discours? Ce fut le jeune homme interrogé. Hélas! en effet, tomber de la hauteur de ses rêves d'amour dans une discussion théologique! Quitter pour se perdre en Sorbonne ce jardin, ces violiers et ces treilles! Oublier la chanson de l'âme amoureuse et n'être plus que recteur, provincial, séminariste, docteur, jésuite enfin! Mais encore mieux vaut obéir que déplaire, et le pauvre garçon prit soudain l'attitude militante d'un controversiste également prêt à l'attaque et prêt à la défense, allant d'un pas égal à Luther, à Spinosa, à Molinos, à Jansénius, à Descartes, à Malebranche, à saint Augustin, et dans ces diverses opinions acceptant même l'athéisme comme un aliment de plus à ces disputes. En effet, tout peut servir à un disputeur bien appris : opposants, visionnaires, nestoriens, stoïciens, arminiens, pélasgiens, rigoristes, novateurs. Dans cette mêlée ardente de toutes les opinions et de tous les dogmes, on s'écrase, on se tue, on se déchire, on se réfute, on met l'épée à la main; femmes, enfants, vieillards, tout y va ; les compagnies disputent avec les communautés ; la cathédrale rétorque l'Église, l'Église réfute la chapelle ; le frère portier lui-même tient tête au frère prieur ! Donc, en toute autre circonstance, une dispute de théologie et cette thèse à soutenir, même avec une belle jeune fille de dix-huit ans, eût été pour notre avocat un défi aussitôt accepté que proposé; mais ici la querelle pouvait tourner contre lui, et il hésitait. Cependant il fallut obéir, et il se tint prêt à répondre à toutes les questions.

On parla d'abord de l'infaillibilité du pape, de la fréquente communion, de la messe, des conciles, des images, de la grâce enfin. « Et c'est ici que je vous arrête, monsieur, s'écria mademoiselle de Prohenque; car j'imagine que cette doctrine de la grâce sera notre véritable champ de bataille. Nous disons, nous, que la grâce de Jésus-Christ est toute puissante, toujours victorieuse, et que nul cœur ne lui résiste; c'est là le dogme capital de notre parti.

« — Et nous, reprit du Boulay, nous disons avec les Pères de l'Église, qu'il faut reconnaître, à côté de la grâce efficace, la grâce suffisante, et que l'Église a décidé la question lorsque, par la voix de ses souverains pontifes, elle a déclaré que ces grâces suffisantes nous donnent un pouvoir parfait de faire le bien. Là, voyons, interrogez votre conscience. N'est-ce pas une hérésie de soutenir, comme vous faites, que Dieu ne nous donne que des grâces victorieuses? Et ensuite ne voyez-vous pas que si l'homme résiste à la grâce, c'est que Dieu le laisse le maître, en effet, de la rejeter ou d'y consentir? En un mot, Dieu veut que je me sauve volontairement. Au contraire, votre doctrine à vous est un abîme; elle fait du péché même une nécessité à laquelle la Providence nous condamne; elle fait de notre volonté, de notre libre arbitre, une girouette obéissante au vent qui souffle : « Reste donc dans le péché, mon frère, restes-y tranquillement, jusqu'à ce que la grâce absente vienne te relever de cette corvée! » A ce compte, il faudrait se contenter d'enfermer la Brinvilliers dans une maison saine et bien aérée. Que voulez-vous? Elle a commis de grands crimes, mais est-ce bien sa faute, après tout? — Elle n'avait pas la grâce! Peut-on dire : Elle n'était pas née sauvée... Elle était née perdue : il n'y a pas de sa faute ! Et pourtant que dit le *Confiteor ?* C'est ma faute, ma faute et ma très grande faute ! »

Piquée au vif, et fidèle plus qu'il n'eût fallu en ce moment aux doctrines de ses jeunes années, mademoiselle de Prohenque se hâta de répondre. « Certes, monsieur, disait-elle, il est bien aisé de se dire à soi-même : Le Dieu tout puissant ne peut pas faire tout ce qu'il voudrait faire, et si je suis plus fort que lui, j'ai bien le droit de m'abandonner à mes passions !... Voulez-vous, en un mot, que je vous dise tout le mystère ? Par votre doctrine sur la grâce, vous accusez Dieu lui-même d'imprévoyance, lorsqu'au jour de la création l'homme fut abandonné à sa liberté et à son intelligence au milieu de l'univers. A vous entendre, vous êtes venus, les uns et les autres, pour réparer cette grande faute du Créateur, pour mettre un frein à ses bontés et pour les gouverner; vous voulez asservir à vos lois réparatrices l'humanité elle-même, pour laquelle Dieu avait beaucoup trop fait, selon vous. » Ainsi s'exprimait d'une façon véhémente mademoiselle de Prohenque, en digne élève de cette grande école de Port-Royal, qui n'a jamais manqué de contredits, d'arguments et de répliques. A mesure qu'elle rétorquait les arguments de son adversaire, son œil noir se remplissait de feux et de flammes... L'attention que prêtait mademoiselle d'Hortis à ces disputes eut bien vite comprimé cette ardeur de théologie. Marie était là, en effet, animée à tout comprendre, intelligence précoce, perdue en ces mystères et dans ces abîmes du raisonnement humain. C'est qu'au-dessous de ces questions enveloppées dans les savantes et nécessaires obscurités de la parole de Dieu, se retrouvait le combat perpétuel de la liberté humaine et de la présence divine; il s'agissait du droit de résistance, croire ou douter, vouloir que tout soit efficace ou que tout soit libre, rester à l'ombre de l'Église inflexible ou marcher d'un pas téméraire au-devant de Voltaire, qui viendra plus tard pour ramasser les moissons formidables de ces résistances et de ces doutes semés sur un terrain brûlant.

Il fallut remonter en voiture. Marie et mademoiselle de Prohenque engagèrent du Boulay à se placer sur le devant du carrosse, et, après les premiers silences, la conversation commença de plus belle entre ces deux jeunesses que surveillaient le devoir, l'honnêteté, la réserve, le respect qui était dû à l'enfant confiée à leur garde, et enfin la confiance réciproque, cette honnête compagne des honnêtes cœurs. Comme ils étaient de bonne foi l'un et l'autre, ils parlaient des maux de l'Église en fidèles ouvriers du Seigneur, et pas un des points contestés ne fut passé sous silence : l'observation des jeûnes, des fêtes, des heures canoniales ; les brefs des papes, les lettres patentes du roi, les arrêts du conseil d'État; les décisions des très révérendissimes cardinaux de l'inquisition romaine, les difficultés, les censures, Paul III et saint Ignace. Plus la route s'abrégeait devant eux, et plus augmentait leur confiance mutuelle, et dès le second jour on eût prédit la conclusion de ces disputes. Du Boulay allait et venait du carrosse à son premier poste; il s'inquiétait des moindres détails du voyage; il poussait à la roue à la montée, il était le frein à la descente rapide. Le soir venu, il allait au-devant, en bon et fidèle maréchal des logis, pour préparer le logement des deux voyageuses, et seulement quand tout allait à son gré, quand la nuit avait été bonne et que la route était belle, il revenait à son texte chrétien qui devait le conduire aux miséricordes spirituelles et aux sympathies temporelles de sa souveraine. Alors il eût fallu le voir, il eût fallu l'entendre expliquer à cette belle personne, déjà persuadée et au delà, comment la société de Jésus n'était rien moins qu'un repaire de sacrilèges, de magiciens et de blasphémateurs ; une race d'assassins et de régicides, partisans de la simonie et du parjure, de l'impudicité et de la confidence, les héritiers directs de Néron, de Caligula, de Domitien et des monstres les plus horribles.

« Ah ! demoiselle, que vous avez été cruellement prévenue contre nous, et que je serais heureux si je pouvais faire passer les convictions de mon âme dans votre cœur et dans l'esprit de mademoiselle d'Hortis ! Si vous saviez que de savants hommes dans notre humble société de Jésus ! Que de maîtres de philosophie, de rhétorique, d'éloquence, et combien de grands poëtes en belle langue latine ! Avez-vous entendu parler du père Hardouin, du père Sirmond, des pères Lingendes, Bouhours et

Commines, du poëte Vannière, un enfant de Toulouse, un jésuite, fils de Virgile? On nous reproche nos six cent douze colléges, nos trois cent quarante maisons de résidence, nos cinquante-neuf noviciats, nos deux cents missions et nos vingt-quatre maisons professes ; au moins nous faudrait-il compter le zèle de nos missionnaires, la charité de nos confesseurs, la doctrine de nos maitres, le courage de nos voyageurs, le sang de nos martyrs. Les jésuites ont parcouru toute la terre, à leurs risques et périls, enseignant les Évangiles aux idolâtres, aux Sarrasins, aux anthropophages; ils ont exploré la Chine et l'Égypte; ils ont excellé dans la peinture, dans les mathématiques, dans l'histoire, dans toutes les sciences, dans tous les arts. Audacieux, ils ont remué la cendre des âges; ils ont retrouvé les titres de noblesse de tous les peuples; le Père d'Orléans s'est emparé de l'Angleterre, la Flandre est échue en partage à

Strada, Mayence à Sarracius, la Bohême à Balbinus, l'Inde à Maffey. La Chine appartient à Martini et au père du Halde; Charlevoix est l'inventeur du Japon et du nouveau monde. Le cardinal Aquaviva les accuse d'aulicisme et de courtisanerie.... Ah! demoiselle, soyez juste pour eux et voyez s'il leur était possible de s'exiler tout à fait de la cour. Voyez! les plus habiles politiques et les meilleurs rois de France ont aimé les jésuites. Henri le Grand leur a donné le collége de la Flèche et leur a laissé son cœur; Louis le Juste et Richelieu leur ont confié la jeunesse de leur royaume; Mazarin les aimait; votre protecteur, le prince de Conti, les appelait ses maîtres; ils ont présidé à l'enfance du grand Condé; le cardinal de Bourbon leur a laissé son hôtel de la rue Saint-Antoine; les princes lorrains, Bouillon, Rohan, Soubise, ont été leurs amis en tout temps.

« Cet ordre religieux ne sera jamais assez

loué, » disait le souverain pontife Paul V. « Ce que j'ai vu de plus beau à Rome, disait un homme illustre à son retour d'Italie, c'est la société de Jésus! » « Figurez-vous, dit un prélat, l'armée des enfants de Dieu! Leur maison est comme le palais de Salomon, qui était bâti de pierres précieuses! » — Aigles et lions éminents en doctrine et en sagesse! la compagnie des parfaits, supérieure aux crosses, aux mitres, à la pourpre, aux sceptres, aux empires, aux couronnes! Et dans le ciel des jésuites, à la droite de leur fondateur, contemplez saint François Xavier, saint Louis de Gonzague, saint Stanislas, saint François Régis, un saint du Vivarais. »

Ainsi parlait notre éloquent, et il parlait si bien, et il répondait si à propos à toutes les objections muettes, à toutes les répugnances silencieuses, et dans son zèle à défendre ses protecteurs et ses maîtres on voyait si clairement une vérité sans tromperie, une vie sans corruption, que Guillemette ne trouvait plus de réponse à lui faire ; on l'écoutait, on le laissait dire, on l'encourageait à parler : à peine si de temps à autre Guillemette retrouvait son air railleur.

« Et pourtant, messire, vous l'avez quitté ce palais de Salomon, bâti de pierres précieuses ; vous l'avez abandonné, cet asile des lions et des aigles, et vous voilà, pour tout habit, une robe noire, pour tout bonnet, une toque. Le révérend père en Dieu du Boulay est devenu un homme de sac et de corde. O capricieux ! ô volage bourdinier de la société de Jésus, qui n'est plus que le chevalier de deux demoiselles errantes ! ô le maladroit, qui a renoncé, que sait-on ? à partager avec le roi la plus belle couronne de l'univers ! Il me semble voir en ceci le chien de la fable, qui commande une maison à son architecte ; le plan est fait, mais il se trouve que, pour l'hiver, la maison est trop longue ; en hiver, l'hôte de céans se replie sur lui-même, et l'été, la maison serait trop étroite... Bref, quand il a bien étudié les plans de son architecte, monsieur le caniche finitpar ne rien bâtir. »

Ainsi se passèrent les journées, Guillemette heureuse, Marie attentive et pensive, du Boulay portant légèrement ce joug suave, ramassant les perles d'Orient qui tombaient de ces sourires et ne demandant pas d'autre joie. Mais, hélas! il est si difficile d'aimer et d'être sage! Un jour (on approchait de Paris, mademoiselle d'Hortis dormait sur les genoux de Guillemette) il arriva que du Boulay, à propos de tous les ordres religieux répandus dans le royaume, se mit à proclamer les vertus et la gloire de Port-Royal. Cette fois, il rendait hommage à leur doctrine, qui était la digne substance de leur sacerdoce, à cette pureté intérieure qui était leur vie et leur force, à ces lumières vives et profondes; et, dans une abondance prodigieuse, en même temps il invoquait les travaux, il citait les chefs-d'œuvre; il savait le nom des solitaires, des artisans, des grands seigneurs, des laïques, des évêques et des prêtres, des princes, des princesses et des domestiques de Port-Royal; il admirait leur grande passion pour la vérité, leur amour pour la justice, et les effets si merveilleux de la grâce, arrivés, depuis si peu de temps, dans l'Église catholique, le remplissaient de zèle et d'admiration. Comme il parlait avec la conviction d'un galant homme, Guillemette l'écoutait, étonnée et ravie du miracle. Elle, de son côté (tant il est vrai que Dieu a donné aux anges gardiens un plein pouvoir sur le trésor de sa grâce!) convenait peu à peu des dangers d'un faux zèle; elle ajoutait modestement que l'orgueil (dit le sage) marche devant l'écrasement, et la hautesse d'esprit avant la ruine. Elle disait que le grand point en toutes choses, c'était de vivre et de penser sobrement, d'être modéré et juste, et que

peut-être elle avait manqué de justice.
« Nous avons M. Arnauld, disait-elle; vous
avez le père Bourdaloue... » Elle en eût dit
plus long peut-être, mais l'enfant ne dormait
pas. Marie, aux yeux fermés, avait suivi dans
ses tours et ses détours cette causerie à
l'infini; elle ouvrit un instant ses beaux
yeux, et, relevant doucement sa belle tête,
pâlie par le voyage et par la contention
de l'esprit. « *O janséniste!* » dit-elle en dési-
gnant du Boulay d'un doigt railleur. « *O mo-
liniste!* » dit-elle encore en prenant la main
de Guillemette, qui se baissa pour l'embrasser.... et pour cacher sa rougeur!

Ce qui prouverait, contrairement aux
grands docteurs *gratuitæ prædestinationis,*
que *la prédestination gratuite* n'existe pas,
et que nos deux amoureux firent bien, dans
cette dispute sur la grâce, de rester, comme
disait saint Thomas, *in sensu obvio,* dans le
vrai sens; qui dit *la grâce,* dit *l'amour!*

XXII

Le chemin ou, pour mieux dire, la longue ornière qui séparait Toulouse de Versailles, n'était guère tracé, en ce temps-là, que par le caprice du voyageur et par les conditions imposées aux maîtres de poste. On allait un peu au hasard, et rarement était-il avantageux de suivre la ligne droite. Tel chemin, bon en été, ne valait rien en hiver; tel passage que l'hiver rendait praticable devenait impossible au printemps. Le mieux était, lorsqu'on approchait de Paris, de gagner au plus vite quelqu'un des sentiers que prenait le roi lui-même pour se rendre à ses chasses et à ses maisons de plaisance ; à ce compte, Fontainebleau, une fois qu'on avait touché Orléans, devenait le vrai chemin pour aller à Paris. La route était belle, sûre et bien gardée, et la trace royale s'y faisait sentir. Ainsi nos voyageurs, par un utile détour, se portèrent sur Fontainebleau, et déjà la grande ville était proche, lorsqu'à certains signes étranges, d'épouvante chez les uns, de jubilation et de triomphe chez les autres, ils comprirent qu'un événement extraordinaire venait de se passer du côté de Paris et du côté de Versailles. Tantôt, le long de ce chemin plein de surprises, les hommes des villes et des hameaux poussaient de grands cris de joie, et tantôt, dans les sentiers perdus, dans les forêts silencieuses, s'enfuyaient d'autres hommes, avec tous les signes du désespoir. Or, ce qui s'était passé, le voici. Le matin même de cette dernière journée de voyage, le parlement de Paris, dans son enregistrement solennel, avait déclaré non avenu l'édit de Nantes : « Dans « toute l'étendue du royaume du roi notre « sire, pays, terres et seigneuries de son « obéissance, lesquelles constitutions de- « meureront comme non avenues, sans « qu'elles puissent être jamais renouvelées « par qui que ce soit, et sous quelque pré- « texte que ce puisse être. » Et comme certaines lois attendues se comprennent à demi-mot, cette volonté souveraine, à peine indiquée, avait bien vite fait son chemin à travers la France catholique. En vain les trompettes et les tambours précédant Charles Conto, juré crieur du roi, à travers les carrefours et les faubourgs de Paris, avaient appuyé cette grande et terrible nouvelle, la nouvelle avait marché plus rapide que le bruit même des trompettes éclatantes de ce suprême jugement. Au premier signal de ce cri de guerre contre le protestantisme français, s'était levée soudain cette impérissable populace de démolisseurs, ce peuple à part, enfant de la violence et des ténèbres, dont la fête et la joie est de tout briser sur son passage, comme fait le torrent qui passe, en laissant sa fange et son néant de toutes parts. D'un bout de la France à l'autre, vous eussiez entendu, en ce moment, trembler, du faîte à la base, toutes les églises de la Réforme; vous eussiez vu chanceler, comme des hommes pris de vin, ces temples bâtis naguère au milieu des tempêtes, et qui avaient résisté à tant d'orages. Certes, c'était à croire que le tocsin funèbre de Saint-Germain-l'Auxerrois venait de donner un nouveau signal, et qu'une nouvelle Saint-Barthélemy allait s'abandonner à toutes ses fureurs. Oh! quelle hâte et quelle épouvante, et comme en ce moment tous les catholiques, réfrénés depuis Henri IV, voyant la brèche ouverte, se sont rués sur la métropole du calvinisme, sur le temple même de Charenton ! Ainsi est tombé, sans doute, le temple de Jérusalem, sous les coups des Romains de Titus. Charenton ! c'était en effet la Jérusalem des enfants de Calvin et de Luther ; c'était leur Babylone, aujourd'hui démantelée et captive ; c'était le centre éclairé, le centre éloquent de toutes les théologies des Pays-Bas et de la Grande-Bretagne, le centre de la Bible, la lampe du parti, tout ce qui restait des grandeurs de la Navarre et de la jeunesse de Henri le Grand. Charenton ! c'était pour les protestants de France leur université de Thubinge, leur université d'Oxford ; là se fabriquaient, avec la verve et le génie des libres croyances, les pamphlets, les chansons, les proverbes, les médailles, les discours, les emblèmes, les explications, les prêches, les commentaires, *la chasse de la bête romaine*, c'est tout dire. En ce lieu, qui était la dernière fortune des protestants, se tenaient les synodes et les consistoires, s'ouvraient et se fermaient les conférences, se discutaient les intérêts de la religion et les intérêts du parti, deux choses à ce point unies et liées qu'il était impossible d'en faire la différence. En ce lieu, si proche de Paris, se seraient retrouvées, au besoin, toutes les diverses doctrines de tous les sectaires que la réforme devait enfanter : les opinions de Zwingle à Zurich, celles d'OEcolompade à Bade, celles d'Ambroise Bawer à Constance, celles de Sébastien Hoffmeister à Schaffouse. On eût dit le rendez-vous général de toutes les disputes et de tous les prêches qui avaient porté leurs fruits dans les esprits et dans les âmes. En effet, de ce temple formidable, nouveau cheval de Troie, rempli d'embûches et d'émissaires, étaient sortis, armés de toutes pièces, les plus célèbres professeurs de la religion nouvelle : Guillaume Farel et Antoine Froment dans le Dauphiné, Guéret et Viret à Montmélian, la Renaudie à Nantes, Lancelot à Angers, les deux frères Mouvans et Pierre Bruly à Marseille, Changy à Romans, Malot même à Saint-Marcel, en plein Paris. Ce temple avait été bâti pour être désormais la patrie et le rendez-vous de toutes les églises en deçà et au delà de la Loire! Dans ces murs, bâtis comme des remparts, se conservaient fidèlement les traditions et les souvenirs du parti : tant de guerres civiles, tant de batailles rangées, de rencontres notables, de massacres généraux et particuliers, la mort d'un million d'hommes, la ruine de villes populeuses et de pays entiers! Là, enfin, était le dépôt des sciences, des aumônes, des contrats, des chartes, des lois, des brevets, des titres, des correspondances de cette nation à part dans la nation. Le temple de Charenton était digne de sa haute fortune, et se sentait de la richesse et de la puissance de ceux qui l'avaient fondé. Il avait été bâti par un excellent architecte, Jacques de Brosse, qui lui avait imprimé un grand caractère de force et de solidité. Mais le moyen de résister à l'émeute accourue du faubourg Saint-Antoine, et comment ne pas tomber sous les coups de ce peuple élevé à l'ombre de la Bastille et qui devient si facilement le peuple le plus furieux et le plus implacable de l'univers? L'émeute gronde; elle se lève, elle mugit, elle arrive, elle brise.... elle briserait tes pyramides, ô vieille Égypte! et elle jetterait dans la poudre les trois mille années qui veillent sur tes hauteurs! En moins de trois heures, ce temple en pierres de taille tombe et se dissipe sous le marteau des démolisseurs; c'en est fait, le fer et la flamme, la hâche et le blasphème luttent d'énergie et de fureur à qui renversera plus vite ce lieu d'asile, et cette dernière conquête du protestantisme français. C'en est fait, les portes tombent renversées sur les piliers brisés; ces trois étages superposés l'un sur l'autre par des mains pieuses et hardies s'affaissent comme ferait un château de cartes sous la main d'un enfant; ces portiques, ces pavillons, ces murailles, ces plafonds, ces tribunes, cet autel sévère, ces chaires, ces tombeaux, ces livres, la Bible même et l'Évangile, écrits en lettres d'or sur la table même de la loi.... fumée d'une heure! et débris d'un jour! A peine, au bout de vingt-quatre heures, si l'emplacement se retrouve de ce temple que protégea Henri le Grand de son épée et de sa gloire!... Ainsi devaient tomber, à cent ans de distance, et renversés par cette foule stupide qui se plaît à briser toutes les gloires, les tombeaux mêmes de cette monarchie, qui était la plus grande et la plus illustre monarchie de l'univers.

Ce bruit terrible d'un temple qui s'affaisse et d'une religion renversée remplissait les vallons, les collines, les forêts, la terre et le ciel. C'était de tous côtés, autour de ce carrosse de voyage, un gémissement immense, une plainte sans fin. La poussière du temple, chargée de ces clameurs, se répandait çà et là comme une fumée vengeresse, et ce ne fut pas sans peine que nos voyageurs gagnèrent le pont de Charenton, qu'ils trouvèrent encombré d'une multitude hurlante. Ah! voilà ce que peut devenir, en moins d'un jour, la croyance de tant de familles luthériennes et calvinistes qui s'étaient endormies, la veille encore, sur la foi des traités, consentis et jurés par trois rois de France, à l'heure de leur sacre, au moment où la main prend le sceptre, où la tête, courbée à l'autel, se relève parée enfin de la couronne royale! Un seul jour a suffi pour détruire et renverser le dernier boulevard des protestants. Ils avaient naguère des places fortes et des citadelles... ils ont à peine un cimetière! Le berger est chassé sur la montagne, le troupeau est dispersé dans les bois; le sang touche le sang et la flamme touche la flamme; ils demandent la paix et la santé, on leur donne la guerre, on les charge de plaies ; on les poursuit dans les vallons solitaires, on leur tend des embûches au désert ! La voilà ! la voilà ! la journée attendue de la rupture des sceaux et de l'épanchement des urnes fatales ! Malheur aux enfants de Calvin ! malheur aux fils de Luther ! Charenton est au niveau de La Rochelle ! Leur gloire dernière, le grand Turenne, est aux mains de Bossuet ! Les voilà placés désormais entre le Néron de Versailles et le Caligula du Vatican !

Les cris, les meurtres et la poussière du temple brisé poursuivirent longtemps les voyageurs. Du Boulay, sur le siége du carrosse, criait à la foule : « Ordre du roi ! » Et la foule s'écartait avec respect. Penchées à la portière, Marie d'Hortis et mademoiselle de Prohenque contemplaient, sans y rien comprendre, cette émeute qu'il fallait traverser ; mademoiselle de Prohenque avait peine à retenir son épouvante ;

la jeune Marie, au visage calme et froid, ne perdait pas une seule de ces misères ; elle prêtait une oreille attentive à ces gémissements, à ces prières, à ces blasphèmes; elle vit dans la foule tomber, sous le bâton des furieux, des enfants et des femmes.... Elle voulut appeler à l'aide de ces infortunés : la voix lui manqua ; elle eût voulu arrêter les chevaux : les chevaux étaient lancés et semblaient fuir, pour leur compte, ces scènes de désordre... Ce qui frappa surtout cette enfant élevée au milieu de tant de calme et de sérénité, ce fut l'aspect d'un vieillard à cheveux blancs qui fuyait, mais sa fuite faisait face au danger, et puisque l'infortuné devait tomber, on voyait qu'il voulait tomber avec honneur. Cet homme, qui tenait du soldat et du prêtre (Henri IV l'avait fait sergent, le ministre du Moulin en avait fait un ministre), tenait d'une main une épée et de l'autre une Bible; il invoquait à haute voix les lois divines et les lois humaines indignement outragées; comme il allait se mettre à l'abri du carrosse, il tomba frappé d'un coup de feu; il tomba sous la roue, la face haute, et voyant cette belle enfant qui le regardait de ses grands yeux pleins de pitié, de larmes et de flammes, dans lesquels se mêlaient, ardentes, la sympathie et l'indignation, ce vétéran des guerres civiles et des prêches à haute voix se sentit consolé et fortifié à ce moment suprême; il lui sembla qu'un ange du ciel venait à son aide et le retirait de cette violence. « Ah! disait-il, jeune fille, souviens-toi de moi dans tes prières, et sois bénie par un martyr! » Il dit et meurt, et les chevaux reprennent leur course à travers ce hurlement accentué de toutes les passions.

Par une méprise facile à comprendre, mademoiselle de Prohenque et la jeune Marie, et du Boulay tout le premier, s'imaginèrent qu'il s'agissait d'une émeute contre Port-Royal, et que sur ce grand chemin se débattait la grande question de la régale, qui avait été depuis si longtemps l'occupation de leurs nuits et de leurs jours. En présence de ces dangers et de ces violences, mademoiselle de Prohenque se sentit plus que jamais décidée à accomplir la mission qu'elle avait acceptée. « Plutôt mourir de la mort de ce vieillard, que de trahir la cause de M. de Ciron, de l'Enfance, de madame la supérieure, de l'abbé Cerle et du père Aubarède ! » Le jeune avocat, de son côté, sentait monter à son cœur et à sa tête le fanatisme loyal de la vérité, de la justice, de l'amour! Il se mettait à détester de toute son âme ces excès de la force et ces crimes de la toute-puissance, et il se promettait bien à lui-même de rester fidèle, jusqu'à la fin de sa vie, à ses justes ressentiments. — « Oui, disait-il tout haut, de façon à être entendu par les deux voyageuses, oui, je le confesse, je suis désormais et je veux être le fidèle disciple de

M. Arnauld et de M. de Saint-Cyran.... »

Marie s'était rejetée au fond de la voiture ; elle était immobile, sans voix, sans regard, sans sourire, effrayante à voir. On changea de chevaux pour traverser Paris, et déjà les voyageurs se sentirent dans un monde meilleur. La ville était en fête ; elle avait fait de cette journée un jour de repos ; elle célébrait à sa façon la gloire du roi, la sagesse du parlement, le bonheur et la prospérité de l'Église. La nouvelle de Charenton renversé fut accueillie à Paris comme l'eût été quelque victoire du grand Condé ; toute haine en fut apaisée durant vingt-quatre heures, toute dispute en fut suspendue pour trois jours ; louange à Dieu et gloire au roi tout puissant ! Jamais la grande cité, la seule base digne de ce grand sceptre[1], n'avait porté à un ciel plus éloigné de la terre

---

(1) *Magna situ, major populis, sed major sceptro.* (Le père Chevalier.)

ce roi Louis XIV, maître unique du gouvernement des âmes, et personne ne songeait, dans la joie universelle, qu'une partie de la nation chrétienne s'abîmait en ce moment dans les profondeurs de cet implacable *Hosannah in excelsis!*

A peine sur le chemin de Versailles, il était facile de reconnaître qu'au bout de cette avenue immense s'élevaient le trône, le palais et les autels du roi, notre seigneur. La route était battue et sablée comme le chemin de la fortune. A mesure que la voiture avançait, du Boulay sentait tomber ses espérances, et lorsqu'enfin lui apparut le château de Versailles, royalement posé dans cet encadrement de forêts et de verdure, au milieu de cette ville de palais qui lui servait de vestibule, il fut saisi d'une tristesse qu'il n'avait jamais éprouvée, non pas même lorsque Guillemette lui fut enlevée une première fois. La voiture s'arrêta à l'extrémité du pavillon de l'aile gauche qui domine la place d'armes, du côté de Paris. Le suisse vint les recevoir. — « Ces dames sont en retard de vingt-quatre heures, » dit-il d'un ton aussi sec et aussi bref qu'une ordonnance du roi. Et comme du Boulay faisait signe de donner la main à mademoiselle de Prohenque : — « Holà ! l'ami, reprit le concierge royal, vous êtes encore, ne vous déplaise, un trop petit compagnon pour avoir bouche en cour ; d'ailleurs votre mission est finie, s'il est vrai que vous ayez eu une mission ; faites-moi donc l'amitié d'aller chercher un gîte ailleurs, nous n'avons pas d'appartement *pour* monsieur ! » Il appuya sur le mot *pour* en homme bien appris, car le *pour* était une distinction très enviée dans ce palais des fables, des royautés et des génies, où les plus illustres capitaines et les beautés les plus charmantes se faisaient un honneur d'abord, un droit bientôt, de la plus simple distinction.

A peine si Guillemette eut le temps de dire adieu à son guide fidèle; Marie d'Hortis lui donna son front à baiser, et ces dames disparurent sous cette voûte immense qui longeait la chapelle et qui menait par des escaliers à l'infini dans les appartements supérieurs. Tout au sommet de ce pavillon semblable à un château fort, deux chambrettes (honneur insigne) avaient été préparées pour les voyageuses, et, sans nul doute, Guillemette elle-même se serait crue perdue sur ces hauteurs, si elle n'y avait pas rencontré plusieurs personnes de sa province, une véritable nichée de belles personnes du Midi, appelées à la cour par l'exercice de leur charge, par le bonheur de s'y montrer, par l'ambition enfin, car chacune de ces dames avait un mari à défendre, un fils à pourvoir, quelque faveur à demander. C'est pourquoi madame de Charmes avait quitté Bordeaux; madame de Fourgues, Montpellier; madame de Bordet, la Saintonge; pour trouver des maris dignes de leurs grâces et de leur beauté, mademoiselle d'Augencourt, mademoiselle de Marivault, mesdemoiselles de Vieux, de Nesmont, de Mézignac avaient abandonné le château féodal de leur père, maître et seigneur en sa terre, pour se reléguer triomphantes sous les combles et dans les mansardes de Versailles, tant c'était une gloire d'habiter avec le roi. A cette cour des triomphes et des fêtes elles étaient la parure et l'ornement, et le cortége et le murmure approbateur; elles jouaient, en grande parure, les petits rôles dans l'apothéose de Versailles; elles étaient les nymphes et les bergères de cette idylle, les divinités secondaires de cet Olympe; chacune de ces beautés avait deux noms, le nom antique de sa noblesse et le nom donné ce matin même à sa beauté : madame du Breuil, l'Athénienne; madame de Comminges, la Violette; madame de Castellane, l'Attrayante ; mademoiselle de la Porte représentait le Feu ; mademoiselle de la Luzerne était la Muse ; mademoiselle de la Suze, Pallas ; mademoiselle d'Asnières-Montbazon s'appelait Proserpine ; mademoiselle de Saint-Gabriel était le Sceptre, et pas un mortel n'eût refusé de toucher de ses lèvres cette main de justice ; mademoiselle de Gaillac était la Couronne : elle eût pu servir de couronne au printemps même du Languedoc, sa patrie. Tels étaient, jusque sous les combles de cet immense palais, pareil à l'Olympe de quelque Jupiter tonnant, ces rayons, ces miracles, ces dominations et ces trônes, ces fées de la jeunesse qui n'attendaient plus qu'un signal pour envahir les demeures de la majesté. Ainsi les étoiles radieuses éclatent soudain à travers les nuages transparents de l'été.

Le roi donnait, ce même soir, une fête, et l'univers eût pu crouler que pas une de ces jeunesses n'eût détourné la tête de son miroir. En toute hâte mademoiselle de Prohenque se prépara pour cette soirée où elle devait accompagner mademoiselle d'Hortis. En vain l'une et l'autre, accablées des fatigues du voyage et des émotions de la journée, elles eussent imploré un jour de répit; pas un jour! pas une heure! Le roi n'attend pas; une seule fois, en sa vie, il a pensé attendre; obéissons à son bon plaisir. Déjà tout le palais se prépare pour recevoir les hôtes du roi. Le pavillon du grand maître, l'hôtel du grand veneur, la grande et la petite écurie ont mis sur pied toutes leurs forces. Dans la première cour, messieurs des gardes françaises s'annoncent au bruit des fifres et des trompettes; la garde écossaise arrive précédée de ses hautbois; les cent-suisses s'emparent des portes; la chambre du roi est à son poste; arrivent, dans leurs plus riches uniformes, les hérauts d'armes, les porte-épées, le grand prévôt de l'hôtel, suivi de son état-major;

les grands maîtres et les maîtres de France précèdent le roi; le capitaine de ses gardes a pour consigne de ne jamais le perdre de vue, non pas même quand il est aux pieds de son confesseur. La maison de la reine et la maison des princesses, cette suite charmante des plus grands noms de la couronne : dames d'honneur, dames d'atours, dames du palais, se placent dans l'ordre accoutumé, au rang que donne à chacune de ces dames sa dignité, sa naissance, le droit de sa charge; merveilleuse confusion, régie et gouvernée avec un ordre admirable. Au bas de l'escalier de marbre, les grands hautbois de la chambre et des écuries font retentir leurs fanfares sonores. Tout le service intérieur obéit à la même impulsion, et maintenant Sa Majesté peut venir; les chandeliers d'or de la chambre royale sont posés sur leur table de marbre, cent mille bougies sont allumées dans leurs candélabres d'argent et de cristal, dont la lumière,

semblable à un immense incendie, inonde
de ses clartés tout cet espace de chefs-
d'œuvre et de miracles compris entre l'aile
du sud et l'aile du nord. Ce fut à travers
cette suite d'enchantements et de merveilles
que nos deux Languedociennes, Guillemette, au teint brun, tenant par la main
(contre toute étiquette) mademoiselle
d'Hortis, s'avancèrent, calmes et sérieuses,
à travers cette foule prosternée à l'avance.
Elles seules peut-être, dans cette immen-
sité brillante, elles étaient sans crainte,
sans espoir, et libres de toute ambition.
Elles admiraient toutes choses dans la simplicité de leur cœur et sans se douter,
les ingénues! qu'elles contemplaient déjà
Louis XIV. C'était cependant, à chaque pas,
un bruit de cantique ineffable mêlé à l'odeur
d'un encens presque divin. A leurs pieds et
sur leurs têtes, le roi! La Cybèle de Mignard
représentait la reine-mère; l'Aurore avait
prêté ses attributs à madame Henriette; le

maître des dieux et des hommes, armé de sa
foudre, ressemblait au roi de France. C'était, aux plafonds, une apothéose sans fin;
sur chaque muraille, une louange; dans le
moindre cartel, une épopée. La laine était
empreinte de la gloire du roi, la fleur respirait ses amours. Ces chapiteaux, ces colonnes, ces bases de l'ordre corinthien, ces piédestaux chargés de bronzes et de marbres,
ces fenêtres et ces lambris, ces démons et
ces anges ailés, ces Éléments et ces Saisons
répétaient l'antienne royale, qui s'en allait,
d'écho en écho, et grandissant toujours, du
salon de la Paix au salon de la Guerre, du
cabinet des Chasses au cabinet des Médailles, du salon de Vénus au salon de l'Abondance, d'Apollon à Diane, de Mars à
Mercure, jusqu'à ce qu'enfin cet immense
Hosannah! vînt tomber au pied de ce trône,
disons plus vrai, au pied de cet autel étincelant sous son dais de pourpre et d'or;
alors seulement, dans ce monceau de pal-

mes, de lauriers, de trésors, de couronnes, de sceptres, de mythologies, de croyances, de peuples conquis, de nations soumises, parmi ces soleils flamboyants entrelacés aux fleurs de lis, leurs cousines germaines, l'esprit humain pouvait comprendre quel était donc ce dieu, partout présent, partout visible! Le dieu! voici le dieu.... et le roi! De la porte d'entrée au fond des derniers vestibules, les dieux de la fable et le Dieu de l'Évangile l'unissent et le confondent dans leurs actions de grâces. Judith présente au roi la tête d'Holopherne, Alexandre le Grand lui fait hommage de la bataille d'Arbelles, Bethsabée au bain oublie qu'elle est aussi peu vêtue que la Vénus qui lui sourit et qui l'appelle. C'est pour le roi que Pénélope brode, rêveuse, ce manteau chargé des insignes de la maison de Bourbon; c'est le roi que chante Sapho sur sa lyre; l'Aspasie de Périclès n'est plus qu'à Versailles; pour saluer Sa Majesté, le doge est venu de Gênes, Saint-Marc est accouru de Venise; Jules César, en porphyre, et Scipion l'Africain, tête de bronze, aux yeux d'argent, président à ses conseils, Diane à ses chasses, Apollon à ses fêtes, Bacchus à ses festins; les Muses et les Grâces s'empressent à lui plaire. Voyez accourir au-devant du maître la Comédie au visage riant, la Tragédie en longs manteaux de deuil, la Danse aux pieds nus, la Pastorale armée de sa flûte latine, les Amours portant au cou les médaillons et les chiffres gravés sur le hêtre indiscret. Dans les ciels de Lebrun, de La Fosse, de Philippe de Champagne et de Lesueur, apparaissent, dames d'atour de cette royauté sans rivales, la France assise sur un globe d'azur, la Paix couronnée d'épis et de pampres, et à leur suite le dieu du jour, le dieu des mers, Hercule lui-même, oublieux de la belle Omphale. Silence! et dans cette galerie, longue comme le chemin de Paris à Versailles, entre cette multitude d'arcades, de croisées, de pilastres, de sculptures, de tableaux, de guirlandes, vous verrez entrer, obéissantes au rendez-vous de ce monarque, le roi et le juge des souverains de l'Europe, les victoires d'hier et les victoires rêvées. Les voilà au milieu des honneurs de la cour ces villes obéissantes, ces fleuves domptés, ces châteaux conquis, ces forteresses abaissées, la Hollande et la Franche-Comté; le Rhin, la Meuse et l'Escaut; Liége, Dinan, Valenciennes, Charleroi, Maëstrich, Mons et Namur, Gand et le duché de Limbourg; dans ce concert unanime de tous les respects, l'Espagne se lamente, l'Autriche s'inquiète, l'Angleterre est alarmée, et, pour compléter le spectacle de ces conquêtes, sont accourus les capitaines qui les ont accomplies, les ministres qui les ont conseillées et les poëtes qui les chantent. O splendeur! ô fortune royale! ô réunion incroyable des choses les plus divines qui aient jamais habité en ce bas monde : la royauté, la croyance, la gloire, la justice, la force, la poésie, la beauté, l'unité, l'ensemble, la conscience, la vertu, le courage, la France représentée par ses plus illustres magistrats, ses plus grands évêques, ses plus célèbres artistes, son plus grand roi, le règne de l'ordre, pour tout dire, l'ordre qui représente, sur la terre, l'apothéose des peuples, qui est la véritable apothéose des rois dans le ciel !

Deux grandes arcades, ornées de quatre colonnes et de huit pilastres, signalent l'entrée de la grande galerie où le roi était attendu; les pilastres sont séparés par des piédestaux en saillie qui soutiennent quatre statues antiques : la Vestale et la Vénus, l'Amitié et la Pudeur! Sur le piédestal même de cette dernière statue, et comme si la déesse en fût descendue pour mieux voir les splendeurs du jardin, reflétées dans les glaces opposées aux fenêtres, s'était assise mademoiselle d'Hortis, accablée et pensive. Mademoiselle de Prohenque, semblable à l'Amitié qui veille sur l'enfance, se tenait debout et cachait quelque peu sa jeune pupille, qui gardait le silence. Elle-même, mademoiselle de Prohenque, elle eut bientôt oublié qu'elle était à Versailles, si profonde était sa muette contemplation.

Les jardins étaient illuminés; les terrasses et le tapis vert se détachaient hardiment des arbres d'alentour; le canal resplendissait sous ses gondoles dorées, éclairées à la vénitienne et remplies de musiciens invisibles; les roseaux et les chênes se réveillaient à ces accords, les bosquets s'entr'ouvraient à ces clartés énergiques; dans le lointain, le grand parc s'étendait et se prolongeait sous les limpides rayons de la lune d'automne, et comme dans les forêts le vent sautait d'arbre en arbre, la lumière des hommes était vacillante, la lumière éternelle restant calme et sereine et voisine de l'éternité. Tout à coup les eaux de ces fleuves captifs, de ces rivières enchaînées, et même le flot obscur de l'humble ruisseau contraint à cet esclavage, s'échappent en gerbes brillantes; l'Allée-d'Eau, la Cascade, la Pyramide, le Dragon, Neptune, Latone, Apollon répandent à flots pressés l'eau qui s'échappe de leurs urnes, de leurs gueules, de leurs épées, de leur faîte, de leur base; l'eau blanchissante s'élève, grandit, éclate et tombe, pour s'élever, pour grandir, pour éclater plus vivace et plus hardie; on dirait le déluge universel, mais le déluge obéissant aux fantaisies des plus ingénieux artistes; gerbes et couronnes, monstres et dieux marins, hurlements et murmures, l'eau qui chante et l'eau qui danse du conte des fées; tous les fleuves, toutes les nymphes des eaux se plongent dans ces nappes vivantes; on dirait qu'au même instant apparaissent, évoqués par ces bruits poétiques, les lions et les tigres, les dragons et les lézards, les sylvains et les faunes, et, à peine évoqués, les voilà qui se mêlent à cette fête des fontaines aériennes. Singulière réunion de toutes les formes les plus étranges, de toutes les visions terribles et charmantes, l'Hiver et l'Été, l'Amérique et l'Automne, Protée et Bérénice, Diogène et Faustine, le Gladiateur mourant et le fameux Milon de Crotone venu de Marseille, l'œuvre du Puget, le plus grand sculpteur de ce siècle. Voyez encore! on dirait que l'eau redouble d'éclat et de furie : le Parterre, les Bains, les Dômes, l'Ile-Royale, le Bosquet, l'Encelade, autant de géants qui menacent d'inonder le ciel ; partout de l'eau, et, à travers ces nappes blanchissantes, bordées d'écume, le peuple immobile des jardins.

En ce moment (on n'attendait plus que le roi) parut, dans la salle du Trône, la véritable reine de Versailles, madame de

Montespan elle-même, toute resplendissante du diadème des duchesses et de l'esprit des Mortemart. A mesure qu'elle s'avançait à travers cette foule inclinée, la queue de sa robe traînante, portée par M. le maréchal duc de Noailles, capitaine des gardes, heureux et fier de rendre à la favorite ce rare honneur qu'il n'eût pas accordé à la reine elle-même, on comprenait qu'en effet le roi eût compromis son âme et sa gloire pour cette beauté souveraine qui représentait à la cour l'étoile même de Vénus. Non, la déesse de Gnide et de Paphos, chère au dieu Mars, lorsqu'elle était assise dans son char au gracieux attelage, n'avait pas, en plus grande profusion, une plus belle chevelure blonde; ses yeux bleus, mêlés de flamme et de langueur, semaient autour d'elle l'espérance et l'incendie; elle était blanche comme l'Aurore au mois de juin; pas un geste qui ne fût une grâce, pas un sourire qui ne fût une faveur; les déesses ne marchent pas autrement au-dessus des nuages de l'Ida. Certes, il fallait bien que le roi Louis XIV eût rendu en effet au Dieu des chrétiens des services considérables, pour oser glorifier cette maîtresse superbe dans un amour deux fois criminel, à la face du ciel et de la terre, sous les yeux de la reine et de Bossuet! Madame de Montespan allait ainsi entre ses deux sœurs, madame de Thianges et l'abbesse de Fontevrault, et chacun saluait les trois génies, les trois espérances, les trois fortunes, les trois couronnes de la maison de Mortemart. L'abbesse de Fontevrault, la plus belle des trois sœurs, eût été à elle seule un spectacle. On la redoutait pour son esprit, on l'adorait pour sa beauté. Elle était éloquente, intrépide, savante, et elle portait dans son regard l'obéissance, le respect, l'admiration qui étaient dus à l'héritière suprême de cette fameuse abbaye de Fontevrault, qui s'étendait du diocèse de Léon en Bretagne au diocèse de Toulouse et jusqu'au monastère des Hautes-Bruyères! Pas une des femmes qui avaient tenu d'une main royale ce bâton sous lequel se courbaient tant de religieux des deux sexes, ni la dame de Montsoreau, alliée aux comtes d'Anjou, ni la princesse de Craon; Marie de Bretagne, non plus qu'Anne d'Orléans, non plus que Renée de Bourbon, n'avaient mérité et conquis à un plus haut degré ce titre de reine des abbesses de France! Ainsi elle avait élevé à un degré inconnu avant elle cette dignité qui n'était guère sortie des princesses de la maison de Bourbon; elle avait ajouté à la fortune, à la renommée de son ordre; elle avait ajouté quelque chose au jeûne, au travail, à la patience; elle n'avait retranché que la bure de l'habit, qu'elle portait elle-même en pleine cour, et dont elle se faisait une parure : la robe était blanche et traînante, le surplis était d'une étamine de la même couleur; une croix de diamants, attachée au ruban bleu, parait cette poitrine découverte, car l'étiquette de la cour l'emportait sur l'étiquette du cloître; ainsi elle portait légèrement cette robe et ces vœux formidables de cloître, d'austérité, de silence, donnant la main, étrange prodige! aux passions de sa sœur, et recevant, dans ses bras tremblants de joie et d'orgueil, les monstrueux enfants du double adultère. L'autre sœur, madame de Thianges, revenue de la vanité et de l'orgueil, ne songeait guère qu'à la fête, aux plaisirs, aux réjouissances sans fin; elle était affable à tous et de bonne humeur pour elle-même, ne se mêlant que pour son plaisir aux orages, aux mouvements, aux intrigues de Versailles; la simplicité, un peu sans façon, de son habit relevait à merveille la grande parure de la sœur régnante, qui était habillée de point d'Angleterre et de France, coiffée de mille boucles, la tête ornée de rubis noirs, des perles au corsage, et aux oreilles des émeraudes ; pour collier, des pendeloques de diamants de la plus grande beauté ; disons tout, et n'oublions rien dans ce triomphe, accepté même de madame de Soubise !... Une jeune femme de vingt ans à peine, une duchesse de six mois, mademoiselle de Fontanges, — un enfant de Port-Royal, ô Port-Royal ! quel deuil et quelle douleur ! Elle était, ce jour-là, pareille à un beau lis qui se penche sous l'orage invisible. Elle précédait de quelques pas les trois déesses, et qui eût vu ces beaux yeux pleins de douceur et de passion, ce visage d'un éclat surnaturel et d'un enjouement ingénu, cette taille à rendre Atalante jalouse, ce luxe qui eût fait pâlir les reines d'Orient, ne se fût pas douté que cette beauté éphémère était encore un des ornements de Montespan la superbe. Comprenne qui pourra le cœur et la vanité des femmes ! Madame de Montespan souriait à mademoiselle de Fontanges; elle disait à haute voix que sa rivale était belle et charmante; elle l'appelait sa mignonne et son amie, et sa joie était de montrer à tous cette protection que l'esprit accorde à la beauté. Ne troublons pas le triomphe de cette maîtresse orgueilleuse, de cette Montespan favorite qui eut le privilége de placer ses bâtards sur les premières marches du plus grand trône de l'univers! Laissons-la sourire, de ses belles dents enchâssées dans le corail, à la beauté de sa rivale; laissons-lui fouler d'un pied dédaigneux l'honneur de la couronne et ses lois les plus inviolables! Ah! quand son regard était un ordre, son esprit une flamme; quand les grands yeux et les grâces de mademoiselle de Fontanges lui servaient de licteurs; quand elle avait à sa droite l'abbesse de Fontevrault, le roi à sa gauche, la reine de France à sa suite, Louvois à sa porte, madame de Maintenon à ses pieds; à l'heure poétique et charmante où toutes ces victoires et toutes ces poésies, entraînées par cette main si proche du sceptre, servaient de cortége à cette souveraine qui a protégé Racine et défendu Despréaux; reine des intelligences, qui a donné le champ à toutes les épées et l'éveil à toutes les lyres, — et toutes ces villes et toutes ces provinces : Nantes, Blois, Tours, le Maine, Toulouse prêtant leurs noms respectés aux enfants ténébreux de cette fécondité criminelle, comme s'ils fussent vraiment sortis de nos trois races royales; — au sommet incliné de cet Olympe soumis à l'ordre de cette femme belle comme le jour, qui lui eût osé dire que l'heure viendrait bientôt (l'heure de mademoiselle de la Vallière), l'heure de l'abandon, du néant et du repentir? Pécheresses, grandes dans le péché, qui offrez à Dieu, en holocauste, les restes d'une beauté dont les rois ne veulent plus ! Royales encore sous la cendre, reines encore dans le cercueil !

Le roi parut enfin, et jamais peut-être la contemplation et le ravissement perpétuel de cette cour n'éclatèrent dans un murmure plus spontané et plus rempli de louange et d'extase. Chacun de ces regards, portés sur le roi, lui apportait en traits de flamme le témoignage ardent d'une adoration et d'un applaudissement qui ne connaissaient plus de limites. Versailles fêtait véritablement, ce même soir, la révocation officielle de l'édit de Nantes, et ces capitaines, ces magistrats, ces femmes, ces jeunes gens, ces vieillards, les uns et les autres, dans un concert unanime, murmuraient le cantique sincère de leurs actions de grâces jusqu'à ce troisième ciel où s'est arrêté le ravissement de saint Paul. Louis XIV partageait, du fond de l'âme, le culte suprême et l'exaltation de son œuvre récente. Jamais plus de majesté, tempérée par l'intime contentement d'avoir accompli un difficile devoir, n'avait éclairé d'un rayon plus vif ce noble front destiné, de toute éternité, à l'éclat de la couronne de France. Sa Majesté portait un habit de velours or et noir, brodé en mosaïque, tout chamarré de diamants et de perles; les diamants de la couronne brillaient à son épée, et le Saint-Esprit sur sa poitrine. « Réjouissez-vous, fils glorieux, réjouissez l'Église votre mère, et soyez pour elle une colonne d'airain ! » disait le pape Anastase à Clovis; eh bien ! cette voix du pontife retentissait en ce moment aux oreilles de Louis et se mêlait aux sourires de ses maîtresses; il acceptait cet encens comme une adoration qui lui était due, et chacun pouvait contempler à son aise cet éclat, cette douceur, ces regards heureux, cette tête royale ornée de l'auréole...., lorsque soudain les regards du roi s'arrêtèrent sur l'étrange jeune fille et sur l'enfant, penchées l'une et l'autre, du côté des jardins, et qui semblaient ne pas se douter que le moment fût si proche de répondre à leur juge. La cour entière suivit la direction de ce regard et resta frappée de stupeur. Mademoiselle de Prohenque, en effet, la main sur l'épaule de Marie, avait oublié en quels lieux elle se trouvait.... L'enfant, les yeux levés au ciel éclatant, n'appartenait plus qu'au grand spectacle des constellations célestes. Il fallut avertir Guillemette et Marie que le roi les appelait, et, pendant que M. de Louvois expliquait à Sa Majesté quelles étaient les deux étrangères, une main impérieuse vint les arracher à leurs contemplations et les conduisit dans le cercle même où se tenait le roi. Ce fut alors seulement que mademoiselle de Prohenque eut la perception nette et distincte du péril et du danger. Elle courba la tête, et, dans l'attitude même de la résignation, elle attendit, plus disposée en ce moment à protester contre le nouveau catéchisme de mademoiselle d'Hortis qu'à se sauver à la faveur du mensonge. L'amour sincère et vrai donne aux âmes honnêtes ces instants de courage dont l'histoire fait de l'héroïsme plus tard.

En présence de ces deux filles appelées de si loin et tombées à Versailles en si étrange appareil, le roi se sentit troublé, pour ainsi dire; il n'était pas habitué à être regardé face à face, comme le regardait en ce moment mademoiselle d'Hortis; même il est mort que personne ne savait au juste quelle était la taille du roi : on ne l'a su qu'en mesurant son linceul!

Il y eut un silence profond; l'homme souverain cherchant une question à la portée de cette enfant, et l'enfant témoignant dans son regard qu'elle avait déjà trouvé la réponse. Elle était en effet sur la dernière limite de l'enfance; à la délicatesse de son visage, à sa voix légère comme sa figure, à cette beauté incertaine encore entre la nuit envolée et le jour qui va paraître, on hésitait. — Etait-ce une enfant encore? est-ce une jeune fille déjà? Dans ses yeux fermés on devinait la flamme naissante du mois de mai; ses yeux ouverts resplendissaient de l'éclat d'avril naissant. L'intelligence brillait encore sur ce front où elle s'était arrêtée, dans ce geste qu'elle animait toujours, dans cette physionomie où tout brille, où tout se déclare; âme qui veille, esprit qui se souvient; noble tête, semblable à un paysage merveilleux où rien ne vous attache séparément, mais l'unité du chef-d'œuvre arrête et charme tous les yeux. Placée, hélas! entre la terre et le ciel, elle était plus près du ciel que de la terre. Son visage était calme, son regard pensif, son sourire plein de tristesse, son attitude pleine de grandeur; ses beaux cheveux partagés sur le front flottaient, de chaque côté de la tête, en longues boucles frisées, et se nouaient par derrière à la façon athénienne; elle avait l'habit d'une nymphe, le geste d'une Muse, sa voix même était d'un timbre plus clair que la voix d'une simple mortelle. *Nil mortale sonans.* Et voyant que le roi hésitait comme faisait Abraham, « oubliant « qu'il est le maître dès qu'il voit un étranger, » mademoiselle d'Hortis fit encore un pas jusqu'au roi, et enfin elle lui raconta, dans une langue pleine d'indignation et d'images, les cruautés et les misères religieuses dont elle avait été le témoin, elle, une petite fille de l'Enfance de Notre Seigneur! « Si jeune encore, disait-elle, j'ai vu Jésus et Marie se perçant de coups mutuels ; j'ai vu l'esprit de la charité étouffé dans les embûches; j'ai vu les âmes les plus fortes, sous votre règne, ô Sire, soutenir d'horribles combats, au milieu des afflictions les plus injustes. Que d'injures, de mauvais traitements, d'indignités de toutes sortes, dans le sein de la paix et de la grandeur; et quelle force coupable a donc foulé aux pieds la couronne de la paix, la vraie et sainte couronne des martyrs? O roi! écoute-moi, et prête l'oreille, s'il est vrai que la vérité sorte de la bouche des enfants! Ta volonté a brisé déjà les plus honnêtes cœurs; elle a jeté à l'exil les plus loyales consciences; elle a renversé les plus saintes maisons; dans l'orgueil de la toute-puissance, tu as oublié que la miséricorde de Jésus-Christ veut être honorée par la miséricorde des hommes, et que si tu veux trouver de la pitié pour toi-même, il faut que tu sois pitoyable à ton tour! »

Elle parlait; le roi l'écoutait avec la conscience qu'elle était folle, et pourtant, afin de ne rien perdre de ces paroles sévères qui retentissaient pour la première fois à ses oreilles, il se baissait docile et obéissant jusqu'à ces lèvres éloquentes; elle parlait, et à mesure que sa voix s'élevait, son regard brillait d'un éclat surnaturel!

« Bienheureux les miséricordieux! disait-elle, ils obtiendront miséricorde! La grâce, l'indulgence, la rémission, le ciel même est à ce prix. Et vous, Sire, avez-vous été miséricordieux; que dis-je? avez-vous été juste? Vous avez brisé Port-Royal! vous avez persécuté M. Arnauld! vous avez exilé M. de Ciron! vous avez arraché à leurs évêchés qui les pleurent nos seigneurs d'Aleth et de Pamiers; vous avez condamné au supplice des meurtriers le père Aubarède et le père Cerle, nos confesseurs, dont vous ferez deux martyrs; vous avez si bien fait, que le pape lui-même a pris parti contre vous pour ces mêmes hommes qui étaient en sa plus profonde disgrâce. Et ce matin encore, lorsque j'accourais à vous du fond de ma chère Enfance pour vous prier de me protéger contre le marquis de Saint-Gilles et pour vous dire : Sire, délivrez enfin les opprimés des liens de la tyrannie, débarrassez le pauvre de son fardeau, mettez en liberté les captifs et rompez le joug qui les opprime, j'ai entendu, ô misère! le cri des femmes et des enfants ; j'ai vu tomber, ô cruauté ! un temple du Dieu vivant ; j'ai vu mourir, ô honte sur les meurtriers ! un vieillard qui se félicitait d'échapper par la mort à la nation des hommes chassés, bannis, errants, vagabonds, et traités par vous, leur roi et leur maître, comme s'ils n'eussent jamais appartenu à la société humaine. Voilà ce que je voulais te dire, ô roi, et maintenant je cherche la reine pour lui parler. »

Le roi, visiblement ému et touché, fit signe que chacun restât à sa place. Mademoiselle d'Hortis fut tout d'abord se placer devant la reine ; elle prit d'une main délicate le voile de Sa Majesté, et elle le porta à ses lèvres comme une sainte relique ; mais ce fut tout, et elle passa outre, sans avoir reconnu la reine. Elle s'arrêta un instant devant mademoiselle de Fontanges, et les deux mains jointes en signe de profonde pitié : « Oh ! dit-elle, pauvre malheureuse que la mort a touchée de son doigt impitoyable, Dieu vous rappelle, si jeune encore!... Il est temps de vous repentir! »

Arrivée au tabouret de madame de Montespan, Marie l'illuminée hésita; on eût dit qu'elle était clouée à cette place; elle cherchait, en effet, à reconnaître la reine, et déjà madame de Montespan était aux nues.... L'enfant passa outre, en levant l'épaule d'un air de dépit, et d'une voix plaintive elle disait : « La reine! la reine! je ne vois pas la reine! »

Enfin, au troisième rang des dames non duchesses et qui se tenaient à genoux sous leurs robes soyeuses et à demi cachées dans une embrasure, elle découvrit madame Scarron, disons mieux, madame de Maintenon elle-même, qui s'était fait saigner le matin, pour ne pas rougir le soir; à coup sûr, s'il y avait une humble place et bien cachée, dans cette salle du trône, c'était la place occupée par madame de Maintenon, et elle devait se croire à l'abri du drame qui sollicitait en ce moment toutes ses sympathies; il fallait, en effet, pour arriver jusqu'à elle, traverser le cercle de madame la dauphine, de la princesse de Conti, de la duchesse de Bourbon... Mais la jeune enthousiaste, obéissant à l'esprit intérieur, eut bientôt rejoint cette reine qu'elle invoquait sur le trône même de Versailles. « O vous! dit-elle à madame de Maintenon, qui êtes la reine de ces lieux, vous, échappée au printemps de d'Aubigné, et qui serez ici l'exemple après que tant d'autres en ont été le scandale, je vous confie, madame, le soin d'avertir le roi qu'il ne faut pas peser comme il fait sur la foi des peuples, s'il en croit l'avis de saint Paul; il y va de votre gloire en ce monde, madame, et de votre salut dans l'autre, de ne pas laisser la passion religieuse engloutir toutes choses dans le royaume; c'est à vous seule à ramasser, d'une main bienveillante et ferme, les tristes fragments des diverses religions qui ont été brisées sans pitié depuis trente ans. Madame, écoutez-moi! Il ne faut pas se faire un jeu monstrueux, un jeu sanglant et cruel de la conscience et de la liberté; il ne faut pas, à ces âmes qui ont soif de justice, présenter sans cesse le vinaigre et le fiel! O madame! protégez enfin une enfant infortunée que l'on veut arracher à la mère qui l'a élevée, à la maison qui l'a abritée! Délivrez-moi, par pitié, du marquis de Saint-Gilles, mon oncle, et rendez-moi à madame la supérieure de l'Enfance, qui m'appelle en me pleurant! » Un grand cri, parti du cercle royal, interrompit cette plainte touchante... Les vingt-quatre violons, et les grands hautbois, et les grandes eaux, jouaient encore leurs symphonies dans le lointain.

Mademoiselle de Fontanges, pâmée sous un horrible vertige, venait de tomber dans les bras de madame de Montespan et

dans les bras de la reine. Mademoiselle de Fontanges se mourait en effet, et le roi, frappé de cette foudre, semblait se demander quel était donc ce destin, et quelle était cette pythonisse adolescente dont la prophétie s'accomplissait en un clin d'œil ?... Marie d'Hortis était retournée à la fenêtre, comme si elle n'eût pas quitté sa place favorite ; elle suivait d'un regard enfantin le régulier mouvement des étoiles du ciel....
« Que vos tentes sont belles et vos pavillons magnifiques, ô mon Dieu! » Une larme brilla dans les yeux du roi quand il vit emporter sa maîtresse. « Adieu, sire, dit-elle, adieu, mon roi! Je meurs contente, puisque mes derniers regards vous ont vu pleurer ma mort! » En un clin d'œil disparut toute cette foule brillante; le silence et la solitude de la nuit se furent bien vite emparés de ce palais des kalifes. Resté seul avec ses ministres, le roi se mit à songer longtemps.
« Ah! dit-il, si mes intentions sont bonnes, je

comprends que la violence est mauvaise ! Vous m'avez caché la ruine de Charenton, ce matin, monsieur de Louvois, et vous êtes cause que cette journée de louange et de gloire, que je me promettais, s'est changée en deuil et en accusation... Je veux cependant que l'on entoure de déférences et de respects cette jeune pythonisse et sa compagne. Qu'elles soient libres, je le veux ; qu'on ramène mademoiselle d'Hortis à sa mère adoptive, et faites dire au marquis de Saint-Gilles qu'il se tienne à distance respectueuse de sa nièce ; respectons les arrêts et les volontés de cette enfant que Dieu a visitée, et qui sait tant de choses de mon âme que je ne savais pas moi-même. Hélas ! j'ai bien peur que sa prédiction ne s'accomplisse ; ma duchesse se meurt ! Je veux aussi qu'on laisse en repos la supérieure perpétuelle de l'Enfance et sa maison. Vous manderez à M. de Basville que telle est ma volonté et tel mon bon plaisir ! »

XXIII.

Nous avons dit que M. de Ciron, frappé d'un mal subit, se mourait dans la chambre même de la supérieure de l'Enfance. La fièvre brûlante s'était emparée de cette poitrine délicate; le froid et la chaleur, l'inquiétude et la fatigue, les passions de l'esprit aussi bien que les passions du cœur, les années de l'exil et la joie du retour avaient également pesé sur cette frêle organisation, faite uniquement pour l'étude, pour le repos, pour la science, pour cette vie occupée, heureuse, reposée que nous enseigne la *Bouche d'Or* dans ses livres!

Personne, moins que l'abbé de Ciron, n'avait été créé et mis au monde pour se mêler, comme il l'a fait malgré lui, aux colères, aux irritations et aux vengeances de ce monde voué aux disputes : théologiens, sophistes, grammairiens, scolastiques, maîtres, docteurs ; docteurs angéliques, docteurs séraphiques ; que disons-nous ? ce bel esprit, d'une science si claire et d'une éloquence ingénue, aussitôt qu'il eut mis le pied dans ces broussailles, appartint corps et âme à l'armée évangélique : papes, légats, nonces, évêques, chapitres, abbés commendataires, abbés réguliers, assemblées du clergé, jusqu'à ce qu'enfin il fût tombé à son tour dans l'abîme et dans la disgrâce, après avoir porté la bannière proscrite de M. Arnauld dans cette longue suite de batailles dogmatiques ! — Il se mourait en silence, sans un mot de plainte ou de regret, le regard sérieux, les mains jointes, et dans ce calme profond qui est le précurseur d'une heureuse mort.

Assise au chevet de cet homme qui l'avait tant aimée et qui s'était perdu pour elle, madame de Mondonville suivait, d'un œil plein de larmes, les progrès de ce dernier moment qui sépare l'homme de son juge, le siècle de l'éternité, et, à mesure que l'ombre s'étendait sur ce pâle visage, la malheureuse femme voyait apparaître, vêtues de deuil, les années brillantes de sa jeunesse; elle se rappelait les paroles heureuses, les regards bienveillants, les sourires, les silences même de l'amant écouté. A travers le trépas qui lui enlevait son dernier ami et compagnon sur cette terre, elle revoyait l'idylle printanière, elle entendait les concerts du mois de mai, elle évoquait, d'un sourire attristé, le moment fugitif de sa libre jeunesse, quand ce jeune homme l'entourait de ces louanges délicates, de ces tendresses timides, de ces extases muettes, de l'auréole que donne l'amour lorsqu'il fait de la femme aimée une impératrice de la terre, une sainte du ciel! — Ainsi elle rêvait, au chevet de cette agonie! Et lui aussi, un pied dans la tombe, il évoquait les visions printanières; il appelait le rêve à son aide, il franchissait le terrible passage, à la suite de l'image adorée! « O (pensait-il tout bas)! ô vanité des théologies et vanité des sciences! ô misère des disputes et des dogmes! ô malheur! préférer aux rayons du soleil les plus épaisses ténèbres; user sa vie à passer de saint Thomas à saint Augustin, de Rome à Louvain, de M. Arnauld à Pascal, lorsqu'on avait dans l'âme tant de jeunesse, tant d'espérance et tant d'amour au fond du cœur! » — Voilà pourtant ce que disaient les regards de ce moribond! Telles étaient ses dernières pensées! Ainsi s'agitaient en mille regrets les derniers sentiments de ce cerveau fatigué d'émotions et de terreurs! A la fin ses yeux se fermèrent pour ne plus voir! L'âme vivait encore; madame de Mondonville la recueillit dans un suprême baiser!

Désormais elle était seule, et comme chaque jour, chaque instant apportait un danger nouveau, cette femme héroïque, à peine eut-elle enseveli son ami, son conseil, son défenseur, se prépara à la résistance extrême. En si peu de jours, le nouveau gouverneur de la province, M. de Basville, s'était emparé, à la façon d'un maître absolu, des pouvoirs qui lui étaient confiés. Déjà sa main et sa griffe se faisaient sentir avec cette activité, ce labeur, ce génie infatigable, cet artifice, cette volonté vaste et lumineuse qu'il portait en toutes choses. Pour mieux servir cette domination implacable qui s'était mise en si peu d'instants à manier et remanier le Languedoc, chacun redoublait de zèle et d'ardeur, depuis M. le premier président jusqu'au sergent royal. En ce moment, tout est sur pied, l'armée et la milice, les gardes-côtes et la garde urbaine, le présidial, le juge-mage, le lieutenant criminel, le lieutenant principal, le lieutenant particulier, tous les tribunaux de justice; messieurs les officiers du parlement, messieurs les conseillers en la sénéchaussée recherchent, avec l'ardeur de théologiens inexorables, les moindres traces des pamphlets, des placards, des proscrits; c'est à qui donnera du poids au vent et à la fumée, à qui éventera ces mèches cachées, ces tisons fumants du prophète Ézéchiel, le jour où il découvrit au fond du sanctuaire, les quatre grands vieillards qui s'y tenaient cachés. Ardeur immense, passion incroyable dans une ville si policée, à qui dénoncera, à qui livrera des malheureux!

Ainsi l'heure avançait où il deviendrait impossible de sortir du Languedoc, et madame de Mondonville le comprit si bien qu'elle résolut de jouer sa dernière partie. Absolument il fallait entraîner les proscrits hors de cet asile devenu dangereux, et tenter l'évasion du côté de la mer. — Elle arrêta donc en elle-même qu'aussitôt les derniers et silencieux honneurs rendus à M. de Ciron elle essaierait d'une sortie à travers cette ville si bien gardée, et, afin de mieux assurer sa retraite et de diminuer les dangers qu'elle laissait derrière elle, elle fit appeler mademoiselle de Verduron, qu'elle n'avait pas vue encore, et qui vivait, depuis tantôt huit jours, enfermée dans une cellule, entre la crainte et l'espérance, très inquiète et très avide d'en finir avec l'entreprise commencée. La Verduron comprenait à merveille les dangers de la position ; mais, en revanche, plus le danger était grand, et plus la récompense lui semblait sûre ; elle voyait, à n'en pas douter, que tout ceci n'était rien moins qu'un jeu d'enfant ; mais ce jeu terrible ne manquait pas de charmes pour cette aventurière, exposée si longtemps au vent du péché et, par conséquent, toute préparée à ce métier de boute-feu. Ces huit jours d'attente, durant lesquels elle fut abandonnée à elle-même et privée de l'orgueil, des richesses, des pompes, des cassolettes, des gourmandises et des délices de sa vie de chaque jour, lui avaient paru autant de supplices; repliée sur elle-même, comme fait la couleuvre, elle se mit à couver ce crime de nouvelle date. Jusqu'à présent, rien à voir, rien à entendre. Elle occupait, dans un corps de logis abandonné, sous les toits, une chambre à peine garnie d'un lit, d'une table, d'une chaise de paille, et sans miroir, sans miroir! La porte était fermée à la clef, et la servante venait, une fois par jour, apporter une modeste pitance à la pensionnaire de la reine. Après les premières questions, auxquelles cette fille ne sut pas ou ne voulut pas répondre, la belle écouteuse aux portes était rentrée dans un silence absolu. On eût dit que la réclusion était dans ses mœurs et qu'elle sortait de quelque couvent de carmélites, tant elle était calme, patiente, résignée. Elle se leva cependant, avec un empressement marqué, lorsque Marine, la servante, lui vint dire que madame l'attendait; et en effet, à travers de longs corridors sombres et après avoir descendu une longue suite d'escaliers silencieux, elle fut conduite dans le salon de madame la supérieure. Cette pièce vaste et d'une grande magnificence était meublée d'une tapisserie de damas cramoisi, de douze siéges de même étoffe; le tapis rappelait les armoiries de la comtesse; la cheminée était surmontée d'un miroir entouré d'une bordure d'ébène; une table de marbre, sur un pied doré, et chargée de très belle porcelaine, occupait le milieu du salon; le portrait de M. de Ciron, jeune homme, se reflétait dans cette glace de Venise; le visage de M. de Saint-Cyran et l'image guerrière de

M. Arnauld remplissaient les deux panneaux de chaque muraille ; un grand fauteuil en velours violet touchait à un prie-dieu en bois de chêne ; tout l'ensemble de cette pièce respirait un luxe sévère et de bon goût, aussi éloigné de la recherche que de l'austérité. Une reine de France, une Médicis, n'aurait pas désiré une retraite plus convenable, dans une plus belle et plus sérieuse maison.

Quand ces deux femmes furent en présence enfin, elles se toisèrent et se jugèrent du premier regard : mademoiselle de Verduron, vive d'esprit, alerte et subtile, comprit tout de suite qu'une lutte avec une pareille femme était impossible ; de son côté madame de Mondonville, qui touchait à la majesté même, eut bien vite reconnu dans le haut appareil de la grande coquette une créature à peine défendue et protégée par des vices qu'il était facile de lire sur son visage, une de ces mangeuses de plâtre, de charbon et de fruits verts qui ne valent guère la peine qu'on leur oppose ni habileté ni colère. Le mépris et le dédain furent donc très grands du côté de la supérieure de l'Enfance, pendant que du côté de la Verduron un très grand trouble et beaucoup d'hésitation se manifestaient au lieu et place de cet art, de cette audace, de ce mensonge suprême sur lequel M. de Saint-Gilles comptait si fort. La pauvre Verduron ! elle cherchait son masque, elle l'avait sur le visage ! Elle était en ce moment comme si elle eût été sans âme et sans corps, c'est-à-dire sans malice et sans fard. Ces yeux clairs et bien plantés, dont chaque regard était une perfidie, semblaient couverts d'un nuage ! Cette main tremblait, qui devait jeter la pierre et se cacher ensuite ; ces lèvres éloquentes, on eût dit qu'elles étaient fermées par le remords. Cette illustre et habile trompeuse n'était plus, en un mot, qu'une fille décontenancée et sans grâce ; une comédienne habituée à l'ancienne manière de chanter, à la vieille danse, et qui joue, au pied levé, un rôle important sur un théâtre inconnu, dans une partition dont elle sait à peine les premiers mots.

Quand elle vit cette créature qui déjà tremblait sous son regard, madame de Mondonville se sentit prise d'une grande pitié, et, sans montrer ni mépris ni colère, elle expliqua à la nouvelle fille de l'Enfance les obstacles qu'elle allait rencontrer si elle s'obstinait à faire partie de cette maison : « En effet, disait madame la supérieure, on n'entre pas violemment à l'Enfance ; on vient ici appelée, attendue et pressée par l'ardeur des bonnes œuvres. Nous ne sommes pas une maison religieuse, nous sommes une famille ; trahir notre loi domestique c'est plus qu'une trahison envers Dieu, c'est trahir l'hospitalité et la bienfaisance ; telles que vous nous voyez, mademoiselle, nous sommes les filles de la peste, de la fièvre chaude et du typhus. Si nous avons nos entrées dans les hôpitaux, dans les prisons et dans les cimetières, notre devoir, j'ai presque dit notre orgueil, c'est de toucher de nos mains ces belles plaies et ces saintes flétrissures qui vous ont fait reculer de dégoût et d'horreur; donc, c'est à vous à vous sonder vous-même. Avez-vous le cœur assez haut placé pour changer ces tâches pénibles en autant de fêtes délicieuses et charmantes, pour accepter la paternité du mendiant qui passe, pour traiter comme un frère le malheureux traîné au supplice et qui vous salue de son dernier regard parce que vous aurez baisé ses mains brisées par la torture? à la bonne heure, entrez! et soyez des nôtres! Oh! mademoiselle la pensionnaire de la reine, il en est temps encore, songez-y, vous allez être soumise à de rudes labeurs, et si vous n'êtes venue ici, de votre pied léger, que pour cueillir des violettes et des groseilles, pour vous soumettre, tout au plus, à des mignardises d'austérité, pour vous dresser un tabernacle sur quelque luisante et agréable montagne de votre invention, il en est temps encore, rentrez dans le monde des femmes délicates et des dévotes de la dévotion aisée; si vous n'êtes pas forte, sortez d'ici ; si vous n'êtes pas fidèle, fuyez au plus vite; si vous ne laissez pas à ce seuil la Parisienne oisive et frivole, rentrez en toute hâte dans vos domaines, et laissez-nous dans les nôtres ; pour vivre avec nous dans cette maison, notre héritage et notre royaume, il vous faut absolument une raison vertueuse, une volonté droite, une âme loyale, un cœur dont le fond ne soit pas gâté, un corps bien portant. Pour la dernière fois, je veux bien vous avertir que la communauté de l'Enfance ne ressemble en rien à l'idée que vous pouvez avoir d'un couvent, d'un cloître, d'un ordre religieux; notre maison est une citadelle, notre nom est légion, notre vie est un combat, notre mort sera peut-être un martyre. Allons, mademoiselle, un peu de franchise, et convenez que ce n'est pas cela que vous êtes venue chercher de si loin ! »

A ce discours, plus maternel qu'elle ne pouvait l'espérer, la Verduron, chose étrange, sentit ses craintes s'évanouir ; même elle en vint à s'imaginer qu'avec un peu de ruse, un jeu délié, un esprit que chacun vantait, une larme dans ses yeux, une rougeur fugitive à sa joue, elle viendrait facilement à bout de cette femme superbe. Sa réponse fut donc nette, précise et voisine de l'audace. Elle était, disait-elle, la pensionnaire de la reine, et, quoique bien jeune encore (premier mensonge), elle n'était pas si innocente que de ne pas savoir qu'elle était venue à l'Enfance pour obéir, pour travailler, pour servir ; donc elle persistait dans son dessein, et elle était prête à accomplir toutes les exigences de sa nouvelle profession.

« Qu'il en soit comme vous le voulez et comme le veut S. M. la Reine, reprit madame de Mondonville, et maintenant puisqu'il n'y a pas à s'en dédire, il est nécessaire que je connaisse le fond de votre âme et que je pénètre dans les replis de votre cœur. Une confession entière, dans toute l'étendue et la rigueur exigées par le concile de Trente, va nous mettre au niveau, vous et moi, de nos devoirs réciproques. A genoux donc; je suis prête à vous entendre : recueillez-vous ! »

A cet ordre imprévu, mademoiselle de Verduron fut tentée de se révolter et d'appeler à son aide la justice de Dieu et la loi des hommes. Comment! se prosterner aux pieds de cette femme, s'accuser de tous ses péchés aux oreilles de cette femme, implorer de cette femme la pénitence, l'absolution,... le ciel! Raconter sa vie entière à ce directeur étrange, comme si, en effet, la supérieure de l'Enfance avait charge d'âmes, comme si elle avait le droit de lier ou de délier, de condamner ou d'absoudre! Était-ce possible? était-ce permis? et les constitutions de l'Enfance avaient-elles autorisé la supérieure perpétuelle à cet énorme abus de sa grandeur?... Madame de Mondonville, sans mot dire, ouvrit les constitutions écrites de la main de M. de Ciron et signées au Vatican! L'article XLV était formel. Il fallut que la Verduron se prosternât à ce confessionnal usurpé; elle ploya les genoux, et, les mains jointes, elle récita son *Confiteor*; après le *Meâ culpâ*, et quand cette main furieuse eut frappé trois fois cette poitrine haletante de haine et d'orgueil, la confession commença.

Ce qu'elle dit à voix basse et dans le ton même du confessionnal, et les yeux baissés afin que son ennemie ne pût pas lire dans ses yeux plus que dans son cœur, on peut le supposer sans peine! Elle tourna autour de la vérité, comme autour d'un abîme dans lequel on a peur de tomber; elle parla d'amour et d'amourettes, de billets galants, de coquetteries, de parures, de médisances, de toutes les peccadilles innocentes que peut commettre une fille d'Ève quand elle est jeune, agréable, jolie et recherchée; elle avoua des pensées, des paroles, des omissions, et comme la supérieure l'écoutait avec l'attention d'un directeur véritable, elle convint aussi de quelques actions scélérates, mais d'une scélératesse mitigée et de bonne compagnie. Somme toute, il résultait de cette confession générale que madame de Mondonville avait à ses pieds, et allait recevoir dans sa maison, une honnête fille qui avait subi déjà de grandes tentations sans y céder; qui, très sollicitée et très demandée, était restée chaste et pure; une âme innocente, à tout prendre, un esprit timide, à coup sûr, un cœur honnête certainement. Du reste, la confession était habile; la pécheresse s'y cachait avec soin, la femme s'y montrait et s'y révélait au dernier point; les plus habiles directeurs des âmes y eussent été pris, parce qu'ils ne sont que des hommes; la supérieure de l'Enfance n'y fut pas trompée un seul instant. « Voilà, dit-elle, votre vie entière? Vous n'avez pas d'autre révélation à me faire, et vous êtes bien vraiment telle que je vous entends et telle que je vous vois? »

Et comme la Verduron hésitait... « Vraiment, reprit madame de Mondonville, pour une fille de votre espèce, vous êtes bien habile à mentir! Mais as-tu donc espéré me prendre à ton piége, ô femme de Jéroboam que je reconnais sous ton masque et sous ces couleurs menteuses? O l'innocente! En effet à peine, à l'entendre, si elle a commis parfois le péché de paresse ou de gourmandise! — à peine si elle a ressenti quelques petits mouvements d'avarice et d'envie, et, si elle a été parfois en colère, c'est du plus loin qu'il lui souvienne! O sirène! est-ce donc ainsi que vous chantez? Crocodile, est-ce ainsi que vous pleurez? Oh! fi! tuer son monde en cachette! Assassiner dans les ténèbres! Prêter un si beau voile à cette laide simonie! Eh bien, moi, malheureuse (reste à genoux!), je vais te dire qui tu es, s'écriait la superbe Mondonville, penchée sur la créature humiliée à ses pieds : tu es une fille perdue, et qui n'as vécu, jusqu'à présent, que de tes perfidies et de tes vices; tu es arrivée ici, toute chargée de l'or de Toulouse, l'or des traîtres, des parricides et des délateurs, l'or volé par Cépion et qui tue les voleurs. « Il a de l'or de Toulouse! » s'écrie notre peuple quand il veut désigner un traître, un malheureux et un menteur! Insensée et folle que tu es! tu as donc oublié cette loi du saint livre : « Garde-toi d'offrir à Dieu le prix de la prostituée ou la valeur d'un chien? » Tes péchés! dis-tu, ce ne sont pas des péchés, ce sont des crimes! Et tu t'en viens te mettre à ma merci, sans songer que si je faisais justice, je t'enverrais au Château-Vert rejoindre tes pareilles, les filles perdues, et chaque matin on te verrait, le balai à la main, balayer les immondices de la ville, moins immondes que toi! Ah! tu pensais que, dans cette maison de charité et de prière, on ne comprendrait rien à tes infamies! Tu te figurais que nous serions les dupes de ton innocence et de tes vertus immaculées! Tu venais à nous avec des paroles trempées dans l'humilité et la douceur, comme autant de flèches dans une huile empoisonnée! Eh bien, vois si l'on te connaît et si l'on te sait par cœur! Tu es une malheureuse qui s'est vendue au Saint-Gilles, au plus vil et au plus lâche de tous les hommes! Tu portes sur toi, là, dans ce sein impie et sacrilége,

une promesse de mariage, si honteuse pour
lui et pour toi qu'elle vous unit désormais par des chaînes de fer que je ne
veux pas rompre, rassure-toi, ma chère;
au contraire, je ferai si bien que toi et
ton marquis vous serez rivés l'un à l'autre, comme le boulet au pied du galérien! Y suis-je donc? Et n'as-tu pas été
(écoute bien ceci!) la maîtresse payée du
chevalier de la Vieuville, la complaisante
du commandeur de Souvré, l'espion de
M. de Lyonne? N'as-tu pas vendu, pour de
l'argent, les lettres de madame de Clérambault au jeune duc de Caudale, qui les a
cédées à M. de Miossens? N'est-ce pas toi
qui as dénoncé à M. de Louvois M. de Chavigny et M. de Beringhem? Dans tes plus
folles soirées et même dans tes moments
de passion, tu conservais, pour les revendre, les paroles, les chansons, les plaintes,
les folies, les forfanteries de tes amants,
dont plus d'un encore expie à la Bastille

les moments qu'il appelait les plus heureux moments de sa vie! Va! va! on n'a pas besoin de ta confession; on te connaît, on te sait par cœur! On sait de tes nouvelles avec le maréchal de Boufflers, avec le duc de Villeroy et le prince de Bourbon. Et tes lettres à Guillaume d'Orange, qu'en dis-tu? Et ton amitié avec le chevalier de Lorraine, que faut-il en penser? »

Au nom du chevalier de Lorraine, la Verduron, jusque-là impassible, et aussi calme dans ces orages que l'Océan par une pluie d'été, se mit à bondir comme une tigresse blessée à mort. « Le chevalier de Lorraine! s'écria-t-elle avec l'accent d'une angoisse suprême. — Oui, reprit la supérieure, oui, le chevalier de Lorraine; on sait tout... on dira tout... » Et comme la Verduron, vaincue enfin, criait: « Grâce et pitié! — Ni grâce ni pitié! reprit madame de Mondonville; et si je ne te livre pas encore au châtiment mérité (car je suis maîtresse ici et souveraine), c'est que je te garde pour ma vengeance ; c'est que je veux te faire épouser aux autels de la peur ton marquis de Saint-Gilles, c'est que je veux le voir te promettant foi et fidélité, et te donnant en échange de tes infamies et de tes souillures son nom souillé, sa main coupable, sa fortune volée ! Ah ! tu en veux ; tu l'auras ! Et si je te dis que c'est lui qui t'a dénoncée à moi-même ! Et si te prouve qu'il ne veut plus de toi, qu'il te rejette, qu'il a enlevé naguère une nièce à lui, une enfant, pour avoir son bien, que diras-tu, la belle dame ? — Tu diras.... au fait, tu diras ce que je voudrai que tu dises ! Tu es à moi, tu m'appartiens, tu es ma proie ; attends mes ordres ; et cependant je vais te faire mettre en lieu sûr ! »

Ayant ainsi parlé, son beau visage redevint impassible ; elle appela, et deux filles de service se présentèrent, à qui elle ordonna de conduire mademoiselle de Verduron en une retraite sombre, où elle vivrait au pain et à l'eau, sur la dure et sous les verrous.

Le lendemain de ce jour avait été désigné pour la fuite des trois hommes qui se tenaient cachés dans cette enceinte. Madame de Mondonville passa toute la nuit en prière, au lit de mort de M. de Ciron ; elle-même, et les filles de l'Enfance que M. de Ciron avait élevées avec le plus de soin et de tendresse paternelle, elles se préparèrent à lui rendre les derniers devoirs. A peine l'aube naissante tombait sur cette maison en deuil, et déjà la tombe du mort était creusée dans un coin du petit jardin de la tourelle, à la place même où M. de Ciron venait s'asseoir et rêver. Vivant, ce lieu lui plaisait ; mort, il y trouvera le repos et l'abri que lui refuserait le cimetière. Hélas ! si la douleur de cette perte est profonde, elle est muette. On n'entendra pas autour de ce cercueil,

fermé avant l'heure le chant des psaumes
funèbres; ni pompe, ni luminaire, ni chant
d'église, ni discours prononcé sur la tombe
entr'ouverte, ni le son des cloches pour
annoncer aux fidèles la mort de ce prêtre
illustre et bienfaisant!... Je me trompe!
car soudain, à l'heure du premier *Angelus*,
les cloches de la cité endormie ont retenti
au milieu de ce deuil silencieux. Le clocher
de la Dalbade, dont la flèche domine les
contrées d'alentour, donne le signal à tout
ce bronze sacré, çà et là répandu dans les
airs. A ces mélodies matinales répondent, de
loin et de près, les églises et les chapelles;
Sainte-Barbe et Sainte-Claire se font reconnaître à leur son argentin; Saint-Michel
et Saint-Roch *de Feretra* parlent d'une
voix plus haute; Saint-Barthélemy répond
à Saint-Antoine-du-Salin, pendant que les
pénitents blancs, les pénitents bleus et les
pénitents noirs, habitués à passer d'une
église à l'autre, se mêlent à ce concert que

domine le bourdon de Saint-Martial. On dirait que chaque clocher gémit et se lamente de cette mort inconnue; que toutes les fontaines pleurent; que saint Exupère s'en désole dans sa châsse d'argent; que l'heure fatale est restée fixée sur le cadran immobile de l'Abat-Roger, jusqu'à la prochaine messe de minuit!

Le cercueil fut déposé dans la tombe creusée; la fosse fut comblée avec soin et recouverte de gazon; madame de Mondonville prononça à peine quelques paroles et le verset du psaume où il est dit : « Que la miséricorde du Dieu tout-puissant t'accompagne! que la bonté divine soit égale à la bonté de ton cœur! » On pleurait, mais tout bas! Les cloches, qui sonnaient de toutes parts, semblèrent éclater en sanglots, comme si elles partageaient la douleur de ces aimables filles qui pleuraient M. de Ciron. Hélas! les filles de l'Enfance avaient oublié, dans leur douleur, quelle était la fête célébrée, il y avait, en ce temps-là, tant de fêtes à Toulouse! Comptez seulement les fêtes du mois d'octobre : le premier jour appartient à Notre-Dame-du-Rosaire et au parlement; le second jour à l'Ange gardien et aux pénitents bleus; viennent ensuite, fêtes fériées, la fête de saint François d'Assise chez les Dominicains, la fête de saint Bruno aux Chartreux, Notre-Dame-de-la-Victoire aux Carmes; sainte Thérèse est célébrée en latin à l'Université; saint Pierre d'Alcantara est chanté par les Récollets; viennent ensuite sainte Suzanne et saint Saturnin; le jour suivant, saint Front est invoqué dans les six églises du Taur; le dernier jour appartient à Notre-Dame-de-la-Dalbade, tout comme le 2 novembre à la commémoration des trépassés : le 2 novembre fut enterré M. de Ciron.

A huit heures du matin, tout était prêt pour le départ des trois proscrits; chaque fille de l'Enfance était de nouveau à son

poste, et madame de Mondonville attendait
déjà depuis quelques instants le père Cerle,
lorsqu'elle le vit venir enfin, non pas déguisé comme il était convenu et caché sous
l'habit d'un malade, mais en soutane, en
long manteau, les cheveux arrangés avec
un certain art, le collet bien fait et bien empesé; une large ceinture lui serrait le haut
de l'estomac; il portait des souliers et une
calotte de maroquin du plus beau grain;
bref, il était vêtu comme un docteur de Sorbonne qui s'en va faire une visite de cérémonie à son évêque; et d'un geste assuré,
d'une voix ferme : « Madame, dit-il à madame de Mondonville, je n'oublierai jamais
votre dévouement et votre courage à nous
sauver; mais voici bien des jours que nous
abusons de l'hospitalité de votre maison,
moi du moins, et après avoir mûrement
interrogé ma conscience, prosterné aux
pieds du crucifix, je viens vous dire que ma
décision est arrêtée de ne pas fuir plus long-

temps les périls et le supplice ; je suis un des confesseurs de Jésus-Christ, un des combattants les plus obscurs de l'Église catholique, et mon devoir de chrétien est de tenir tête à la persécution! Ceci est donc ma volonté d'aller trouver le gouverneur de ce pas, et de me faire réintégrer dans mon cachot, afin qu'il en advienne ce que Dieu voudra. Là, du moins, je ne serai pas exposé à autoriser par ma présence le scandale de l'avant-dernière nuit, car enfin, madame, comment est mort M. de Ciron? quels devoirs religieux a-t-il remplis, et qui donc l'a réconcilié avec son Dieu? »

A ces mots, l'abbé Cerle se dirigeait du côté même de la grande porte de l'Enfance ; mais en ce moment on put bien voir quelle était cette hardie et vaillante supérieure, et l'énergie de sa volonté : elle arrêta l'abbé Cerle d'un geste impérieux, elle lui représenta que, seule ici, elle était la maîtresse absolue, et qu'elle ne souffrirait pas que, par une fausse délicatesse de conscience, il ouvrît la porte de l'Enfance aux sbires, aux archers, aux bourreaux, aux flammes allumées. « Oui, disait-elle, votre martyre, monsieur, serait un crime; pendant que pour vous seul s'entr'ouvriraient les cieux dans leur gloire, nous irions, nous autres, vos complices, aux abîmes et aux enfers de M. de Basville, creusés sous nos pas ; souffrez donc que je vous arrête dans l'injustice que vous allez commettre, et que je vous sauve malgré vous! » — A cet ordre sans réplique, auquel le père Aubarède et le protestant exilé prêtaient l'appui de leur obéissance silencieuse, l'abbé Cerle n'eut qu'à se soumettre. Une civière était préparée, sur laquelle il fut couché comme un malade que les filles de l'Enfance vont ramener à son foyer domestique. « Messieurs, dit la supérieure aux deux proscrits, j'en suis fâchée, et je vous prie de me pardonner mon audace, mais il vous faut prendre la livrée de la maison; et vous ainsi vêtus, et moi et une autre de nos filles, nous chargerons ce brancard sur nos épaules; c'est le seul moyen de sortir de la ville et de franchir ces portes redoutables sans être suspects aux soldats de M. de Basville; hâtons-nous cependant! » A mesure qu'elle parlait, s'opéraient ces transformations subites, et tout fut prêt en un clin d'œil.

Le pieux convoi franchit le seuil de l'Enfance sans causer le moindre étonnement dans la rue et dans les carrefours environnants; la ville était faite à ces expéditions charitables, et chacun saluait au passage la civière qui avait servi à tant de malades et à tant d'infirmes portés et rapportés sur ces nobles épaules habituées à de pareils fardeaux. Ils traversèrent ainsi une partie de la ville, le père Cerle enfoui sous sa couverture de laine bleue, madame de Mondonville attelée au brancard de devant avec le père Aubarède, le protestant portant le brancard de derrière en compagnie de mademoiselle de Bigorre, qui marchait la tête haute et d'un pas aussi ferme qu'une jeune mère lorsqu'elle tient son enfant dans ses bras. Ils arrivèrent ainsi non loin de la porte qui devait les conduire enfin dans les libres campagnes du vieux Toulouse, lorsqu'ils furent arrêtés par un obstacle imprévu et terrible.

Dans l'étroit espace qui séparait la grosse tour de la tour de l'Aigle, et adossé à l'orme funèbre où avaient été pendus à diverses époques, par la populace violente, tant de soldats calvinistes et tant de magistrats catholiques : Jean Coras, François Ferrières, Antoine Latgier, le bourreau avait dressé son échafaud ce matin même, et, entouré de ses aides, il exécutait en silence une partie des arrêts confiés à ses feux, à ses tortures, à ses chevalets, à ses cordes, à ses poteaux. Une douzaine de fourches patibulaires s'élevaient, en effet, dans le sanglant appareil des instruments de tant de supplices divers, toutes chargées des livres condamnés au feu, des noms voués à l'infamie, des images placées là pour attester le crime et le châtiment du coupable. L'effigie était en effet, à défaut du condamné, le supplice de sa fuite, de son absence, de son exil. Le corps échappait au glaive, le portrait et le nom restaient fixés sur l'échafaud, et ce fatal dénoûment de toute une vie imprimait dans l'âme des multitudes presque autant d'épouvante et d'horreur que lorsque le condamné lui-même était précipité, en personne, dans ces flammes, lié sur ces roues, suspendu à ces cordes. L'effigie! c'est-à-dire tout ce que la loi pouvait saisir encore, tout ce que le châtiment pouvait obtenir, tout ce qui restait de l'homme en fuite, son nom, son honneur, son bien, sa famille, sa gloire au dedans, sa renommée au dehors! Le bourreau avait donc à son aide et à son service ses peintres ordinaires, dont le grand art consistait à reproduire, en quelque charge ignominieuse et sanglante, l'habit, la forme et, autant que possible, la ressemblance de la personne suppliciée; plus l'artiste excellait à cette représentation de l'effigie, et plus il était en grande estime auprès de son chef naturel, le bourreau! C'est une des histoires de l'antique Florence, le grand peintre Andrea del Sarto, obligé par la seigneurie de représenter, sur les murs de la prison, ses meilleurs amis, condamnés au dernier supplice; il fallut obéir : le malheureux Andrea en mourut de honte et de douleur!

Ici, au contraire, le peintre ordinaire des supplices absents, qui n'était pas, que je sache, un artiste du premier ordre, s'était complu en son œuvre, et il l'avait caressée avec amour. Au milieu de ces poteaux chargés de brochures vouées aux flammes (le livre exécrable, *execrabilis et inauditus*, était percé au milieu par un grand clou, et, avant d'être brûlé, il subissait comme un autre homme l'exposition d'une heure) s'élevaient des arbres patibulaires à quelques pieds au-dessus du niveau des sentences ordinaires, et à ces gibets étaient attachés le portrait de l'abbé Aubarède et le portrait de l'abbé Cerle. On les livrait ainsi au dernier supplice, ne pouvant pas les avoir en chair et en os[1].

A vrai dire, l'abbé Aubarède avait été ménagé par le Raphaël de l'échafaud ; cette image était peu ressemblante, et la corde était à peine indiquée ; on eût dit un homme qui s'endort plutôt qu'un supplicié ; en

---

(1) *L'Église de France affligée, où l'on voit, d'un côté, les entreprises de la cour contre les libertés de l'Église, et de l'autre, les duretés avec lesquelles on traite, en ce royaume, les évêques et les prêtres, les religieux et les religieuses, et autres personnes de piété, qui n'approuvent pas les entreprises de la cour ni la doctrine des jésuites,* par François Poitevin. A Cologne, chez Pierre le Vrai, à l'enseigne de *la Justice,* 1688.

revanche, le père Cerle avait été traité avec
une ironie, un sans-gêne, une vigueur
dignes d'une pareille exposition. A coup
sûr le peintre l'avait fait d'après nature,
et il était impossible de s'y tromper. C'é-
tait lui ! Voici cette tête obstinée, ce regard
furieux, ces lèvres stridentes, ce front plis-
sé, ces joues fiévreuses : c'est bien là le père
Cerle qui dispute ! Ajoutez, pour comble
d'horreur, que le pauvre homme était suspendu à une corde qui se détachait en re-
lief de cette peinture; c'était bien en ce
moment le père Cerle pendu haut et court ;
sa langue passait outrageusement à travers cette bouche entr'ouverte. et par un
dernier trait d'esprit, à moins que ce ne
fût tout simplement une faute d'ortho-
graphe, le peintre avait écrit sur cette
langue contournée le mot : *Regal!* Bref,
c'était horrible à voir en ce lieu ; mais dans
une réunion d'amis et sur une page gogue-
narde, c'eût été charmant, tant il est vrai

que de la caricature au supplice il n'y a que l'épaisseur d'un cordon.

Un embarras de cette espèce était bien fait pour arrêter nos voyageurs; le convoi s'arrêta, et l'on eût pu voir madame de Mondonville lire avec soin le titre des livres qui allaient être lacérés et jetés au feu par la main du bourreau. Il en est plus d'un parmi ces livres que Bayle lui-même, professeur aux arts libéraux en l'université de Toulouse, quand il voulut écrire l'histoire de ces luttes et de ces orages de l'esprit humain, n'a pas pu retrouver[1].

Et comme l'abbé Cerle s'agitait sous sa couverture, madame de Mondonville, levant un coin de cette serge discrète : « Monsieur, dit-elle à voix basse, regardez et voyez! Si vous tenez encore à vous dénoncer vous-même, voilà le moment ! » Ce fut

---

(1) Par exemple, *Disputatio de supposito...* brûlé par arrêt du parlement de Toulouse; le livre a reparu dans quelques ventes, aujourd'hui que personne n'en a plus besoin.

à peine si le malheureux fut assez hardi pour jeter un coup d'œil sur sa dolente image, et il ferma les yeux d'épouvante en se voyant ainsi échafaudé.

Après cette halte funèbre, et la foule faisant place, et l'exécuteur debout, sur son échafaud, les bras croisés et regardant passer le monde comme une coquette du haut de son balcon, un dimanche, chaque porteur reprit son fardeau et sa marche, et enfin arrivés au dehors des portes, où brillait l'écusson de Toulouse : l'agneau d'argent, au chef d'azur semé de fleurs de lis d'or, non loin de la métairie de Saint-Vincent, les fugitifs, délivrés de cette contrainte, rendirent grâce à Dieu de ce premier succès. Le père Cerle, pâle encore d'épouvante, ne se fit guère prier pour changer ses habits contre la veste d'un paysan; des mulets attendaient les voyageurs, et aussitôt on se mit en route : on allait en silence et d'un bon pas.

Chaque relais était préparé à l'avance ; chaque sentier était indiqué par des villageoises qui, d'un geste, montraient la route à suivre ; on eût dit que la campagne immense était avertie et complice de cette fuite : le paysage était sérieux, l'heure était solennelle, le danger réel, la saison triste ; l'automne avait dépouillé de sa verdure cette terre promise ; l'ouragan enlevait leurs dernières feuilles aux noyers, aux châtaigniers, aux peupliers de Hollande et d'Italie ; le blé avait disparu des sillons ; le raisin avait été cueilli sur la vigne, le pampre s'était séparé de l'ormeau ; sur cette terre si longtemps désolée par tant et de si cruelles guerres civiles et religieuses, pas de village qui ne fût entouré de son fossé et protégé de son château fort ; les métairies étaient séparées l'une de l'autre par de longs espaces ; à chaque pas se retrouvait la trace de la construction romaine, de la destruction française, pendant que de temps à autre éclatait soudain au-dessus des forêts, au sommet des montagnes, dans les lieux les plus escarpés et les plus difficiles, le chef-d'œuvre du grand siècle, le canal du Midi, creusé par le grand Riquet : bassins, rigoles, écluses à porter l'Océan ; ces fleuves domptés dans leur cours, cette Garonne obéissante et agrandie, ces deux mers étonnées de se rejoindre ; ici l'Océan grondeur, et tout près d'ici le flot plus calme des fables romaines, le lac romain et grec, la Méditerranée aux flots d'azur ! L'écume heureuse d'où tu es sortie, ô Vénus ! reine des dieux et des hommes, la seule divinité dont le poëte Lucrèce n'ait pas renversé les autels. On raconte que ce Riquet de Caraman, le protégé de Colbert, un jour qu'il traversait le petit ruisseau de Saint-Féréol, descendu des montagnes, plaça son bâton de voyageur au milieu de ces eaux bondissantes... O miracle aussi grand que le miracle de la pomme de Newton ! ce flot coupé en deux se divise et s'en va du côté de l'Océan et du côté de la Méditerranée ! « Là je creuserai le canal qui unira les deux mers ! » se dit à lui-même l'homme de génie enthousiaste et rêveur.

Eh bien ! (vanité des spectacles de la terre et du ciel !) de tous les spectacles et de tous les souvenirs que renfermait la contrée, s'exhalaient les plaintes et les misères des générations ensevelies sous ces tertres. Plaines et montagnes, ruisseaux et fontaines, ruines et murailles bâties, racontaient les batailles, les crimes et les vengeances du passé; plaintes énergiques et touchantes où se mêlaient déjà dans un lointain qui était proche les sanglots, les misères et les lamentations de l'avenir. Du haut et du bas Languedoc se faisait entendre le cri : « Monde nouveau ! laissez passer les enfants de Dieu ! » et... l'autre cri : « Mort aux *huguenaulx!* » Avec un peu de soin, on eût retrouvé vos traces glorieuses ou sanglantes, héros et tyrans de cette province : Montmorency, Duguesclin, Simon de Montfort, et toi aussi, féroce baron des Adrets! Que de massacres, de meurtres, d'incendies! Que de vallons et de plaines inondés de sang chrétien! Béziers montre ses plaies, Narbonne ses chaînes, Carcassonne ses bourreaux, Tournon ses jésuites, Annonay ses luthériens; Provençaux, Vaudois, Pauvres de Lyon, Albigeois, Bonshommes, Ariens, Sabattatti, Papistes, soldats de la grande croix, soldats de la petite croix, se plaignent et se lamentent; les échos nouveaux murmurent tout bas le nom de Basville; les Cévennes de demain préparent leurs cavernes profondes; le golfe du Lion soulève ses tempêtes pour le jour suivant; la province entière succombe sous le faix de cette nouvelle guerre de religion : « *Oppressa gravi sub religione,* » disait le père Cerle à son compagnon le protestant.

Plus calme et plus accessible aux sentiments de la liberté reconquise, le père Aubarède eut retrouvé bien vite son âme et son esprit de tous les jours. A peine il eut respiré sa nouvelle liberté, à peine il sentit la vraie terre sous ses pieds et le vrai ciel sur sa tête, qu'il redevint un brave et digne homme, également heureux du danger évité et du devoir accompli. «Ah ! mon frère, disait-il, quelle était votre tentation de vous livrer au bourreau et de monter sur cet échafaud où nous avons brillé par notre absence, comme les images de Brutus et de Cassius aux funérailles de César! ou, si vous aimez mieux, semblables à ce Cremutius Cordus, dont les livres furent brûlés par le sénat! »

A la dernière étape, et comme ils approchaient de Blaye, où ils espéraient trouver une barque et gagner la pleine mer, ils furent avertis, par une petite fille qui gardait les moutons, que le rivage était plein de milice, et à peine ils eurent le temps de se jeter dans une masure voisine, où ils furent reçus, bêtes et gens, par un pauvre curé de village qui leur dit en s'inclinant le *Domine non sum dignus!* « Je ne suis pas digne de l'honneur que vous me faites, madame et messieurs; et que madame la supérieure perpétuelle de l'Enfance pardonne à mon humble maison si peu faite pour la recevoir! »

Le père Aubarède, qui était en train de citations, répondit au bon curé par les vers de Sidoine Apollinaire, lorsqu'il s'en va de Toulouse à une ferme qui est à deux jours de chemin : « Mes serviteurs étaient partis dès l'aurore, et m'avaient devancé pour planter ma tente à la distance de vingt milles; le lieu offrait beaucoup de facilité pour s'y reposer un instant; c'était une colline couverte de vieux arbres, d'où sortait une fraîche fontaine; sur nos têtes une herbe épaisse, sous nos yeux une rivière profonde, remplie de poissons, couverte

d'oiseaux, pendant que, sur l'autre rive, s'élève la maison hospitalière d'un ami. »
Il eût débité encore une vingtaine de vers, mais le père Cerle, impatient plus qu'on n'eût pu croire, se hâta d'entrer et de fermer la porte qui s'ouvrait en si grand à propos pour recevoir les voyageurs.

Entre toutes les maisons de l'Enfance établies dans la province, la supérieure aimait surtout l'Enfance de Blaye, et après sa maison de Saint-Denis, au milieu des champs, et sa maison de Saint-Félix de Caraman, posée sur cette hauteur, Blaye était sa maison favorite. Ce fut là qu'elle se rendit, jusqu'au moment favorable pour la fuite, laissant les trois proscrits à la garde du bon curé.

Celui-ci ne s'étonna pas, tant s'en faut, des hôtes que lui adressait la divine Providence ; il savait la menace du prophète contre celui qui ne vient pas en aide à ses frères malheureux : « Prends garde, dit

Jérémie, ta maison sera minée de fond en comble, si elle n'est pas remplie du pur or de la charité! » Dieu sait pourtant si ce pauvre homme était pauvre! Sa maison était tout au plus une masure; pas de feu en hiver, pas de rideaux en été; quelques chaises de paille, un fauteuil sans bras, une table plus boiteuse que celle de Philémon et Baucis, un lit d'enfant! — « *Curta supellex,* » disait l'abbé Cerle. Mais le pain de la charité porte en lui-même une saveur qui lui est propre; la charité, en pays d'obédience, en pays de concordat, même sous un vieux toit, possède ses couronnes et ses triomphes; elle se passe fort bien des vases précieux, de l'appareil, du luxe, des crédences d'or et d'argent, du revenu des sept cents abbayes de Saint-Benoît et de Saint-Augustin, plus riches que tous les monarques de l'Europe, des palais de Cîteaux ou de Prémontré; une courte ration lui suffit, offerte de bon cœur. Aussi bien tous ces honnêtes gens s'entendirent à merveille, réunis qu'ils étaient dans cette masure par la persécution, par la pauvreté, par la charité.

Ce curé de campagne se plaignait, mais d'une voix si douce! « Oh! disait-il, la triste condition, curé de campagne, et comme saint Macédonius avait raison lorsqu'il châtiait d'importance l'évèque qui l'avait fait prêtre! Si j'étais seulement le moine le moins riche des soixante-quatre ordres rentés, ou le plus pauvre dans le plus pauvre des trente-quatre ordres mendiants, vous feriez bonne chère, messieurs; mais un pauvre homme sans feu ni lieu, un *déchaussé* par nécessité, un mendiant sans besace, un être qui vit si loin, si loin des évêchés, des primaties, des abbayes, des canonicats, des grandes chaires; un pasteur à qui tant de gens disputent la possession de ses ouailles, un vigneron qui voit entrer chaque jour des étrangers dans sa vigne, à peine s'il peut vous offrir le pain d'orge et le fromage de chèvre ! Tel que vous me voyez, je suis le dernier échelon de l'échelle sur laquelle posent leur pied nos seigneurs les prélats lorsqu'ils veulent atteindre aux crosses, aux pourpres, aux mitres, à la béatitude, à l'auréole ! Vous vous plaignez de votre vie errante à travers l'exil sans fin, mais si j'en crois le saint livre, vous êtes sur le bon chemin, mes frères, puisque vous êtes sur le chemin de la persécution ! Que risquez-vous, en fin de compte? une mort glorieuse, suivie d'une récompense éternelle ! Moi, cependant, me voici confiné dans ce désert, humble desservant d'un petit bénéfice qui m'est confié par le bénéficiaire, à condition que je lui abandonne la meilleure part dans la moelle des os de Noël, et c'est à peine s'il me reste un os à ronger. Encore si je n'appartenais qu'à mon maître titulaire ! Mais mon second maître, le marguillage ! Le marguillier est mon espion, il est mon délateur, il

m'aime à peu près comme les papes aiment
les conciles généraux ; il est le Judas qui
livre son maître aux passants! A propos
de maître, il faut compter aussi ma servante, ou plutôt la dame et seigneuresse
de céans. Et le sacristain que j'oublie! un
voleur. Pas une quête dont il n'ait sa part !
pas une offrande dont il ne s'attribue les
prémices ! Il pille sur les œufs et le fromage, il vole mon vin, il fauche mon cimetière, et je suis obligé de mettre le holà
entre lui et le sonneur. Et quand je pense
qu'il existe dans l'église de France un
archevêque de Paris, un archevêque de
Toulouse, un évêque-cardinal de Strasbourg, qui n'a pas quarante ans, avec quatre cent mille livres de rentes, en plein
repos, en pleine puissance ; pour maison un
palais, tout rempli de gentilshommes, d'officiers, d'abbés, de grands vicaires, de beaux
esprits, de belles dames; et quand je compare à ma misère cet état si heureux et si li-

bre, cette magnificence et cette grandeur, et ce respect qui n'a pas d'autres bornes que la circonférence des cieux et les extrémités de la terre, je me demande si je n'aurais pas mieux fait d'écrire des chansons comme notre juge d'Aurillac, monsieur Meynard, ou d'être tout simplement un moine mendiant, gras et fleuri, qui entre chaque jour dans les meilleures maisons pour y faire la quête. « Entrez, mon père ! » On lui ouvre les portes, on le reçoit dans les belles compagnies et jusque dans le cabinet des grands, où il se mêle à toutes sortes de négociations importantes ! O gloire de la mendicité ! O sainteté de la psalmodie ! Abbaye éternelle de Montcassin, assise incessamment sur cette base opulente : cinq villes épiscopales, quatre duchés, deux principautés, vingt-quatre comtés, et tant de milliers de villages, de fermes, de moulins, de rentes, pourquoi ai-je préféré à tes grandeurs cette vie de souffrances, de misères, de pauvreté, de prédication? »

Il disait ces choses-là, moitié figue et moitié raisin, moitié sérieux, moitié riant, pour le double plaisir de se plaindre et d'amuser ses hôtes, peu jaloux d'une dispute théologique, car il voyait bien qu'il avait affaire avec forte partie; enfin il aimait la paix, et il n'était pas homme à la troubler pour soutenir les droits de l'Église ou du roi en matière de régale : « C'était bon, disait-il, pour son éminence le cardinal d'Estrées, ambassadeur du roi à Rome, qui, plus d'une fois, s'est battu à coups de poing avec le neveu du pape, don Olivio Odescalchi. »

Ainsi se passèrent deux autres jours; journées de calme en dedans, de tempêtes au dehors; on eût dit que tous les flots avaient rompu leur digue et que tous les vents étaient déchaînés. Le ciel était sombre comme la mer, et le rivage inhospitalier fut abandonné des troupes qui le gardaient; car le moyen de penser que, par ces ouragans furieux, les proscrits eux-mêmes oseraient tenter de sortir? — Mais que dit le Seigneur ? — « Invoque-moi, aux jours de ta détresse. » Et ce fut justement au plus fort de la tempête que madame de Mondonville donna aux trois proscrits le signal du départ. Avec cette fièvre de volonté qui était en elle, elle avait rencontré des pêcheurs assez hardis pour tenter la fortune de ces flots irrités, et maintenant elle allait confier à cette barque fragile ces victimes de la persécution religieuse. On était arrivé au bord de la Gironde grondeuse, et chacun gardait le silence, car l'heure était solennelle, et la mer menaçait dans le lointain ! Alors vous eussiez vu ces trois hommes, la tête nue et les yeux au ciel, se recueillir et invoquer tout bas le Dieu qui a dit à l'Océan : « Tu n'iras pas plus loin ! » Durant cette courte prière, la supérieure de l'Enfance se tenait un peu à l'écart, soit qu'elle fût retenue à cette place par l'inquiétude de la tempête menaçante, soit qu'elle se consultât elle-même pour savoir si elle obéirait à l'entraînement de son cœur; elle hésitait.... mais enfin, et comme si elle eût été vaincue par une force surnaturelle, elle se jeta à genoux sur le sable, aux pieds de l'abbé Cerle, et les mains jointes, la tête humiliée, la voix pleine de larmes : « O mon père! lui dit-elle, ne quittez pas ainsi votre servante et sans lui avoir pardonné! Écoutez-moi! Je m'humilie et je m'accuse! J'ai péché par vanité et par orgueil! J'ai entraîné dans ma perte l'abbé de Ciron, mon ami et mon maître, et en ce moment suprême je suis en doute, ô mon père! du droit que j'avais de résister à la toute-puissance et de me mêler, comme je l'ai fait, à cette résistance dans laquelle j'ai entraîné tant de jeunes âmes dont j'avais la charge et que Dieu avait confiées à mes soins.

A l'aspect de cette femme superbe et violente, prosternée à ses pieds, l'abbé Cerle, qui était un bon homme, se sentit saisi d'une profonde et respectueuse pitié. Il ne vit plus en ce moment que le courage, le dévouement, l'âme et le cœur de cette guerrière, les grands services qu'elle avait rendus à l'Église, et l'ardeur de son zèle à arracher ses victimes au bourreau! Le père Aubarède, témoin muet de cette scène imposante, eût voulu faire passer dans ses yeux, sur ses lèvres, l'admiration et l'enthousiasme dont son âme était remplie. Du fond de son cœur, le protestant exilé te bénissait et te glorifiait, ô femme forte qui venais en aide à toutes ces misères! ô vaillante qui te précipitais la tête haute dans tous ces périls!

A la fin, vaincu tout à fait par cette grandeur, l'abbé Cerle voulut parler.... Il ne trouva que des larmes! De ses mains tremblantes il bénit cette tête vouée à la proscription. « Je te bénis, dit-il, ô ma fille! pour ta piété, pour ta bonté, pour ta grandeur! Mais, crois-moi, il faut être humble de cœur si tu veux être glorifiée ici-bas et là-haut! »

Quand madame de Mondonville se releva, l'eau qui montait effaça sur le sable humide la trace que ses deux genoux y avaient imprimée; en même temps, signe plus éclatant de pardon! la froide vapeur de ce pâle soleil, mêlée aux nuages que chassait le vent du nord, produisit un arc-en-ciel merveilleux, dont le souvenir est resté sous ce beau ciel. Figurez-vous non pas l'arc accoutumé du ciel à la terre, ou de la terre au ciel, mais une colonne immense, s'élevant de la base au faîte, colorée de rouge, de bleu et de cette troisième couleur mêlée de blanc et d'incarnat. Ainsi montait la lumière, à mesure que s'éloignaient du rivage la barque, les prières et les bénédictions des trois soldats de Jésus-Christ.

XXIV

Que faisait cependant mademoiselle de Verduron, Verduron la couleuvre, au fond de la cellule où elle était détenue? Elle s'abandonnait à mille pensées de vengeances et de représailles. Elle était honteuse d'elle-même, et elle se demandait comment donc elle s'était prise au piége du marquis de Saint-Gilles? Que de larmes silencieuses! que de rages muettes! De temps à autre elle revenait sur sa question : était-elle bien la Verduron, la belle, l'intelligente, l'hypocrite, la redoutée et redoutable Verduron? Certes elle comprenait la témérité de son entre-

prise, et que pour tenir tête à cette femme
tout lui manquait : la tête, le cœur, la force,
le courage; son esprit même, ramassé çà et
là dans les conversations et dans les livres,
et sa beauté en habit de couleur et couverte
de fard, à quoi bon esprit et beauté quand il
s'agissait de résister à cette volonté, à cette
puissance, à ces yeux noirs hardiment coupés
et flamboyants comme le glaive de l'ar-
change au seuil du paradis? Mais avoir été la
dupe et le jouet du marquis de Saint-Gilles!
Elle en serait morte de honte si elle n'avait pas
espéré une vengeance. « Oui, se disait-elle,
si jamais je revois la terrible supérieure, je
me prosterne à ses pieds, je l'adore à genoux, et, le front dans la poudre, je la prie
et je la supplie de m'accorder le marquis de
Saint-Gilles et de me laisser le soin de notre double vengeance! Ah! délateur de ta
complice, si jamais je puis te rejoindre,
tu sauras ce que c'est que la haine et le
mépris d'une femme de ma sorte! » Telles

étaient ses pensées; elle vivait ainsi dans un abattement qui n'avait rien de stoïque! Elle demandait chaque jour si madame la supérieure voulait la recevoir. Mais en vain! On lui apportait l'eau et le pain, une fois par jour; la porte se refermait : tout était dit!

Pour les malheureuses créatures qu'animent le vice et l'ambition, chaque instant d'isolement est une torture, chaque heure de silence est un supplice. Rester face à face avec soi-même, ne voir que son ombre et n'entendre que sa pensée, mieux vaut la mort! Au bout de quelques nuits de cette contemplation des crimes de M. de Saint-Gilles et des siens, mademoiselle de Verduron, épouvantée d'une nuit passée encore dans ces gémonies, se leva, et de sa main habile elle fit si bien qu'elle força la serrure à peine fermée... et la voilà lâchée au milieu de l'enceinte formidable. Tout dormait! Le ciel était sombre; pas une étoile au ciel et pas une clarté sur la terre, non pas même un sentier qui se reconnaisse à sa bordure de buis et au sable dont il est semé. Où marcher? où ne pas marcher? Comment se reconnaître dans ce dédale? et si l'on me rencontre échappée? et si quelque voix vigilante me demande : « Qui va là? » Elle allait ainsi au hasard, cherchant un chemin, et tout lui échappait, même la muraille, qui semblait reculer toujours et se perdre dans l'ombre. Elle fut tentée un instant de rentrer dans sa prison (tant elle avait peur); la prison même avait disparu. Donc elle était bien seule, entièrement livrée à elle-même, et, perdue ou sauvée, à la volonté du hasard! Elle usa une heure ou deux à ce travail, et le jour l'eût surprise, errante encore, ou morte de froid et de fatigue, au pied d'un arbre, au fond d'un bassin, lorsqu'enfin, après avoir traversé la haie et le fossé d'un petit enclos, elle découvrit un bâtiment isolé, dans un vaste espace ombragé d'arbres frémissants, comme elle, sous la brise de minuit. Ce monument, placé là comme le centre et le mystère de la maison, laissait passer, à travers ses sombres croisées, une lueur à peine visible; mais l'œil est si perçant qui cherche une clarté dans la nuit, un phare dans l'orage, une étoile dans le ciel! A l'angle de cette chapelle une porte était entr'ouverte, et par cette entrée mystérieuse se glissaient, une à une, des ombres! On eût dit autant de fantômes enveloppés dans leur linceul que la tombe prête à la nuit jusqu'au premier chant du coq matinal. En toute autre circonstance, par ce froid et par ces ténèbres, la tremblante Verduron se fût enfuie en poussant des cris horribles; mais elle obéissait en ce moment à ce courage haletant que donne la peur, et elle entra pêle-mêle avec ces apparitions dont le voile frôlait sa robe mouillée de rosée. A peine en ce lieu, elle se blottit au pied de l'orgue, et d'un pas léger comme le vol de l'oiseau elle monta l'escalier qui conduit aux grands jeux de cet orchestre où respirent les colères et les transports du ciel chrétien. Si elle fut attentive, si elle regarda de toute son âme en suspens le spectacle qu'elle avait sous les yeux, on peut le croire. En effet, l'autel et le chœur étaient allumés comme pour une fête fériée, et pendant que les cierges brûlaient dans leurs candélabres, les filles de l'Enfance, à demi réveillées, se plaçaient autour de certains pupitres, où elles se livraient à un travail étrange et inconnu. Ces mains alertes puisaient dans une suite de casiers, on n'eût pu dire, de loin, quels fragments de métal, qu'elles assemblaient sur une lame de plomb, pendant que tous ces regards attentifs semblaient suivre et reproduire les mots tracés sur des feuillets que mademoiselle d'Alençon elle-même distribuait à chacune de ses ouvrières silencieuses ; l'œuvre marchait, rapide comme la pensée ; on n'entendait que le bruit régulier de ce métal sonore, on ne voyait que ces jeunes têtes penchées et ces mains alertes qui allaient et venaient, un peu empêchées par les manches flottantes de la robe aux longs plis.

Ce travail, divisé en quarante parts, allait très vite, et bientôt mademoiselle d'Alençon, entr'ouvrant l'autel, en fit sortir une machine singulière, dans laquelle furent placées ces planches diverses; en ce moment le travail changea; les pupitres furent abandonnés, et toutes ces forces réunies se portèrent sur cette machine formidable, à laquelle ces jeunes bras donnèrent le mouvement et la vie! Alors enfin cette Verduron, ignorante des mystères les plus vulgaires, eut une intelligence assez exacte de cette œuvre des ténèbres; elle vit que le papier blanc sortait de cette table magique tout chargé de longues traces noires qui représentaient les passions et les colères dont le gouvernement était en peine; elle sut enfin pourquoi ce travail nocturne, pourquoi ce mystère et ce silence? « Ah! le voilà découvert ce foyer d'éloquence et de passion! cet arsenal d'accusations et de menaces! Le voilà signalé cet outil de dommage et de résistance! Voilà le secret pour lequel, moi la Verduron, j'ai été envoyée à l'Enfance! O bonheur! ô triomphe! ma mission est accomplie. Je vais régner! je vais vivre! Il est à moi désormais ce marquis de Saint-Gilles qui m'a dénoncée! » En un mot, telle fut l'exaltation de cette femme, et si grande se trouva sa victoire, elle se trouva elle-même, en ce moment funeste, si pareille à cette belle et vertueuse Thélésille, qui s'arme pour combattre les Spartiates, qu'elle oublia l'heure, le danger, le mystère, la prison, la colère, les menaces, elle oublia mademoiselle d'Alençon elle-même, qu'elle voyait pourtant aller et venir dans cette mêlée; alors, frappant du pied et des mains, la Verduron, chose incroyable! fit jaillir soudain, de l'orgue chargé de tempêtes, l'é-

meute des voix, le bruit des foudres, le duo
éternel de la plainte d'ici-bas et de l'imprécation de là-haut ! Et plus l'orgue réveillé
se lamentait en confuses harmonies, et plus
la Verduron appuyait sur cette détente des
vents déchaînés, pendant qu'à ce bruit, à
cette vision, à l'aspect de cette étrangère
venue là pour les perdre et pour les vendre,
mademoiselle d'Alençon et ses compagnes
franchissaient ces degrés retentissants sous
leurs pieds irrités « Ah ! s'écriaient-elles,
la fille de joie fait des siennes ! Elle a brisé
ses verrous ! Elle s'est enfuie, elle est venue ici comme un chat-huant, elle sait tout,
elle a tout vu ! Malheur à elle ! malheur à
nous ! » Telles étaient les fureurs, les imprécations, les voix, les menaces ; la Verduron, plus morte que vive, s'était réfugiée
sur les marches de l'autel, elle s'était retranchée derrière cette presse qui avait fait
passer à la province rebelle tant d'heures
vengeresses, qui avait imposé aux gou-

verneurs du Languedoc de si mauvaises nuits et de si mauvais jours.

La première épouvante une fois passée, le silence se rétablit soudain, et mademoiselle d'Alençon, à voix basse : « Vous l'avez voulu, mademoiselle, dit-elle à la Verduron ; on vous avait avertie du danger ; on vous avait fait comprendre que vous étiez devinée et connue tout autant que le marquis de Saint-Gilles, votre espion et votre complice ; on vous avait enfermée, par pitié pour vous, entre quatre murailles, et, pour tout châtiment, on ne vous demandait que de vivre sans nuire à personne! Au contraire, vous avez voulu pousser jusqu'au bout votre trahison et vos perfidies ! Vous avez voulu absolument nous livrer aux vengeances et aux châtiments qui nous attendent pour avoir protégé et défendu, de toutes nos forces, les opprimés contre les oppresseurs, la vérité contre le mensonge, la liberté de l'Église contre les envahissements du sceptre ; eh bien ! que votre destinée s'accomplisse : il faut mourir ! »

On vit alors se porter sur la femme condamnée quatre servantes armées chacune d'une baguette ; on vit en même temps la Verduron pâlir, chanceler, tomber. Le cœur cessa de battre, la poitrine perdit le souffle; le feu du regard, si lent à briller, si prompt à partir, s'éteignit soudain ; l'esprit vital, sous lequel marchent deux à deux les cordes sensibles, se brisa comme fait un luth délicat sous une main grossière qui le frappe au lieu d'en toucher ! Elle se mourait, elle était morte! Les yeux s'étaient fermés pour ne pas voir le supplice, les oreilles s'étaient fermées pour ne pas l'entendre ! Il n'y a guère que les parricides ou les femmes perdues qui ont peur à ce point-là.

Accueillie à son retour par ce cruel incident, la supérieure de l'Enfance tendit la main à mademoiselle d'Alençon, comme ferait un général d'armée qui, pressé de toutes parts, n'a pas encore perdu tout espoir. Elle-même elle voulut revoir la femme morte si misérablement ; on avait couché mademoiselle de Verduron sur un lit de parade, et, afin sans doute d'apaiser son âme irritée, on avait paré ce corps fragile comme il aimait à être paré de son vivant. La tête n'avait rien perdu de sa gentillesse; une mousseline unie, attachée par un pli au milieu de cette chevelure flottante, donnait à ce visage d'une grâce profane les couleurs apparentes du sommeil ; un simple corset, renoué de rubans roses, se rattachait à une robe blanche, dont les devants garnis de dentelles se relevaient sur un jupon brodé ; la ceinture était nouée avec art, le pied était strictement chaussé d'un soulier noir sur un bas de soie à petits jours. Si elle eût pu se voir attifée ainsi, la coquette ! « Pauvre malheureuse ! murmura madame de Mondonville, et quel terrible chemin après tant de délices pour passer dans l'éternité ! »

Elle était seule avec le cadavre, elle prit dans ses mains cette main froide et souple encore, et... voyez quel était ce génie habitué aux luttes désespérées ! la supérieure de l'Enfance, à demi penchée sur cette femme anéantie : — « Écoute-moi, lui dit-elle, écoute-moi ! Il se peut que tu ne sois pas morte ! Il y a des spasmes si semblables à la mort que plus d'une mère s'y est trompée ! Nous avons vu des léthargies si profondes qu'on les mettait au tombeau où elles se sont débattues quand vint le réveil ! On a retrouvé, chose horrible ! plus d'un cadavre qui s'était retourné dans son cercueil ! On dit aussi que la léthargie est un sommeil éveillé ; on voit, et rien ne paraît dans l'iris de cet œil endormi ; on entend, et l'oreille semble frappée d'atonie ; on sent, et le frémissement intérieur ne va pas plus loin que le cœur ;

qui reste seul exposé à ces frissons impuissants! Donc, tu es en catalepsie, tu n'es pas morte; sois attentive et comprends-moi! »

Elle parlait à voix basse, mais d'une voix si claire, qu'à défaut de l'ouïe on eût pu lire sur ses lèvres et dans ses yeux ce qu'elle disait. Après un silence, elle reprit lentement la suite de son discours : « Tu vois... oui, tu vois que l'heure est proche où l'on va te porter en terre! Il le faut! Déjà la ville se remue et s'agite, l'église est tendue et le peuple attend. Si tu avais été des nôtres, j'aurais pu, dans mon doute, te donner tout le répit qui est dû à une mort inexplicable; mais malheur sur toi! l'œil du gouverneur ne t'a pas perdue de vue; il sait que tu es morte, et il veut te revoir. De son côté le marquis de Saint-Gilles, tu entends bien, le marquis de Saint-Gilles, ce fameux comédien, est à son poste; il te pleure tout haut, il t'appelle, il te redemande, il porte ton deuil, il fait un bruit immense autour de ta tombe creusée ; il a fait afficher ses noces et les tiennes, au grand autel ; il a même demandé toutes dispenses à notre archevêque qui les lui a accordées ; il se sert de ton deuil pour ameuter contre moi toutes les passions ennemies ; il dit que je lui ai tué sa femme, son amie, son amour, sa passion, sa marquise de Saint-Gilles ; et si en effet tu es morte, si, quand je te dirai : « Lève-toi ! » tu restes dans ton cercueil, alors en effet le marquis triomphe et de toi et de moi ; ton cercueil et ma ruine servent également à son apothéose ; toi ensevelie et moi exilée, il se réhabilite dans cette même ville et devant ce même peuple à qui j'ai prouvé que cet homme était un homme sans cœur ; ainsi, — comprends-moi bien, et rappelle tes sens égarés ! — le Saint-Gilles, parce que tu auras succombé sous un moment d'épouvante, se voit délivré tout ensemble, de son mariage avec toi et de la gêne où je le tiens d'un regard ! Tu es sa dupe et je deviens sa victime ; il se rit de toi et il me foule d'un pied vainqueur ! Notre intérêt est donc le même, et voilà pourquoi tu n'es pas morte, et pourquoi il faut que tu sois à ta réplique ! Allons, âme vigilante dans un corps immobile, ne va pas t'endormir au moment du réveil et de la vengeance ! Rappelle-toi la belle Ginevra, ensevelie vivante dans la dernière peste de Florence, et ne compte pas, non certes, sur le marquis de Saint-Gilles pour faire ouvrir ton sépulcre une fois que tu y seras descendue ; au contraire, il faut compter qu'il y fera placer un marbre des Pyrénées, le plus lourd de tous les marbres, avec ta louange funèbre en lettres d'airain, et tu l'entendras, prends y garde ! pousser des sanglots ironiques sur cette fosse à jamais fermée. Morte ou vivante, il faut aller où Dieu nous pousse toi et moi ; j'entends mes filles qui viennent te prendre pour te conduire... à l'autel si tu veux... à la tombe si tu n'es pas assez forte pour briser les liens qui tiennent ton cœur immobile. Sois tranquille cependant, tu es belle ainsi ; on te portera, le visage découvert, afin que l'air extérieur, et peut-être le regard des hommes, te puissent retirer de ta léthargie ; allons ! un brin de fard sur ta joue pâlie, un brin d'incarnat sur tes lèvres, et si tu veux, regarde-toi ! »

Ayant ainsi parlé, la supérieure de l'Enfance présenta en effet à cette créature profane un miroir encadré dans la plume flottante ; une douce clarté se répandit en ce moment sur ce visage embelli par la mort ; on eût dit que l'œil éteint se ranimait au contact de cette lumière souveraine, on eût dit que la bouche allait sourire, et que, vivante, la coquette Verduron ne s'était jamais trouvée plus à son gré que couchée au cercueil...

Le bruit d'une fille morte à l'Enfance avait bientôt franchi cette enceinte abandonnée aux plus cruelles présomptions, la présomption, cette fumée qui monte toujours ; le peuple, qui savait le nom de toutes ses bienfaitrices, demanda le nom de la fille qui n'était plus, et comme ce nom-là ne disait rien à ses souvenirs, il ne s'inquiéta guère de la cérémonie funèbre ; au contraire, dans l'hôtel de M. de Basville l'étonnement fut grand et voisin de l'épouvante, lorsque le gouverneur, le marquis de Saint-Gilles, le père Ferrier et quelques hommes qui étaient dans les secrets du gouvernement, apprirent la mort de la femme qu'ils avaient tout exprès jetée au milieu de ces mystères ! M. de Basville, à cette nouvelle, se sentit troublé jusqu'au fond de l'âme. Il cacha son inquiétude et son trouble ; le père Ferrier et ses amis se regardaient épouvantés, mais silencieux ; seul, M. de Saint-

Gilles jetait le feu et la flamme, impatient d'arriver à la vengeance rêvée, impatient de retrouver l'estime publique, heureux surtout d'échapper à la récompense qu'il avait promise à cette profane. Ainsi la rue était calme pendant que les hauteurs étaient pleines d'agitations. Sur les midi, le convoi se réunit à la porte de la maison en deuil ; la confrérie des Ames-du-Purgatoire, la confrérie de Saint-Sébastien, de l'Assomption et de Notre-Dame étaient arrivées précédées de leurs bannières et chantant le cantique en l'honneur de la sainte Vierge :

Maria dona touta bella
Regina de misericordia...

Le convoi, peu nombreux au départ, s'augmenta bientôt des pauvres, des curieux, des bonnes âmes qu'il recueillait en chemin ; le clergé de la Daurade était venu au-devant du corps qui était porté par les filles de l'Enfance ; madame la supérieure, entourée de ses filles et des gens de sa maison, marchait, en grand habit, derrière e cercueil. Ce fut la dernière fois qu'elle parut en public, cette femme intrépide, l'orgueil de sa ville natale, et jamais peut-être sa fière et éclatante beauté ne s'était montrée aux galeries de ce monde plus digne des hommages et des respects qui l'entouraient. Tous les regards étaient fixés sur elle, et plus d'un œil était humide de reconnaissance et de tendresse. Telle, et dans une majesté moins chaste, moins honnête et moins sainte, se montrait jadis à ce même peuple de Toulouse une beauté séditieuse, appelée en son temps la belle Paule, et dont la mémoire s'est conservée comme un des plus rares chefs-d'œuvre de la création divine. — « La plus belle femme qui soit d'un pôle jusqu'à l'autre pôle [1] ! » disait un

(1) *La Paule-Graphie, ou Description d'une dame toulousaine*, par Gabriel de Minut, dédié à la reine-mère, Catherine de Médicis, par sa très humble et très obéissante

enthousiaste en son langage tolosain ; et pas un homme, à l'aspect de l'éclatante supérieure, qui ne célébrât de la même façon sa bonne grâce, son noble port, son regard impérieux, sa calme et imposante beauté.

Cependant, à chaque pas qui la rapprochait du cimetière des comtes, à la Daurade, cette femme, au visage impassible, sentait l'épouvante monter à son âme ! Elle marchait fière encore, mais sans espoir ! De temps à autre son regard se portait sur le cercueil de feu mademoiselle de Verduron, où se montrait, exposée à tous les regards, cette face blême où la vie et la mort semblaient avoir achevé leur dernier combat. On arriva ainsi dans cet entassement de cloîtres, de chapelles, de tombeaux, mélange païen et chrétien de toutes sortes de ruines et d'ossements, sous l'invocation de

---

servante Charlotte de Minut, très indigne abbesse du pauvre monastère de Sainte-Claire, dans Tolose. Lyon, 1687.

Sainte-Marie-la-Daurade. Avant le Christ et la Vierge, Apollon et Minerve avaient eu leurs autels en ce lieu d'antique origine. Les colonnes, les voûtes, les pierres de l'édifice, croulant sous les siècles, racontaient encore, à qui savait les comprendre, les histoires et les croyances d'autrefois. Là se retrouvaient vivantes les traces énergiques de l'art byzantin, de l'art grec, de l'art romain et des rois visigoths; les ruines du monument polythéiste avaient servi à former les boulevards de l'Église catholique ; chaque siècle, depuis l'avénement de l'Évangile, avait laissé en passant, dans ce lieu sanctifié par les âges, sa grâce, son parfum, ses bas-reliefs, sa parure, ses tombeaux. Les deux Testaments étaient gravés sur ces pierres éloquentes; les chapiteaux récitaient les légendes, les bas-reliefs chantaient les cantiques; sur les murailles et dans un incroyable fouillis d'arabesques, de rinceaux, de feuillages, digne avant-scène de ces tragédies, s'agitait le drame éternel du bon et du mauvais principe, du démon et de l'ange, du ciel et de l'enfer, pendant qu'à vos pieds, dans l'église, sous l'église, au fond du cloître, vous pouviez lire, en lettres brisées par le temps, à demi couvertes par la mousse ou disjointes par la pariétaire, amie des choses tombées qu'elle recouvre et protége de sa pâle verdure, les plus grands noms des générations écoulées. Ici les comtes de Toulouse, ici les archevêques, ici dame Clémence Isaure... les grandeurs de la prière, de la poésie et de la gloire perdues au milieu des tombes sans nom.

Le convoi s'arrêta à la porte de l'église, et l'on put voir sur le seuil M. de Basville, le père Ferrier, le président et plusieurs conseillers du parlement, et enfin le marquis de Saint-Gilles, qui attendaient ce qui allait venir. Le marquis de Saint-Gilles était en grand deuil, en manteau et en pleureuses;

son visage était empreint des marques de la plus violente désolation. Il tenait à la main un mouchoir baigné de ses larmes. En présence du convoi funèbre et aussitôt que la supérieure put l'entendre, il se mit à sangloter comme un enfant. « Ah ! disait-il, te voilà, ma fiancée immolée à la rage de ces femmes, te voilà, ma jeune épouse ! te voilà, ma vie et mon orgueil, victime de ton dévouement et de ton zèle ! On l'a tuée, messieurs, on l'a tuée ! Je vous dénonce le meurtre et la meurtrière ! » Et il montrait du doigt madame de Mondonville, et celle-ci, la tête haute et le regard immobile, restait exposée à tous ces regards qui l'interrogeaient !

La position était difficile, et comme chacun se maintenait dans ce profond silence qui est déjà l'accusation, il était évident que le marquis de Saint-Gilles allait prendre enfin sa revanche sur son impitoyable ennemie. Lui, cependant, après les premières imprécations, il s'était agenouillé au pied de cette bière, et, les lèvres collées sur la main de la fille endormie, il poussait de profonds sanglots.

« Monsieur le marquis, lui dit enfin madame de Mondonville, est-il bien vrai que vous pleuriez ainsi? Votre douleur est-elle sincère? Êtes-vous disposé, en effet, à prendre cette femme par la main et à la mener à l'autel? »

A cette voix qui lui donnait le frisson, le marquis de Saint-Gilles releva la tête. O surprise! pas une larme dans ses yeux! L'œil était sec, mais hagard, inquiet et tout rempli de ce doute qui est un supplice.

« Allons! s'écria la terrible supérieure en prenant la main de la femme morte, allons, madame, c'est trop dormir, votre mari vous appelle! Voici vos témoins, le prêtre vous attend. Au nom de votre gloire, au nom de vos amours, au nom de Saint-Gilles et du chevalier de Lorraine (dit-elle baissant la voix), éveillez-vous, marquise de Saint-Gilles, éveillez-vous! »

Un double frisson parcourut l'assemblée et se fit sentir dans le cercueil, pareil à ces flammes bleues à peine visibles qui voltigent sur les marécages. — Et la morte, rappelée enfin à la douce lumière du jour des vengeances, reconnut son amant par un sourire! Elle lui tendit ses belles mains d'un geste mignard qu'elle avait étudié en chemin. « Qui m'appelle? dit-elle en se levant sur sa couche funèbre; qui m'appelle? disait-elle encore en quittant cette bière doublée de satin blanc. Est-ce toi, marquis, est-ce toi (en même temps elle arrangeait avec grâce les plis de sa robe un peu froissée)? est-ce toi que j'ai entendu et qui me réveille? O mon ami! j'ai bien souffert! quel supplice! quelle torture! J'étais morte et vivante! je voyais les larmes et je ne pouvais les tarir! J'entendais ta voix et je ne pouvais pas te répondre! Tu parlais de mes noces, et j'allais au tombeau! Merci, mon Dieu! » Puis, se tournant vers madame de Mondonville, étonnée elle-même de ce jeu de la mort et de la coquetterie : « Et vous, madame, acceptez aussi mes actions de grâces pour les soins dont vous m'avez entourée... » Elle se pencha alors, et, baisant la robe de la supérieure éblouie : « Eh bien! lui dit-elle tout bas, ai-je joué mon rôle, et le Saint-Gilles est-il ma proie en effet? »

Ceci se passa en moins de temps qu'on n'en met à le raconter. Ces hommes parlementaires et ces hommes d'Église, partisans de l'ancienne morale en perruque et en rabat, se regardaient l'un l'autre avec une épouvante facile à lire sur leurs visages. M. de Basville lui-même était sur le point de crier : Au miracle! Le marquis de Saint-Gilles, pris au filet de cette ressuscitée, avait reculé de deux pas. La foule d'en bas, plus volontaire et plus facilement enthousiaste que la foule d'en haut, criait : Au miracle ! En ce moment, madame de Mondonville n'avait qu'à faire un geste, et l'émeute, qui n'attendait qu'un signal, s'emparait de la province entière. Eh ! cette femme avait, de son côté, l'estime, le respect, la louange, une bienfaisance singulière; elle avait l'énergie, l'éloquence, la force, la volonté, les miracles passés, le miracle récent ; elle était aimée des protestants, elle était chère aux jansénistes, elle tenait au monde, elle tenait à l'Église, elle était animée du double esprit du prophète Élisée qui brillait dans ses grands yeux !

M. de Basville comprit le danger ; il était venu au monde et il avait été imposé au Languedoc tout exprès pour comprimer l'enthousiasme, pour faire la guerre à l'inspiration, pour imposer silence à ces Toulousains « habitués à chasser leurs comtes, dit la chronique, et à traiter avec leurs rois! » Avec son merveilleux instinct de commandement, cet homme comprit que s'il ne donnait pas, à l'instant même, un spectacle à cette foule et un nouveau cours à cet enthousiasme, la ville entière allait éclater!

Heureusement, grâce au notariat universel de l'Église, qu'il avait son spectacle sous la main.

«Monsieur de Saint-Gilles, dit-il au marquis stupéfait, puisque le ciel rend à vos vœux et à vos larmes une fiancée digne de vous, et puisque tout est prêt pour ce mariage, il me semble qu'il est bon de l'accomplir à l'instant même! L'Église le permet, le peuple l'attend! Votre fiancée est toute parée, venez donc, et changeons en fête ce jour de deuil. »

Il fallut obéir! Le peuple, irrité de longue main des lâchetés publiques du Saint-Gilles, n'eût pas souffert une fuite nouvelle. Le marquis prit par la main la pâle et languissante Verduron ; ils entrèrent, elle et lui, suivis de toute l'assistance, dans cette église tendue de noir ; et à la même chapelle qui attendait une morte, sous les tentures funèbres et par un prêtre en deuil, fut célébré ce mariage assorti d'une fille sans vertu et d'un homme sans honneur.

Ces justes noces à peine achevées, la supérieure de l'Enfance voulut rentrer dans sa maison... un exempt du gouverneur l'arrêta au sortir de l'église. En l'absence de la supérieure et de ses filles, les gens du gouverneur avaient pénétré dans la maison de l'Enfance ; on avait trouvé le dernier pamphlet à peine sorti de la presse clandestine, et maintenant M. de Basville savait tout ce qu'il voulait savoir.

Madame de Mondonville fut enfermée à la tour de Saint-Jean, en attendant que le conseil du roi eût décidé de son sort. Sa maison fut envahie, et ses filles en furent chassées par les dragons, dignes missionnaires du marquis de Louvois. Ni la jeunesse de ces infortunées, arrachées à l'asile où elles espéraient vivre et mourir, ni leurs prières, ni l'éloquence de mademoiselle d'Alençon, la vaillante et l'implacable, ne purent fléchir l'homme inflexible. On les voyait, éplorées et fondant en larmes, attester le ciel de la violence qui leur était faite, et renouveler dans les rues ces vœux que l'on brisait sans pitié! La chapelle fut renversée avec rage; la maison fut brisée de fond en comble; les revenus furent saisis, les terres furent vendues! On abattit les croix, on ravagea les jardins, on brûla les meubles, on chassa les malades! Ce fut dans toute la ville une suite de plaintes, de gémissements et de murmures, et il fallut envoyer au plus vite un nouveau régiment à l'aide de ces premières violences, dignes présages de toutes les cruautés à venir.

Au plus fort de ces exécutions, l'ordre vint enfin, au nom de Louis, par la grâce de Dieu roi de France et de Navarre, comte de Provence, Forcalquier et terres adjacentes, de conduire madame de Mondonville dans le couvent des filles hospitalières de Coutances, où elle fera pénitence de ses péchés jusqu'à la fin de ses jours. Arrêt sans pitié! peu s'en fallut même que l'arrêt ne fût plus sévère : plusieurs membres du conseil avaient demandé, pour tant de rébellion, la peine de mort.

Avant d'être emmenée à sa dernière destination, cette noble femme eut cependant une suprême consolation. Elle obtint de M. de Basville la promesse que les restes mortels de M. de Ciron, maintenant que l'Enfance était brisée et ses débris jetés aux vents irrités, seraient inhumés en terre sainte. Elle eut aussi le bonheur douloureux de revoir mademoiselle d'Hortis, l'enfant de son âme et de son cœur. Hélas! l'enfant ne reconnut pas sa mère! Elle était toujours souriante et bonne, mais le rêve s'était emparé de ce jeune esprit, et dans ce monde où elle devait passer comme une fleur, elle n'aimait plus que les deux compagnons de sa vie, mademoiselle de Prohenque et du Boulay. « Je vous la confie ; aimez-la, protégez-la, » disait madame de Mondonville, une heure avant son départ, au jeune avocat qui l'écoutait comme un sujet écoute sa reine qui va mourir. En même temps, cette femme généreuse, tirant de son sein le seul bien qu'elle eût sauvé : « Je te donne à toi, Prohenque, et je vous donne à vous, du Boulay, afin que vous en soyez les gardiens et les dispensateurs fidèles, le testament qui faisait de moi l'héritière de l'oncle même de Marie ! Hélas ! Dieu sait que je ne vivais que pour elle ! Remplacez-moi auprès de mon enfant ! Partez ! fuyez ce pays des persécutions et des cruautés ! Vous avez un ordre du roi, profitez-en ; car l'heure viendra bientôt où ce sera folie et crime de sortir du Languedoc, même sous la foi des passeports. Adieu encore! allez rejoindre en Hollande notre ami et père, M. Arnauld. Racontez-lui nos misères. Dites-lui que nous avons succombé dans la défense de ses doctrines. Qu'il vous unisse l'un à l'autre de ses mains vénérables, vous, ma Prohenque, et vous, maître du Boulay, qui vous montrerez digne des bienfaits dont je vous comble. Et toi, ma petite Marie, allons! courage, ne crains rien! Ô pauvre enfant dont ta mère avait prévu les destinées, encore un sourire pour moi, encore un baiser! »

Toutes ces destinées s'accomplirent. La supérieure perpétuelle de l'Enfance se vit enfermée, à la fleur de l'âge, de l'esprit et de la beauté, dans une cruelle maison, où elle fut traitée comme une criminelle d'État; du Boulay se maria dans une église d'Utrecht avec mademoiselle de Prohenque, et mademoiselle d'Hortis devint tout de suite leur fille aînée. M. Arnauld bénit cette union de deux honnêtes cœurs, de deux esprits sincères; mais l'illustre capitaine des batailles dogmatiques, qui de près ou de loin avait conduit toutes ces guerres, ne s'en tint pas à cette bénédiction suprême! Un livre parut bientôt au milieu de la France indignée, qui fut à la fois le châtiment des vainqueurs et la consolation des vaincus! Ce livre s'appelait *Le cri de l'innocence opprimée*[1] ! Et M. Arnauld, dans cette dernière cause qu'il a plai-

---

(1) *Le cri de l'innocence opprimée dans les filles de l'Enfance. — Suite de l'innocence opprimée. — Addition. — L'innocence condamnée à se détruire soi-même. — Relation sur l'institut des filles de l'Enfance*, par une des filles de la congrégation de la maison de Toulouse. — *Histoire de la congrégation des filles de l'Enfance*, contenue dans un mémoire présenté au parlement de Toulouse par messire Guillaume de Juliard, prêtre, docteur en théologie, prévôt de l'Église métropolitaine de Toulouse. — *Avis des docteurs sur les constitutions de l'Enfance. — Mémoires pour les filles de la congrégation de l'Enfance. — Recueil des pièces concernant la congrégation des filles de l'Enfance. — Histoire de la congrégation des filles de l'Enfance* (par Reboulet d'Avignon, l'auteur d'une histoire de Clément XI).

dée à tant de reprises à la face de l'Église catholique, a rencontré rarement des paroles plus éloquentes. « Tous ceux qui veulent vivre en Jésus-Christ seront persécutés ! » s'écrie-t-il avec l'apôtre saint Paul. Et avec cette logique indomptable qui lui servait de génie, il appelle à l'aide de sa dernière forteresse toute l'éloquence qu'il avait déployée, il y avait dix ans à peine, à la défense de Port-Royal : « O mon ennemi ! ne vous réjouissez pas de ce que je sois tombé ; je me relèverai quand ce temps d'affliction et de ténèbres sera passé ! »

Mais le coup était porté ; le roi l'emportait sur le pontife ; en vain le pape Innocent XI, défenseur intrépide des évêques proscrits et des priviléges de leur Église, déclarait à la face du monde qu'il serait inflexible ; les évêques de France répondirent en s'inclinant devant *le fils aîné de l'Église*, et ce grand différend, dont Bossuet fut nommé l'arbitre, tourna au profit du roi et à sa louange. « Nul prétexte, disait Bossuet, nulle raison ne peut autoriser les révoltes ! Il faut révérer l'ordre du ciel et le caractère du Tout-Puissant, dans les princes quels qu'ils soient ; leur couronne est hors d'atteinte ; l'Église leur a érigé un trône dans le lieu le plus sûr de tous et le plus inaccessible, dans la conscience même où Dieu a le sien, et c'est là le fondement le plus assuré de la tranquillité publique ! » Ces paroles furent la condamnation définitive des évêques opposants ; elles donnèrent tort à tous ceux qui avaient payé de leur liberté ou de leur vie leur résistance à la volonté royale ; toutes les volontés se courbèrent, dans cette obéissance unanime. L'institution de l'Enfance, à jamais perdue, ignorait même en quel abîme était tombée son illustre souveraine. En vain le nonce du pape et le pontife lui-même réclamèrent en faveur de la condamnée : il fallut obéir et se soumettre ! Il fallut renoncer à te revoir jamais, ô Toulouse! la cité sainte! ô maisons, ô domaines, ô puissance! Eh! le moyen de résister à ce mouvement de la royauté qui marche d'un pas égal à l'accomplissement de ses grandeurs?

Madame de Mondonville se résigna. Elle appela à son aide la prière, le repentir, l'abnégation. Une seule fois, quand le bruit vint à ses oreilles que le chevalier de Lorraine était accusé par de nombreux indices d'avoir empoisonné madame Henriette, la plus touchante des héroïnes de Bossuet, elle fut sur le point de déclarer qu'elle connaissait en effet la complice de ce grand crime... « A quoi bon? se dit-elle; ne suis-je pas assez vengée? mademoiselle de Verduron n'est-elle pas marquise de Saint-Gilles, et M. de Saint-Gilles n'est-il pas le mari de mademoiselle de Verduron? »

Ainsi marchaient les siècles jadis! Voilà pourtant dans quelles batailles s'aiguisait l'esprit humain, pour quelles doctrines les plus grandes âmes et les plus fiers courages donnaient leur liberté et leur vie ! Le siècle de Louis le Grand est rempli de ces histoires trop vite oubliées ; car l'injuste oubli s'est étendu sur des noms dignes de notre pitié, de nos sympathies et de nos lointaines contemplations. A peine morte, la supérieure de l'Enfance fut remplacée dans l'attention des hommes par cette nouvelle sainte Thérèse, madame Guyon, qui souleva plus de batailles entre les deux plus grands génies de l'Église, Fénelon son *fanatique* et Bossuet son adversaire, que la belle Hélène entre les Troyens et les Grecs ! Noble lutte des convictions et des volontés chrétiennes où chaque combattant, dans ces états d'oraison, a sa part égale de génie et de soleil ; et plus tard, sur la fin du règne, car tout s'affaisse si vite en ce pays des intelligences ! le roi Louis XIV expire au milieu des disputes misérables de la bulle *Uni-*

genitus; jusqu'à ce qu'enfin à force de ne plus savoir la religion, ses fondements, ses origines, sa suite ; à force de ces grands esprits qui blasphèment « ce qu'ils « ignorent et qui se corrompent dans ce « qu'ils savent, qui pour seule autorité ont « leur hardiesse et pour seule science leur « décision précipitée, » il n'y eut plus en France ni calvinistes, ni luthériens, ni jésuites, ni jansénistes, ni chrétiens, et que la rencontre furieuse des partis politiques eut remplacé ces disputes religieuses, consacrées si longtemps par l'attention unanime et le respect général de l'univers.

FIN.

CHEZ LES MÊMES ÉDITEURS,

Sous presse :

LA VIE LITTÉRAIRE

PAR

JULES JANIN

2 beaux volumes in-8. — Prix : **12** francs.

En vente :

LE CHEMIN DE TRAVERSE

PAR

JULES JANIN

1 beau volume in-8. — Prix : **3** fr. **50** cent.

LA PETITE FADETTE

PAR

GEORGE SAND

2 volumes in-8. — Prix : **12** francs.

Imprimerie d'E. Devrous, rue de Verneuil.

www.ingramcontent.com/pod-product-compliance
Lightning Source LLC
Chambersburg PA
CBHW060234230426
43664CB00011B/1652